重新定义管理

卓越管理者领导力修炼

徐栋梁 ◎ 著

中国商业出版社

图书在版编目（CIP）数据

重新定义管理：卓越管理者领导力修炼 / 徐栋梁著.
北京：中国商业出版社，2025.7. -- ISBN 978-7-5208-3497-1

Ⅰ.F272.91

中国国家版本馆CIP数据核字第20257TA706号

责任编辑：郑　静
策划编辑：刘万庆

中国商业出版社出版发行
（www.zgsycb.com　100053　北京广安门内报国寺1号）
总编室：010-63180647　　编辑室：010-83118925
发行部：010-83120835/8286
新华书店经销
香河县宏润印刷有限公司印刷
*
710毫米×1000毫米　16开　17.5印张　250千字
2025年7月第1版　2025年7月第1次印刷
定价：68.00元
****
（如有印装质量问题可更换）

序

从事培训和咨询行业多年，总有学员问我："老师，您最近在看什么书？"我从来都不会强迫自己看哪种书，倒是养成了积累自己的想法的习惯，故只能尴尬地答道："没看书，在写书。"

这些年我确实思考了一些管理领域的东西，但多数时间还是"站着讲"，而不是"坐着写"。当然，主要原因还是我写不出来，只做了大纲式的东西，多数是 PPT 课件而没有形成 Word 文档，成图形不成文字，成体系不成逻辑，成概念不成理论。

人生是一个从"游击战"到"运动战"的转变过程，总得进行积累和沉淀！多年来，我一直都是边讲课边思考企业管理和成长的问题，我甚至还养成了一个习惯，就是在旅行途中很少睡觉，会利用这些时间将自己的思考和感悟记录下来，结果随着书稿文字的逐渐增多，居然搭建了一个说得过去的体系。

平时我与企业家、管理者交流较多，思考源泉主要也是来自他们。可见，现实企业的经营管理活动本来就有着严密的逻辑，将这些活动变成文字，也就形成了一种自然逻辑。

本书探讨了企业在数字化时代经营管理的领导力问题，并按照我的"企业成功 SRP"模型构建了提高企业管理者领导力的一个新框架。

本书中，我力图通过对企业发展的规律性的体察和分析达到以下目的。

第一，为各位企业领导提供一些决策参考，如在数字化时代如何进行战略抉择等。

第二，为各位企业领导提供一些方法论和工具，如如何进行组织盈利分析、人才发展等。

第三，向各位企业领导提出一些管理的建议和忠告，如企业家的人才曲线和自我反思等。

第四，提出一些不成熟的新观点，希望为研究管理方法的学界、培训和咨询业同行提供一些新的课题和思路。

第五，本书中有不少图表，希望能为各位读者增加阅读的兴趣和使用的便利。

本书是写给谁的？

本书有管理招数，是写给企业家朋友的，可以帮助他们解决管理难题，促进企业持续成长。

本书有管理工具，是写给企业管理者的，可以帮助他们系统化地解决管理难题和困惑，做到管人的不累、被管的不烦。

本书有经典案例，是写给学管理的学生的，可以帮助他们跳出枯燥的教科书，提前了解企业的运作规律与模式。

本书有管理思想，是写给培训和咨询师的，可以帮助他们找到新的课题方向或领域。

本书有幸福的种子，是写给我自己以及与我有相同价值观的朋友的，希望大家读本书的时候是愉悦的而不是痛苦的。

第一次出书，委实不敢邀请老师、同行和企业家作序，怕因我而累及大家名声。故自作此序，聊表初衷。在此真诚感谢我的老师给予的指导！感谢妻子钟媛媛的支持！感谢企业家朋友给我的启发！感谢各位合作伙伴！除本书外，我还要陆续把另外几本书写完，包括《人力资源管理全案工具书》《人才战略》《组织变革管理》《管理视野》等，敬请各位朋友多多指教！

徐栋梁

2024年11月25日于青岛

前 言

当今时代，企业的生存环境已经发生了翻天覆地的变化。比如，人力环境。劳动力素质的提高出现"自由化"倾向，经济充裕，生活水平提高，人们更加追求精神富足和享受；注重个性化，期望得到他人的尊重；年轻劳动力相对短缺，人力成本不断上升。再如，市场环境。具体表现为，新技术新产品个性化需求增多，市场周期变化节奏加快；风险及不可预期增加；持续竞争优势逐渐丧失……跟随这些变化，企业遇到了一个又一个新的课题：如何化解个性化、快节奏、柔性制造与生产率的提高的矛盾，单位费用成本下降与小批量制造的矛盾，组织统一性与个性化的矛盾，如何化解竞争增强与大规模资源投入风险和有限性的矛盾，如何化解研发成本极高与个性化小规模的矛盾。

一个是宏观层面的变化，另一个是企业经营管理微观层面的变化。

（1）企业交易成本增加，系统运营效率下降；内部搞了多个项目核算，只有单个项目有盈利；给员工发了奖金，个人赚到了钱，公司却看不到盈利，公司亏了。

（2）企业发展规模越来越大，人均产值不升反降。

（3）如何在不进行较大投入的情况下，扭亏为盈？

（4）领导者放权不放心，一放就乱，一收就"死"，总觉得可用的人才少。

（5）管理成本居高不下，即使提高了待遇，员工的积极性和主动性也不高；员工薪酬越来越高，工作热情不升反降。

（6）投入产出低，员工出工不出力，被动工作，人浮于事，领导疲于"救火"。

（7）年轻人创业，流动性强，比较自我。如何才能在让他们发挥创业热情和聪明才智的同时留住他们的心？

（8）企业要招的人招不到，要留的人留不住。

（9）人力资源内耗严重，好人吃亏，坏人得志；员工围着领导转，没有围着客户转；员工之间互相猜测，产生信任危机；部门小团队挺和谐，企业大团队不协同。

究竟是哪里出了问题？答案就是企业领导者不懂领导，不善于管理。

我国企业基本上存在"四怪"现象：第一，组织乱；第二，人才少；第三，制度空；第四，流程慢。

造成这一切的关键原因是企业原有的惯性在作祟，从思维惯性、组织惯性、团队惯性到做法惯性，企业处处都体现出惯性运作的情况，企业管理面临着巨大挑战。

培训行业是对他人产生影响力的行业，培训师不仅是组织经验及智慧的沉淀者，也是企业文化的传播者，每次培训工作都能对学员产生巨大影响。

本书分为上下两篇，上篇是关于领导力的基础知识及理论，下篇是领导力实操。开篇从领导力的基础知识引入，先后介绍了经营理解力、战略洞察力、组织发展力、绩效领导力、人才塑造力、执行驱动力、情绪管理能力等，用最平实的语言回答最典型的领导力问题。

本书所述方法简明易懂可行，案例具有代表性，是企业管理者或对企业管理感兴趣人员的优选读物。

目　录

上篇　领导力的基础知识及理论

第一章　数字化时代的管理者思维升级 / 2

一、企业管理趋势：进入管理决定胜负的时代 / 2

二、管理的本质是什么 / 5

三、管理者的角色 / 7

四、管理者的核心价值功能 / 11

五、管理思维的升级 / 26

六、高效管理五机制 / 30

第二章　有关领导力的知识及理论 / 33

一、什么是领导力 / 33

二、领导力的五个层级 / 36

三、所谓领导力，其实就是影响力 / 37

四、一个人有没有领导力，可以从七个方面来判断 / 39

五、不可不知的领导力理论 / 40

六、领导力思维模型 / 42

下篇　领导力实操

第三章　经营理解力——理解经营逻辑和商业模式 / 48

一、如何评价一个企业是否健康和有竞争力 / 48

二、财务数据会说话 / 49

三、老板最关注的指标之一——净资产收益率（ROE）/ 53

四、从财务角度看企业赚钱的四大步骤 / 54

五、管理者必知的赚钱秘密 / 56

六、收入的基础——定位 / 58

七、收入盈利分析 / 60

八、业务拓展的四个基本视角和九个构造块 / 64

第四章　战略洞察力——确保战略（方向）正确 / 69

一、企业战略到底是什么 / 69

二、战略的本质和分类 / 70

三、战略关注的问题有哪些 / 74

四、战略规划理解的维度 / 75

五、战略抉择的对策 / 77

六、战略模型 / 83

七、战略透视的四个维度 / 92

八、战略地图绘制 / 93

九、战略落地"五步法" / 96

第五章　组织发展力——确保战略落地的载体 / 114

一、组织的功能与价值 / 114

二、VUCA 时代组织发展新内涵 / 117

三、组织能力提升是组织持续发展的原动力 / 119

四、价值链分析帮助企业梳理核心竞争力和组织职责 / 121

五、关键业务职能与岗位映射 / 138

六、组织能力提升落地模型 / 149

七、组织健康的 37 个管理实践 / 152

八、组织活力的优劣决定了组织的优劣 / 157

九、组织发展的要义：熵减 / 160

十、战略罗盘模型和组织发展 4M 模型的一致性 / 162

第六章 绩效领导力——确保目标实现路径高效准确 / 164

一、思考：传统绩效管理出了什么问题 / 164

二、绩效管理的定义和三效追求 / 166

三、绩效管理的功能定位 / 169

四、成功绩效的六大条件 / 171

五、绩效管理循环模型 / 174

六、绩效管理 VS 绩效考核 / 178

七、绩效目标分解逻辑与工具 / 181

八、绩效考核的指标确定和权重分配 / 188

九、绩效辅导和绩效改进 / 197

第七章 人才塑造力——企业基业长青的密码 / 208

一、人才发展战略认知与理解 / 208

二、如何塑造内部人才发展能力 / 213

三、从战略盘点到人才盘点 / 214

四、干部管理：热力学第二定律 / 217

五、人才激励：5 美元的伟大意义 / 218

六、4M 模型：从战略地图到学习地图 / 224

七、人才的输出与任用 / 228

八、你的企业中有"极客"吗 / 230

第八章　执行驱动力——确保事业成功的基本功 / 241

一、企业执行不力的表现和原因 / 241

二、驱动执行的底层逻辑 / 244

三、执行的 5R 工具 / 246

四、如何提升团队执行力，打造狼性团队 / 248

五、转变，从管理者自身做起 / 250

第九章　情绪管理能力——成就个人的法宝 / 252

一、什么是情绪 / 252

二、关于情绪管理 / 255

三、个人情绪管理 / 257

四、情绪 ABC 理论 / 260

五、团队情绪管理的 4A 法和"四不要" / 262

六、4A 模型之"ABCDE"理论法 / 265

后　记 / 267

上篇 领导力的基础知识及理论

第一章　数字化时代的管理者思维升级

AI竞争时代，以数据分析为基础，以人本管理为核心，以人力资源为第一生产要素，通过新技术打造数字化时代的生态型组织是企业管理的新常态。通过务实高效的管理创新来打破组织与个人的惯性思维，提升内部运营效率，才能使组织资源持续处于高速运转状态。

一、企业管理趋势：进入管理决定胜负的时代

（一）机会时代向功能时代转变

1. 宏观环境分析（PEST）外部环境的改变

企业外部经营环境主要经历了以下三个阶段的变化。

（1）改革开放至2000年，野蛮成长阶段。该阶段，物资匮乏，导致市场过热，卖方市场，只要有产品，就能赚得盆满钵满，中小企业如雨后春笋般出现。

（2）2000年至2015年，资本价值最大化阶段。这是"黄金十五年"，奠定了很多行业基础，产生了众多头部企业。全球的金融资本蜂拥而至，助力我国产业链进入完整形态，并呈现经济结构化问题，比如，好的赛道过度拥挤，造成了资源大量浪费。

（3）2016年至今，结构调整的实质性阶段。在该阶段，优质资产与价值链顶端的产业成为全球金融资本关注的重点，国内经济结构持续调整，挤出各行各业的泡沫。财务资本不是企业竞争的唯一优势，拥有大量资本积累的各类企业，转行或跨行去做其他业务明显难度增大。此阶段也是资本专业化阶段的雏形，我国经济正式进入专业化为底层主导的时代。

2. 企业价值链的改变

行业价值链由传统的上中下游长链条逐渐向一体化合并，组织间的供应关系由深度合作关系逐渐取代，我中有你，你中有我。追求整体价值链的利益最大化，走向共生，华为就是最好的例子。在智能汽车领域，华为一直主张价值链一体化、共生化，价值链中的企业利益最优化成就了现在的华为智驾。价值链共生融合的时代，追求价值链条的共融、共强和共生。

3. 新技术影响下企业高效经营的挑战

新技术给我国带来的变革是显著且易观察的。野蛮生长阶段，工业自动化的普及带来了产业的"开花"与升级。资本价值化最大，移动互联网技术革命带来了百花齐放，实体与平台企业共生。基于 AI 等一系列技术革命，让企业进入了专业化竞争的阶段；AI 的大量使用和普及，带来了深层次的社会变革和企业经营模式的变化。

（二）外延发展与内涵发展的转换与区别

1. 数字化时代经营环境的变化

数字化时代，经营环境已然发生变化，主要表现为：依靠增加资金和投入获取高速发展的粗放式经济增速整体放缓，我国经济整体进入转型期、换挡期和攻坚期。

2. 数字经济发展新阶段的核心

数字经济发展新阶段的核心是依靠科技进步、内部精细化管理和员工素养提升的高质量可持续的内涵发展。

数字经济时代企业利用和嫁接科技的水平决定着企业生产效率的高低，大部分企业需要系统性地思考数字经济转型和对接应用的问题，数字化本质是助力效率的整体提升，不是局部。所以，科技的有效链接是未来发展的第一重要问题，比如数字化系统、AI 工具引进等。

基于时代发展迫使传统逻辑转变，除了利用嫁接好科技外，核心就是要在内部管理上做到高效化。精准而高效是时代赋予的领导力，内部精细化的管理、有效性的管理成了驱动内部高效的核心动力。而内部高效的载体和主力是处于各岗位上的员工，所以，员工的专业化和职业化是组织效率的基础，在未来的数字化竞争中，没有专业化、职业化的团队，是很难持久生存的。

3. 粗放式与精细化的对立转换

粗放式与精细化的对立转换主要指的是资源与效率的对立转化。粗放式管理容易释放效率，但资源会出现匹配偏差或浪费现象。精细化管理可以精准地匹配资源，但有时候也会影响组织效率。所以，虽然企业要因时因势而变，但总体发展趋势和规律是精细化管理。

（三）管理"核能"时代来临

1. 真正进入管理决定胜负的时代

数字化时代，从本质上来说，所谓的企业竞争就是企业组织效率和人力资源的竞争。管理者是组织效率的驱动者，也是人力资源效力发挥的组织者和激活者，企业竞争由股东价值形态进入经理人群体价值形态，所以，传统的"火车头"由一个人转变成了"一群人"，这一群人就是各级管理者，管理者的价值贡献和企业认同决定了企业的胜负。

2. 管理追求精益化、高效化

业务是企业赖以生存的基本支点，精准定位业务，有利于企业制定未来发展的方向，并集中精力做好服务。

精准而高效是领导力的根本。把精准定位看作企业精益化管理的起点，就能按照时间、空间、标准或逻辑对业务进行划分和识别。

（1）按照时间对业务进行划分，就是按照业务作业的先后时间顺序对业务进行分解和识别，比如从订单接收、原材料采购、生产制造到产品销售的时间顺序对供应链业务进行细分。

（2）按照空间或地域对业务进行划分，比如根据地区的差异对销售业务进行细分、按照不同的事业部对集团业务进行细分。

（3）按照标准强制要求对业务进行识别，比如根据国际质量管理体系识别质量管理业务的各要素进行识别、根据安全管理体系识别安全管理的各要素进行识别。

3. 管理者思维与具体精细化管理能力决定企业生命长度

善于洞察行业与外部经营环境、具有经营思维且能布局务实打法的管理者决定着企业的生命长度，因此企业应该思考的核心问题是"不断培养与历练核心管理班子"。

保证各级管理者源源不断的人才供给，是企业需要建设的核心能力体系。保障核心资源的人才供应链，就能保证企业生命的长度。

二、管理的本质是什么

（一）企业经营逻辑图

企业经营的最终追求是利润，在内部管理上即为财务层面的要求与管理。那么，利润从哪来呢？客户。客户需求的精准抓取和满足是企业经营在客户层面的核心管理点，也是企业利润的来源。

企业拿什么和客户交换呢？产品（满足质量的前提下）、服务和价格（选择变动因素），是企业和客户价值交换的基础。

所有的这一切，在管理上叫内部运营。内部运营效率越高，越能解决客户诉求，企业竞争力越强，这也是数字化时代企业竞争的核心焦点。

那如何保证内部运营效率高呢？要有土壤。这个土壤就是企业利用的系统、人员能力、组织能力、学习能力等，简而言之就是学习与发展。

所以，企业经营本质上是四个层面，即学习与发展—内部运营—客户层面—财务结果。

（二）企业经营模型剖面图

企业经营模型剖面图体现的是：

上有天，指的是企业经营所在的外部环境和政府政策，没有适合企业经营的环境，就无法吸引资本，助力经济长期发展；

下有地，指的是行业生态，有生态就有竞争和发展，利用行业生态的力量，互相学习、共同成长；

左手，是企业经营的资源，比如价值链上的供应商、技术、人才、资金等，是企业发展必不可少的核心资源；

右手，即客户、股东，满足客户需求和股东价值最大化需求，是企业经营的终极目的；

中心，即中间的部分，也是经营的核心。

从图1-1中可以看到，领导力即管理者能力是"天"，解决企业经营过程中的各类问题是"地"，中间是所有管理的核心动作，即战略—路径—人员能力的高效驱动问题。企业经营是一个复杂系统，既要平衡各类资源，也要关注外部环境，更要注重内部管理的有效性，才能真正实现经营制胜。

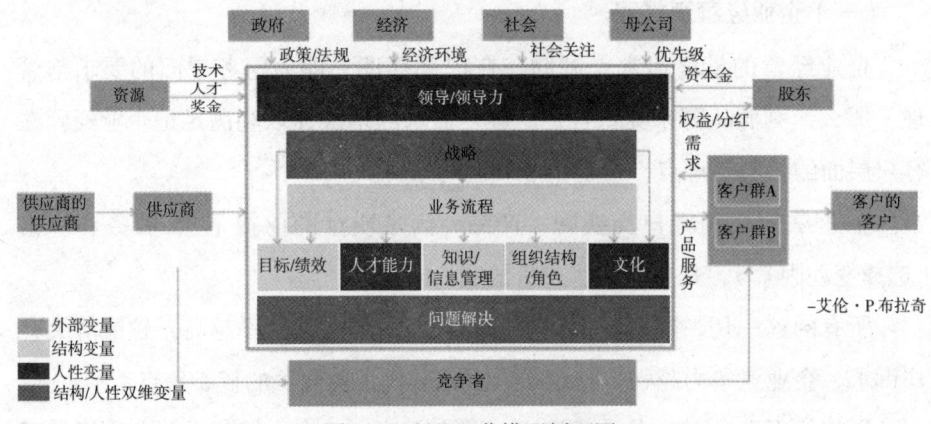

图1-1 企业经营模型剖面图

（三）为什么要有管理

企业为什么要有管理？这里涉及两个概念，一个是存货，另一个是能力。

首先来说存货。存货没有好坏，其好坏是由市场决定的，当市场供不应求时，存货就是好的；当市场无人问津时，存货就是坏的。但在存货管理上有个考核指标叫存货周转率，要想快速回流资金，带来效益价值，就要尽可能地缩短存货的周转周期。

接着再说能力。什么是能力呢？我们可以把公司、人员想象成"存货"，组织规模越大，人员越多，"存货"就越多。那人代表什么呢？本质是能力，即完成某个岗位工作需要这种能力，然后才会招聘相应的人员。从这个意义上来说，企业组织其实就是一个能力综合体，企业经营成果的好坏是由能力的释放度决定的，管理的存在就是为了提升能力的周转。

（四）管理的本质是什么

管理的本质是什么？

向内看，管理的本质其实就是如何激活员工能力，如何通过目标的认知和分解不断地达成目标，凝聚团队力量，形成整体战斗力。对于管理者来说，这才是管理的落脚点和出发点，即管理的本质。

三、管理者的角色

（一）管理者角色定位

我曾接到过这样三个电话。

（1）"徐老师，请教个问题。我公司在复工后这几个月里总感觉业绩上不去，团队整体效率低，我觉得是部门管理者出现了严重的管理问题，部分管理者管理能力差，我是不是需要辞退几个人来震慑一下？"

（2）"徐老师，我真是太累了。作为利润中心最大部门的负责人，我的压力很大。老板找我聊了几次，总向我传递压力索要业绩，没给任何资源和激励措施。团队成员能力参差不齐，结构复杂，只给员工传递压力容易崩盘，团队不好管啊。"

（3）"我最大的感觉就是公司瞎折腾，部门瞎搞，今天这样，明天那样，老大说怎么干就怎么干呗。没有以前的激情了，保住饭碗就行。"

认真思考之后，我发现其实这三个电话分别涉及不同的问题。

（1）老板、管理层和员工三者的根本差异在哪？

（2）最高管理者该如何改变现在的局面？

（3）如何对员工进行管理？

之后，我给出了自己的意见。

第一个问题：屁股决定脑袋！角色差异会直接导致出发点不同、行为不同。

第二个问题：首先，要学会向上管理，因为管理者本身的角色是多维的，要拿可行性方案和老板去沟通，让老板了解实际业务情况，缓解他的焦虑并争取资源；其次，要学会向下管理，学会驱动团队、驱动关键人，将目标分解到位，真正落地执行。

第三个问题：让员工忙起来，因为他们本质上是可以被激活并委以重任的。

（二）管理者角色演进

管理者角色经历了这样的一个演进过程：作为执行者—作为专业人员—作为经营伙伴。下面是简单介绍。

1. 作为执行者——行政事务管理

作为执行者，管理者的主要工作是基础的行政事务管理，承担业务执行工作。

中层管理是组织中非常重要的角色，发挥着承上启下的作用，是典型的传声筒型管理者。具体作用如下。

（1）充分理解上级指示，明确组织目标。管理者需要认真倾听上级的指示，充分理解组织的目标和战略，确保向下传达时准确无误，确保团队与组织的整体目标保持一致。

（2）有效传达信息和指令。管理者需要将上级的指示和要求准确地传达给下属。确保信息清晰、明确，并采取适当的方式进行传达，比如会议、书面通知或一对一交流等。

（3）发挥桥梁作用，协调上下级关系。管理者需要发挥桥梁作用，将上级的指示和决策转化为具体的行动计划，并组织团队成员实施。同时，要关注团队成员的工作情况，及时向上级反馈问题和建议，确保上下级之间的沟通畅通。

2.作为专业人员——业务资源管理

作为专业人员，管理者的主要工作是连接客户与业务，解读并应用资源和政策，帮助达成业务战略，激励员工积极主动地完成业务目标。

作为专业人员，管理者要做好以下三件事。

（1）把握重点和要点，做正确的事情；

（2）有条不紊、循序渐进，把事情做正确；

（3）自动自发、没有任何借口、善始善终，把事情做圆满。

3.作为经营伙伴——战略资源管理

这时候，管理者就成了企业战略与客户的合作伙伴，需要将经营战略转换成业务战略，并对企业、资源和产品等进行诊断，为客户提供个性化的解决方案。

（三）时代背景下的管理者角色定义

1.导航

开车通常都要使用导航，一个导航界面至少包括三个基本信息：现在在哪，要去哪，如何去。这三个信息可以帮助我们到达目的地。导航型管理者首先要确定方向，给予最优的路径，至少要告诉员工企业的目标和方向是什么、怎么去（路径规划）。另外，要善于纠错。如驾车途中走错了路线，导航不会骂你或罚你，会很快重新规划路线。这也就是导航型管理者的第三个要点，学会纠错与实时规划新的路径。

2.战友

管理者要真正融入一线，不要脱离一线业务，带领团队一起攻坚克难，不能关起门来，任由他去。

（1）调整团队工作状态，激发团队活力。一个高效的团队，首先具备积极向上的工作状态，因为状态是第一动力。当一个人没有好的状态时，他可能只发挥出能力的 80%；而对工作充满激情、有主人翁责任意识时，他的表现将会超出预期。调整团队工作状态，在前行的路上团队就能拥有源源不断的动力。

（2）培养工作习惯，打造高效团队。好的工作习惯是高效工作的基础，优秀的管理者一般会使团队成员养成良好的工作习惯，如写周报、定期总结、及时反馈、主动学习等。这些习惯不仅能够提高个人工作效率，更能促进成员之间的默契与协作。

（3）有效沟通，提升团队凝聚力。沟通是团队管理的核心。管理者会运用各种沟通技巧，与成员建立良好的沟通机制。他们不仅会倾听成员的想法和建议，更会给予积极的反馈和指导。通过有效的沟通，提高团队的凝聚力和向心力。

3. 导师

管理者要兼任导师的角色，不仅要帮助下属完成目标、提升绩效，更要关心其长远发展，助其提升能力、发展职业。所以，新时代的管理者从某种程度上扮演着导师的身份和角色。

这种角色的赋予和转变，是经济发展的必然产物。管理者要关注员工的成长与意愿，要有很好的情感领导力，能识别出员工核心能力差距，能给员工赋能、给员工提供锻炼的机会、给员工建立好的情感联络。

（四）管理者价值定位演进——导航型管理者

茫茫大海中，如果没有导航员指明前进的方向，船舶就会迷失航线，离目标地点越来越远，甚至搁浅、触礁，导致船毁人亡。导航员是决定船舶生死存亡的关键，而企业领导者就是可以决定企业命运、方向、前途的导航员。

管理者的这种"导航"作用，主要体现在以下两个方面。

1. 做什么

这是方向的问题，即管理者要带领团队到哪里去，做什么事。因此，当企业战略落地时，管理层千万不能做个传声筒，要做一个转换器，把企业目标转换成团队目标，让每个人知道要做什么，并对事情坚信不疑。

2.怎么做

这是打法的问题。确定了目标后，接下来要解决的问题是该怎么更高效地实现。要和下属探讨，需要怎样做授权、提供哪些资源、给予怎样的支持等。

也就是说，管理者要从事务性转变成关注战略方向、关注实施路径、关注问题解决，抓住主要矛盾与矛盾的主要方面，解决真问题，交付结果。

四、管理者的核心价值功能

（一）业务经理和职能经理的核心价值功能

职能经理是专业领域的业务负责人，一般为分公司、子公司或总公司职能模块。业务经理是经营负责人，一般对整个公司/业务线的销售目标和经营业绩负责。两类管理岗位的核心价值功能的区别见表1-1所示。

表1-1　业务经理和职能经理的核心价值功能的区别

核心价值功能	战略承接及业务目标	高绩效团队建设者	基层组织与人才梯队管理者	企业文化传承者	和谐商业环境的营造者
业务经理	★制定与上级组织导向和战略相一致的本职能部门业务策略 ★确保本职能部门业务策略的执行 ★建立策略管理的长效机制	★团队目标的制定与分解 ★氛围的营造 ★激励和影响团队成员，激发潜能 ★实现组织目标及团队和个人的共同成长	★根据上级组织战略及本职能部门的业务目标，明确与之相匹配的组织能力，建立人才梯队 ★培养辅导骨干，积累组织知识 ★建立及运作核心团队	★身体力行 ★信息传递 ★树标杆，纠偏差 ★在团队中形成良好的价值导向	★关注以客户关系为核心的商业环境 ★围绕商业环境中相关方的利益诉求，制订并执行与他们建立和谐关系的计划 ★明确企业社会责任并推进其落实 ★出席公共活动 ★建立良好的企业形象

续表

核心价值功能	战略承接及业务目标	高绩效团队建设者	基层组织与人才梯队管理者	企业文化传承者	和谐商业环境的营造者
职能经理	★制定与上级组织导向和战略相一致的本职能部门业务策略 ★确保本职能部门业务策略的执行 ★从上级组织角度，建设基于全流程视野的与其他部门协同配合的长效机制	★团队目标的制定与分解 ★氛围的营造 ★激励和影响团队成员，激发潜能 ★实现组织目标及团队和个人的共同成长	★根据上级组织战略及本职能部门的业务目标，明确与之相匹配的组织能力，建立人才梯队 ★培养辅导骨干，积累组织知识	★身体力行 ★信息和指令传递 ★树标杆，纠偏差 ★在团队中形成良好的价值导向	

（二）高绩效团队建设者

1. 团队建设四要素

（1）氛围建设。主要工作：明确氛围导向，并在团队推动及宣传；及时肯定，激发员工追求卓越；了解员工思想动态，关心团队成员，营造良好的组织氛围，提升团队凝聚力。

（2）任务目标。主要工作：承接上级目标，确定本团队目标并确保所有成员理解到位；认清团队和成员特性，因人而异分解到人，并有效落实。

（3）鼓励激励。主要工作：了解员工需求，因人而异确定激励内容，对正向行为给予肯定和表扬，奖惩分明；身体力行，希望员工做到的自己先做到。

（4）制度、规范、流程。主要工作：确定本团队工作制度，并严格执行；明确工作执行规范；按照执行规范严格落实到工作流程。

2. 目标管理

目标分解，要坚持以下几个原则：目标设定必须能产生决定性影响；员工跳一跳能够得着；能把资源和能力带动起来；能进一步分解为一组小任务。

（1）目标制定工具——SMART。

SMART原则是管理学专家彼得·德鲁克在《管理的实践》中提出的一种理论，现被广泛运用于企业。

SMART原则在管理上普遍被认为是最有效的目标设定原则，每个字母代表了一个单词，分别诠释了目标设计的以下五个方面。

S=Specific（明确性），即制定的目标需要"具体且明确"；

M=Measurable（可衡量性），即要设定可以衡量的指标来评估是否已经成功达到了目标；

A=Attainable（可达成性），即目标的设定要能够达成；

R=Realistic、Relevant（现实性、相关性），即目标应该与公司的长期计划、愿景和目标保持一致。

T=Time-bound（时限性），即制定的目标是有时间限制的，给人以紧迫感。

这五个方面相辅相成，缺一不可。学会灵活运用SMART原则，明确目标，找准方向，企业经营才能事半功倍。

（2）目标分解5W2H工具+28问，见表1-2所示。

表1-2　5W2H工具+28问

5W2H工具 +28问	1层次	2层次	3层次	4层次	结论
Who	是谁	为什么是他	有更合适的	为什么是更合适的人	定人
When	什么时候	为什么在这个时候	有更合适的时间吗	为什么是更合适的时间	定时
Where	什么地点	为什么在这个地点	有更合适的地点吗	为什么是更合适的地点	定位
Why	什么原因	为什么是这个原因	有更合适的理由吗	为什么是更合适的理由	定原因
What	什么事情	为什么做这件事	有更合适的事情吗	为什么是更合适的事情	定事

续表

5W2H工具 +28问	1层次	2层次	3层次	4层次	结论
How	如何去做	为什么采用这个方法	有更合适的方法吗	为什么是更合适的方法	定方法
How much	花费多少	为什么需要这个花费	有更合理的花费吗	为什么是更合理的花费	定耗费

（3）管理者需要具备的目标管理思维。

①蝈蝈思维。蝈蝈思维是相对蚂蚁思维而言的，蚂蚁眼中只有黑白和平面，很容易走错方向，只知道埋头苦干，不知道看天；蝈蝈却能跳起来，视野里有前方，有整体或全局。在日常管理中，管理者要善用蝈蝈思维，关注外部全景变化，关注方向，关注整体。

②以终为始。先定义好目标结果，再思考规划路径，是事半功倍的基本逻辑。以终为始，方得始终。知道"想要什么""目标结果是什么"，才能更好地结合自身资源规划实施路径，更高效地完成目标。

③关注优先级。凡事都有顺序，在管理中会经常出现很多并行或串行的事情，怎样高效开展和推动？这就要考验管理者的真本事了。结合实际情况，分清1、2、3、4是管理者的基本功。

④独立解决问题。遇到问题，不要急于找别人或别的部门协同，要留一点时间来看看自己能否解决，给自己一些成长、思考和了解其他部门业务职能的机会。

⑤拒绝拖拉。对于管理者而言，执行力永远是第一位的，要建立时间节点思维，促使自己和团队成员积极达成目标，敬畏时间、敬畏规划、敬畏目标。

（4）团队规则与程序。

①团队规则体现了在完成任务和人际交往中，团队成员是如何共同工作的。主要包括：运作规则，在任务达成过程中，如何计划、如何决策、如何解决问题等；行为规则，在人际交往过程中，彼此信任、尊重、积极倾听等行为准则要求。

②规则的形成、固化和优化。主要包括：形成的方法，按照例行程序做事，如会议、决策等，同时做好例外事项管理；固化的方法，不断实践和强化，逐步积累；优化的方法，定期研讨优化，打破团队界限。

（5）团队氛围管理。

①团队氛围是团队执行力的核心影响因素。团队氛围是一个复杂的综合体，包括影响个人和群体行为模式的规范、价值观、期望、政策、流程等。良好的组织氛围有利于形成高绩效团队。但良好的组织氛围不等于一团和气，也不等于员工满意度高。

②组织氛围测评工具——盖洛普 Q12。

盖洛普 Q12 测评法是一种针对员工敬业度和工作环境的测量方法，由盖洛普公司开发并广泛应用。该测评法认为，每个员工都有自己的优势和才能，关键在于如何识别和发挥这些优势。该测评法关注员工在工作中的自主权、自我效能感和自我发展等方面，以及如何为员工创造有利于发挥其优势的工作环境。

盖洛普测评路径如图 1-2 所示。

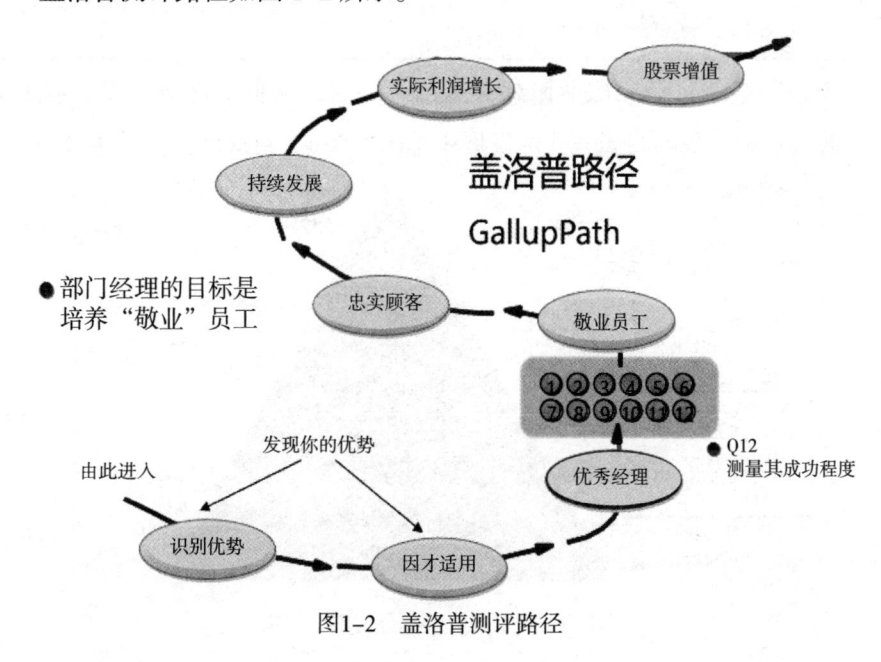

图1-2　盖洛普测评路径

重新定义管理

盖洛普 Q12 测评法包括 12 个问题，旨在了解员工对工作要求、所需资源和支持、工作激励等方面的看法，以及他们的工作环境、领导关系和同事关系等方面的感受。这些问题见表 1-3 所示。

表 1-3　盖洛普 Q12 测评法的 12 个问题

1	我知道公司对我的工作要求吗？
2	我有做好我的工作所需要的材料和设备吗？
3	在工作中，我每天都有机会做我最擅长做的事吗？
4	在过去的七天里，我因工作出色而受到表扬吗？
5	我觉得我的主管或同事关心我的个人情况吗？
6	工作单位有人鼓励我的发展吗？
7	在工作中，我觉得我的意见受到重视吗？
8	公司的使命目标使我觉得我的工作重要吗？
9	我的同事们致力于高质量的工作吗？
10	我在工作单位有一个最要好的朋友吗？
11	在过去的六个月内，工作单位有人和我谈及我的进步吗？
12	在过去的一年里，我在工作中有机会学习和成长吗？

盖洛普 Q12 将员工敬业阶梯分为四个层次，从低到高分别是：我的获取—我的奉献—我的归属—我的发展（总体发展），对应问题如图 1-3 所示。

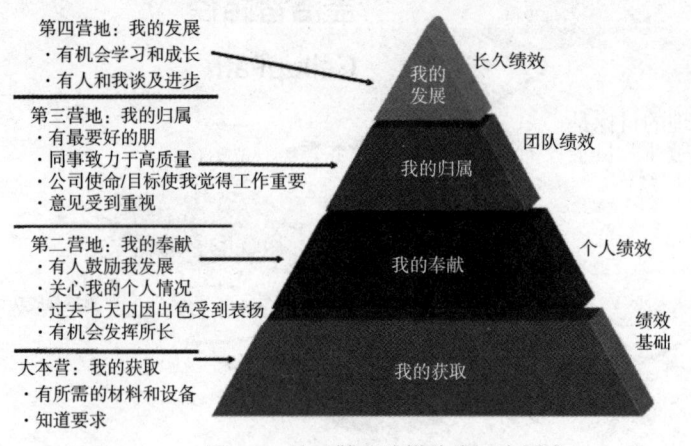

图1-3　员工敬业阶梯分为四个层次

根据不同维度诊断得分，组织氛围可以分为高效型、激发型、中立型、消极型等四种类型。见表 1-4 所示。

表 1-4　四种不同的组织氛围

氛围类型	特征	判断标准（同时满足）
高效型	营造高绩效的组织氛围，使员工发挥最大的潜力，全力投入并尽最大努力完成组织交给的任务	答复4分、5分的比例在80%以上 答复5分的比例在20%及以上 答复1分、2分的比例在5%以下
激发型	组织氛围具有激发性，能够促进（帮助）员工尽所能完成组织交给的任务	答复4分、5分的比例在70%及以上 答复5分的比例在15%及以上 答复1分、2分的比例在10%以下
中立型	在中立型组织中，员工并不会尽其所能完成工作任务，只有改善组织氛围，才能极大地提高组织绩效	答复4分、5分的比例在60%以上
消极型	消极型的组织氛围不仅会导致员工高的离职率和缺勤率，还会限制员工的努力，员工不能以最佳状态工作	答复4分、5分的比例在60%以下

（6）影响团队氛围的主要因素。

①管理风格。即管理者履行计划、组织激励、控制时间采取的行为模式。

②组织规则。即在完成任务和人际交往中，团队成员对如何共同工作所遵守的行为准则。

③个人需求。团队成员在团队中的感受因其个人需求的不同而不同。良好的感受来源于对其个人需求的满足。只有目标被有效执行，才能营造高绩效的氛围。

（7）建立高绩效的组织氛围对管理者的要求。

①领队。具体要求如下：澄清并指明团队方向及目标；建立持续、高效的组织沟通、运作和管理机制；营造积极、坦诚和开放的氛围；识别执行型人才并任用。

②教练。具体要求如下：确认实现目标的先后顺序及关键路径；了解企

业和员工，发展跨层级沟通能力；关注结果，持续跟进直至达成目标；通过具体而有用的提问和反馈，提高下属的能力和素质。

③裁判。具体要求如下：坚持以事实为基础；了解自己、坚持原则、敢于决断；指出问题，严格执行团队既定规则；对绩优的结果进行多种形式的奖励。

（三）企业文化传承者

1. 身体力行，理解和有效传承企业文化及价值导向

影响团队成员的认知，培养团队成员认同企业文化，在团队中形成良好的价值导向。

（1）身体力行。身体力行实践企业文化，为团队树立导向和榜样。

（2）积极传递。组织学习、研讨、传递企业文化及相关政策文件，帮助团队成员正确深入理解。（让核心价值观听得到）

（3）树标杆、纠偏差。激励符合文化导向的行为，树立标杆，及时发现团队对文化理解的偏差并实施辅导，影响团队成员的认知。（让核心价值观看得到）

（4）在团队中形成良好的价值导向。短期激励要体现绩效导向，长期激励和成长机会要向认同核心价值观的绩优员工倾斜。（让核心价值观摸得着）

2. 企业文化通过机制的固化

反映到组织和员工行为上，体现在客户感知上。

从客户感知往回看，从客户那里从外往内，是文化的前提，最终是要改善客户的感知、改变员工行为，这是文化管理的核心。

3. 管理者在文化传承角色上容易犯的错误

（1）未意识到传承企业文化对于自己带团队的重要意义。

（2）未意识到在传承文化上自己的责任。

（3）没有积极采取各种措施去传承价值观。

（4）对企业文化理解不到位，甚至有偏差。

（四）战略承接与业务目标的实现者

1. 职能经理

理解上级组织战略，基于本职能部门的独特价值承接上级组织战略，制定本职能部门的业务策略，在组织内部进行沟通并达成共识。

（1）制定与上级组织导向和战略相一致的职能部门的业务策略。明确部门独特贡献的价值，并在上级组织内达成共识；基于本职能部门的价值承接上级组织战略和重点工作；从上级组织的角度进行全流程思考，制定本职能部门的业务策略，并明确与其他部门的协同机制。

（2）制定本职能部门业务目标并分解。进行战略解码并向下沟通，与团队一起明确本职能部门业务目标；向下分解团队目标并达成共识。

（3）明确组织层面重点工作和工作依存矩阵。

2. 区县经理

承接上级组织目标要求，聚焦价值客户、价值区域和价值产品，通过市场、竞争分析及商业洞察，组织团队成员共同明确本区域业务目标、经营策略和重点工作，在内部达成一致。

（1）制定与上级组织导向和战略目标一致的本地经营策略。定义区县公司的发展规划；分析、了解客户需求，进行市场分析、竞争分析，识别潜在商业机会；聚焦价值市场，制定长短期兼顾的经营策略，明确具体策略及关键措施。

（2）明确具体经营指标并向下分解。就上级组织战略解码向下沟通，与团队一起制定清晰的经营目标；向下分解团队目标并达成共识。

（3）明确组织层面重点工作和工作依存矩阵。

3. 战略承接与业务目标的实现者

目标设定三要素：要形成团队共识、要聚焦关键领域、要具备挑战性。

（1）形成团队共识。共同的目标是组织中所有个体行动的基本动力，但要想从中选出可以产生一致行动的那一个，就得重视"共识"。所谓"共识"，就是在认可共同目标的前提下达成妥协。这涉及组织内部的人际互动、问题讨论、决策协商等工作模式和行为习惯的融合。

（2）聚焦关键领域。在有限的时间里，聚焦在最有可能拿到结果的事情上，聚焦在当前最"卡脖子"的事情上。

（3）具备挑战性。业务目标具有挑战性，才能给下属适当地加压，调动下属的潜能和工作热情，促使下属提高自己的素质，不满足于现状，从而实现团队的目标。

4. 实现业务目标的最好方式——现场管理

（1）深入一线，进行走动式管理，调查了解一手信息和数据。

（2）具备数据思维，能有效识别数据，明确并固化获取数据的途径，培养一线人员对于数据的敏感性。

（3）有能力抓取和破解本质问题，较强的经营分析和业务节奏掌握能力，开展跨层沟通，从基层员工处获取最贴近客户或市场的信息。

（4）畅通沟通渠道，鼓励实事求是。

（五）组织能力建设发展者

1. 员工能力提升的 5B 发展

这里的"5B"指的是 Buy、Build、Bounce、Bind、Borrow。

（1）Buy——外购。即从外部招聘合适的人才。

（2）Build——内建。即培训和培养现有人才。

（3）Bounce——淘汰。即淘汰低绩效者，淘汰不胜任的人才。

（4）Bind——留才。即留住关键人才。

（5）Borrow——外借。即外借不属于公司的专家或咨询顾问。

2. 员工能力提升内建的 721 法则

何为 721 法则？

"1"，即 10%。10% 知识经验是能从培训课程中获得的，从培训师、讲师那里得到的启发与学到的知识。

"2"，即 20%。20% 知识经验来自有经验者，参考别人的做法，以及与他人沟通、讨论、交流等过程中的互相学习。

"7",即70%。70%知识经验都来自实践工作中的学习,边工作边总结再应用,不断调整,形成可靠的知识体系。

(六)和谐商业环境的营造者

1. 营销商业环境过程中的常见问题

(1)对于商业环境建设缺乏全面认识。

(2)事件引发和危机驱动性的公关活动多,主动建立和维护关系的活动少。

(3)缺乏企业社会责任的意识和方法。

2. 成为和谐商业环境的营造者

(1)区县经理是当地各种关系、人脉或企业形象的第一责任人。

(2)具备与友商建立竞争与合作的意识,避免成为对手的"共同敌人"。

总之,要想成为优秀管理者,首先,要具备清晰的自我认知,这也是优秀管理者成长的第一步;其次,要懂得学习与分享,因为它们是优秀管理者必备的技能;再次,打造适应时代与企业发展的管理思维;最后,打破自己的舒适区需要反复练习,形成心理反应机制。

附:

组织氛围调查问卷

【目的】

组织氛围调查问卷,可以用来了解组织氛围、工作环境以及组织氛围是如何产生和怎样对人们的工作产生影响的。

【答卷说明】

本问卷共有90道题,第1~47题是针对部门组织氛围的。该部门由你的上司及与你同向该上司汇报工作的同僚组成。第48~90题是针对整个公司的组织氛围的,包括任何影响你与你有工作交流的人员和部门的公司政策、程序。

"你的上司"包括下列四种情况。

1. 直线汇报关系。

2. 非直接汇报关系。在这种情况下,你可能被要求向你的非直线领导汇报，但可能是向组织结构中虚线或矩阵关系的一些人汇报，在考虑产生组织氛围时可认为是你的领导。

3. 正规团队领导。

4. 事实领导。

【答卷指南】

1. 每一道题由一对相反的陈述句组成，两个陈述均须阅读。

2. 在答题卡上对应每一道题有两行答案选项：上面一行是你对目前状况的打分；下面一行是你认为理想的状况，在这种理想状况下，可以优化你个人或你在部门中的表现。

3. 选择A最近似左端的情况，选择F最近似右端的情况。答案的位置越靠近陈述，则说明该陈述越能描述部门的情况。

4. 对每一道题均需对你部门目前状况及理想状况分别进行判断，将最能准确描述你部门目前状况和理想状况的答案涂黑。

例子：

	A	B	C	D	E	F
目前状况	●	○	○	○	○	○
理想状况	○	○	○	○	●	○

说明：上面一行说明左边的陈述完全与目前的情况完全相符，下面一行表明"理想状况"与右边的陈述很接近但不完全相符。

【注意】

1. 使用黑色笔。

2. 每个问题的两个状况各涂黑一个圆圈。

3. 若涂错了，请打"×"。

第一部分　对部门

1	左：在我的部门中工作不是很有组织	右：在我的部门中工作是很有组织的
2	左：部门的领导不大重视改进业绩	右：部门的领导很重视改进业绩
3	左：部门中没有友好的工作氛围	右：部门中工作氛围友好

续表

4	左：在部门中，领导不认为事事均要检查，因为他知道员工采用的是正确方法	右：在部门中，领导会认为事事均要检查，即使员工认为他们的方法是正确的
5	左：在部门中，领导制定的政策、程序、标准使我的工作很困难	右：在部门中，领导制定的政策、程序、标准不会阻碍我的工作
6	左：在部门中，领导不会按工作业绩奖励并认可成员	右：在部门中，领导按工作业绩认可并奖励成员
7	左：部门成员不清楚部门的使命和目标	右：部门成员很清楚部门的使命和目标
8	左：部门成员不愿意在工作上花额外时间	右：部门成员愿意花额外的时间去工作
9	左：部门成员不愿意分享资源	右：部门成员愿意分享资源
10	左：部门中好的工作表现得不到认可	右：部门中好的工作表现会得到认可
11	左：在紧急情况下，部门成员不愿意分担其他人的责任	右：在紧急情况下，部门成员愿意承担其他人的任务
12	左：部门中经常因缺乏组织和计划影响产出	右：部门中很少因缺乏组织和计划影响产出
13	左：部门成员很少花精力改善业绩	右：部门成员花很多精力改善业绩
14	左：在部门中新概念、新思想很难被接受	右：在部门中新概念、新思想会被部门成员考虑并给出意见
15	左：部门成员没有这种信赖	右：部门成员互相信赖
16	左：在部门中鼓励冒已经分析过的风险	右：在部门中不鼓励去冒已经分析过的风险
17	左：部门成员常常打破常规达成部门目标	右：部门成员很少有人打破常规使部门工作成功
18	左：部门成员不会为自己是部门的一员而感到骄傲	右：部门成员会为自己是部门的一员而感到骄傲
19	左：部门成员不明白部门目标与公司目标的关系	右：部门成员明白部门目标与公司目标的关系
20	左：部门的策略、程序不清楚、不明晰	右：部门的策略、程序清楚、明晰
21	左：在部门中表现最好的人会给予晋升和经济上的奖励	右：物质奖励一定要落在表现最好的人身上
22	左：部门成员不互相尊重	右：部门成员会互相尊重
23	左：部门成员不愿意作出牺牲使工作得以完成	右：部门成员为工作愿意作出牺牲
24	左：部门成员被告知该怎样做工作	右：部门成员被鼓励按适合自己的方法工作

续表

25	左：部门成员不了解组织的目标是什么	右：部门成员了解组织的目标
26	左：部门成员很少乐于提供帮助	右：部门成员乐于提供帮助，使工作得以完成
27	左：部门中的领导不会设定高的业绩标准	右：部门中的领导会设定高的业绩标准
28	左：领导苛求部门成员	右：领导不苛求部门成员
29	左：部门成员很少合作工作	右：部门成员合作工作
30	左：部门成员不清楚对他们的期望	右：部门成员清楚对他们的期望
31	左：在部门中要成功，最好的方法是循规蹈矩	右：在部门中要成功，最好的方法是冒经过分析的风险
32	左：领导设定很多不必要的程序	右：领导尽量减少不必要的程序
33	左：成员之间不友善，很冷漠	右：成员之间很关爱、友善
34	左：部门成员即使表现好，也很少得到称赞	右：部门成员若表现好会得到称赞
35	左：部门成员不了解工作与部门目标的关系	右：部门成员了解工作与部门目标的联系
36	左：部门可以接受平庸的业绩	右：部门不接受平庸的业绩
37	左：我不清楚主管、同僚对我的期望	右：我很清楚主管、同僚对我的期望
38	左：部门成员很少讲部门好话	右：部门成员经常称赞自己的部门
39	左：部门成员对发生可能影响他们的变化蒙在鼓里	右：若有影响到部门成员的变化，他们会及时知道
40	左：主管、同僚设定的目标不具有挑战性	右：主管、同僚设定的目标具有挑战性
41	左：部门成员不知道组织目标	右：部门成员知道组织目标
42	左：部门成员不可以尝试新概念、新方法	右：部门成员可以尝试新概念、新方法
43	左：部门成员得到的批评和威胁比鼓励和支持多	右：部门成员得到的鼓励和支持比批评和威胁多
44	左：部门成员合作不好	右：部门成员合作很好
45	左：部门不鼓励成员主动解决问题	右：部门鼓励成员主动解决问题
46	左：部门不会鼓励成员做工作以达到公司目标	右：部门鼓励成员做工作以达到公司目标
47	左：部门中没有很多忠诚的人员	右：部门中有很多忠诚的人员

第二部分　对公司

48	左：公司不会花很多精力改善业绩	右：公司会花很多精力改善业绩
49	左：公司不会根据业绩奖励和认可员工	右：公司会根据业绩奖励和认可员工
50	左：公司中没有友好的氛围	右：公司中有友好的氛围
51	左：公司制定的策略、程序会阻碍工作	右：公司制定的策略、程序不会阻碍工作
52	左：公司中员工事事被要求让主管、同僚检查，即使他的方法是正确的	右：公司中员工不会事事被要求让主管、同僚检查，即使他的方法是正确的
53	左：公司的员工不愿意花额外的时间工作	右：公司的员工愿意花额外的时间工作
54	左：公司的绩效会因缺乏组织、计划而受影响	右：公司的绩效很少因缺乏组织、计划而受影响
55	左：在公司中新想法和创新意识很难被考虑	右：在公司中新想法和创新意识很易被考虑
56	左：公司没有明确的使命和目标	右：公司有明确的使命和目标
57	左：在公司中员工不愿意分享资源	右：在公司中员工愿意分享资源
58	左：在公司中员工做好也不会得到认可	右：在公司中员工做得好会得到认可
59	左：在紧急情况下，公司员工不愿意承担别人的任务	右：即使在紧急情况下，公司员工也愿意承担别人的任务
60	左：公司中的员工不会花很多精力去改进绩效	右：公司中的员工会花很多精力去改进绩效
61	左：员工不会因为他属于公司而感到骄傲	右：员工因为他属于公司而感到骄傲
62	左：公司中员工不是互相信赖	右：公司中员工互相信赖
63	左：公司不鼓励冒经过分析的风险	右：公司鼓励冒经过分析的风险
64	左：晋升体系不会有助于表现好的人升迁	右：晋升体系会有助于表现好的人升迁
65	左：我不清楚公司的政策、程序	右：我很清楚公司的政策、程序
66	左：公司设定很多不必要的程序	右：公司会尽量减少不必要的程序
67	左：公司中员工不互相尊重	右：公司中员工互相尊重
68	左：公司中的员工会常常用非常规的方法使工作成功	右：公司中的员工很少使用非常规的方法使工作成功
69	左：公司中的员工不讲公司的好话	右：公司中的员工会讲公司的好话

续表

70	左：员工不清楚公司的目标	右：员工清楚公司的目标
71	左：在公司中员工得到的鼓励、支持少于批评和威胁	右：在公司中员工得到的批评和威胁少于鼓励、支持
72	左：我不清楚公司中的权力层级	右：我清楚公司中的权力层级
73	左：公司不会设置很高的绩效标准	右：公司会设置很高的绩效标准
74	左：公司内的人不能互相合作	右：公司内的人都能互相合作
75	左：公司内的不同部门之间配合很差	右：公司内的不同部门之间互相配合很好
76	左：在公司中不允许人们去实践新思想并尝试新事物	右：在公司中允许人们去实践新思想并尝试新事物
77	左：公司不会接受普通的、一般的表现	右：公司会接受普通的、一般的表现
78	左：在公司里人们被告知必须怎样去做他们的事	右：在公司里人们被鼓励按适合自己的方法做事
79	左：在公司里大家都彼此冷漠	右：在公司里大家都互相友好相处
80	左：员工都愿意为工作做出牺牲	右：员工都不愿意为工作做出牺牲
81	左：公司没有清晰的方向	右：公司有一个清晰的方向
82	左：工资和奖金一般与工作绩效没有太多关系而与另外的事情有关	右：工资和奖金一般与工作绩效有关
83	左：没有太多人忠于公司	右：有许多人忠于公司
84	左：公司设立的目标不具有挑战性	右：公司设立的目标是非常具有挑战性的
85	左：在公司里的成功之道是循规蹈矩地完成任务	右：在公司里的成功之道是去冒已经分析过的风险
86	左：我不清楚公司的使命	右：我很清楚公司的使命
87	左：公司里的员工都被可能影响到他们的最新变化蒙在鼓里	右：公司里的员工都会知道影响到他们的最新变化
88	左：公司里有许多流言蜚语或小道消息	右：公司里没有流言蜚语或小道消息
89	左：公司对员工要求苛刻	右：公司对员工要求不苛刻
90	左：员工不知道公司的目标	右：员工知道公司的目标

五、管理思维的升级

（一）管理的四大基本假设

基本假设 1：人性的基本假设

中国古代有两位先贤讲过人性。一位是孟子，孟子认为"人生而具有仁爱之心、向善之心，可以教化而'渡'之"，孟子假设人性是向善的，所以，要"渡人"；另一位是荀子，荀子认为"人生而贪婪自私，需要规则以制之"，荀子假设人性本恶，所以，需要"制人"。

两千多年来，不论人性是善还是恶，对于生活在现代的我们，人性都是"趋利避害"的，人性会随着环境变化而变化。所以，基于管理视角，可以得出一个逻辑：人性善恶共存，管理恩威并施。要用恩引导善，用威抑制人性的恶。也就是说，企业管理需要规则和制度，这也是管理的第一个基本"天条"。

基本假设2：人是难以管理的

越有能力的人越难管是管理者普遍的共识。为什么呢？做个比较就明白了。

值钱的物的本质是什么？

投资的底层逻辑到底是什么？

从本质上来说，值钱的物具有两个属性：一是随时随地可以抵押、变现的本质属性；二是看护属性。从物的本身来看，这两个属性是可以分割的，比如：投资购买的金条，可以存放在银行，可以放在自己家里，也可以找别人代存，这都不会影响金条的本质属性。同理，有能力的人也具有这两个属性，即随时随地利用自己的时间和能力获取自己所需的生存资源，而看护属性只能是自己。所以，有能力的人往往都很难管理。

故此，就能得出一个管理的底层逻辑：不同的人要使用不同的管理策略，高级策略给高级人才，一般策略给一般人员。"空城计"就是该逻辑的经典案例。因为司马懿是高级人才，所以，诸葛亮才会用空城计来应对他，如果将司马懿换成张飞，就唱不成"空城计"。所以，对员工进行差异化管理，针对不同的人采取不同的管理策略，这叫因地制宜、因材施教。

基本假设3：人是需要尊重的

怎么理解尊重呢？并不是指让员工畅所欲言、给员工营造好的环境、让员工感受公司文化等，而是指底层的本质。

思考两个问题：如果你是下属，领导只给你布置任务、索要业绩，不考虑你的收入和成长，你觉得他是不是尊重你？如果你是领导，你给下属的绩效评价了一个D，他就整天跟你抱怨、闹情绪，你觉得他是不是尊重你？

所以，这里讲的尊重是指管理的公平。那么，什么是管理的公平呢？就是基于价值创造的价值兑现。让真正创造价值、完成挑战业绩的员工得到更好的回报，是该项假设的核心。如果企业的激励机制能够基于这个底层逻辑去设计，企业就会出现一群"勇士"，懈怠的人会行动起来，慢慢走的人会跑起来，组织氛围就能逐渐改善。

基本假设4：人是多样化的

这个假设指的是管理上的行为应对，举个例子。在古装剧中，女子掉进河里，男子把她救上来，基本上后续就会出现这样的场景：女子浅浅鞠躬，看一眼救她的男子说"小女子无以为报，只能以身相许"，如果是这种表述，那男子一定是貌似潘安；如果女子看了一眼，发现救她的人面若张飞，就会说"小女子无以为报，来世做牛做马报答"。这就是典型的基于人是多样化的应对。这个假设告诉管理者，在应对不同的人或事时，采取合适的应对措施是基本的管理技巧。

（二）管理者应该具备的管理思维

管理者应该具备的管理思维如下。

1. 辩证思维

管理者应该有辩证法的底层认知，要看到事情的对立面，知悉一切事情都是逐渐变化的、运动的，用辩证法来应对外部的不确定环境和内部的管理变化。在人员管理上要始终牢记"骏马渡河不如舟"，因为马有马的用处，舟有舟的长处。

2. 系统思维

严谨、周密、系统化的思维，即是保证事成的关键，不因一隅而失去全部，也不因偏差而绝对化。系统化思考，尊重事物的变化规律，尽可能考虑到各种变量，并利用内部资源做好应对。

3. 战略思维

这里的战略思维共包括两层含义：一是始终紧盯战略目标，长期跟进执行。二是坚持长期主义与价值结果。对正确的事情要考虑事物的规律本身，凡事都需要时间积淀，不能一蹴而就；专注价值结果，所有的努力得有价值、有影响，有利于总体目标的实现，有结果、能衡量。

（三）选人用人

1. 老黄牛和千里马

从两个维度来差异化看待员工，一个是才，一个是德。

（1）千里马指的是有德有才的人，对这类人才要重用。

（2）老黄牛指的是对企业认可度高，但能力和业绩并不突出的员工，对这类员工要重而不用，要知道他不能带兵打仗。

2. 因人而异，辨识不同成熟度对象

（1）引导式。个人能力和业绩目前还不太好，但心态意愿特别积极主动的员工是企业应该重点培养的对象，培养方式是引导式，重点是引导思考、开放沟通、高度认可。

（2）授权式。个人能力业绩和意愿都很好的员工是企业的骨干力量，能够为企业带来效益，是重点激励和培养对象。培养方式多为授权式，要让他们去带人、去分享、去完成高业绩挑战，采用高激励和差异化的培养方式。

（3）教导式。意愿和业绩都不好的员工，基本上是企业重点关注或进行优化的人员。如果要继续留用该类人员，可用教导式的培养方式，即先明认知，再教方法、给工具，最后跟踪检查，驱动他们要手把手教。

（4）诱导式。个人能力和业绩很好，但对企业的认可度、对所从事工作的沉入度不够或与其他人特别难配合的人员，他们的能力和业绩来自个人的成长沉淀，不仅要对他们做到基本尊重、高度认同，还要找到激发点，激发他们的兴趣，在意愿融合上进行吸引。

3. 能力与忠诚

（1）能力从培养中来。员工能力的培养要结合业务的不断成长进行，需要进行系统化的培养和针对性的训练。

（2）忠诚从制度中来。忠诚从来都不是来自亲属关系或师徒关系，而是来自规则、制度的约定与执行，要让员工知道"高压线"，让他们知道哪些事情不能做。

（3）忠诚的本质在于利益认同。这里的忠诚包括两个方面，一是个人对于他人的忠诚，二是员工对于企业的忠诚。需要有利益吸引和分配机制，否则团队很难持久。

六、高效管理五机制

高效管理的机制主要有以下五个。

（一）PK机制

底层思维逻辑：团队或个人的想赢怕输心理。

核心目的：团队凝聚与正向竞争，快速达成短期目标。

适用范围：各部门各岗位均适用。

机制设计：时间上与目标阶段性周期一致，结果呈现即时性。

内容设计与工具：关键目标、特殊事项、KPI。

激励设计：凡PK必有激励。

案例见表1-5所示。

表1-5 考核维度、PK标准及激励标准

考核维度	PK标准	激励标准（单位：元）
销售任务完成率	财务出数据	1200
新品销售增长率	财务出数据	1200
新客户开发个数	财务出数据	1200
新客户销售金额	财务出数据	1200
企业对企业渠道开发个数	财务出数据	1200
企业对企业渠道销售金额	财务出数据	1200

〔备注：月度PK。仅奖励第一名，第二名不奖不罚，第三名处罚（俯卧撑50个/单

项/每人）。由人力资源部派员监督处罚执行。]

（二）赶鸭子上架

底层思维逻辑：试错、自信。

核心目的：带动士气，给员工提供机会，发现人才、发展人才。

适用范围：TOP20%员工。

支撑工具：素质模型、绩效考核评估结果。

两个重点：一是不能"赖鸭子"，二是必须具备高度的责任心和明显的缺项。

"架"的确定：明确的效果、结果、关键节点及指标的描述，牵引性要强。

"鸭子"的发展与激励：关键人才培养、项目组负责人、定制化能力提升培训。

（三）悬刀机制

底层思维逻辑：趋利避害的心理。

核心目的：团队驱动力，危机感、目标感。

适用范围：全员、PIP人员（Personal Information Protection Professional，个人信息保护专业人员）。

两个重点：有效地以结果为导向的目标分解、协助淘汰。

"刀"的解读：指标、目标、淘汰机制、惩罚机制。

（四）懒人机制

底层思维逻辑：人都有惰性，你干了他就不干了。

核心目的：授权与成长。

适用范围：仅适用于中层以上管理者。

监控工具：工作仪表盘。

两个重点：合理有效地授权；有针对性地培养正确的员工。

"懒"的解读：向教练型、授权型管理者转变，找方向、给资源、搭平台、搞服务。

（五）唐僧念经

底层思维逻辑：惯性、习惯成自然。

核心目的：对企业文化和价值观的坚守；形成自己的管理风格和思想。

适用范围：中层以上管理者。

重点：价值观驱动、聚焦企业使命、遵循企业规则、鼓励、教练。

内容设计与工具、文化、使命相关，包括重大是非问题、绩效考核文化部分、企业文化和规则制度等。

"唐僧"与"经"的解读："唐僧"要知道自己是谁、要去哪里、要去干什么。这些问题要深入骨子里。"经"是指要利用一切机会和手段，让员工感受企业使命和价值观，在从精神上产生共鸣和聚合力。

第二章　有关领导力的知识及理论

人工智能时代，企业要想实现转型与重塑，领导者就要熟知跟领导力有关的理论和知识，重新审视自己的角色与策略。一方面提升自我管理，升级思维、提升自我认知及做好角色定位；另一方面提升组织管理，适配数字化经营体系。

一、什么是领导力

领导力（Leadership Challenge），这个在企业管理的语境中屡屡出现，却总带着一层神秘面纱的词，究竟蕴含着怎样的实质？

领导力可以被形容为一系列行为的组合，这些行为会激励人们跟随领导去要去的地方，不是简单的服从。它存在于我们周围，在管理层，在课堂，在球场，在政府，在军队，在上市跨国公司，在小公司……直到一个小家庭，在各个层次、各个领域都可以看到领导力的影子。

（一）关于领导力的定义

哈罗得·孔茨（Harold Koontz，1908—1984）认为，领导力是一种影响力，领导即是一种影响过程，是影响人们心甘情愿和满怀热情为实现组织目标而努力的艺术或者过程。

美国前国务卿基辛格（Henry Kissinger）认为，领导就是要领导人们从现在所在的地方到达没有去过的地方。

通用汽车前副总裁马克·赫根（Mark Hogan）说："记住，是人使事情发生，世界上最好的计划，如果没有人去执行，那它就没有任何意义。我努力让最聪明、最有创造性的人们在我周围。我的目标是永远为那些最优秀、最有天才的人创造他们想要的工作环境。如果你尊敬人们并且永远保持你的诺言，你将会是一个领导者，不管你在公司的位置高低。"

玛格丽特·米德（Margaret Mead）说："永远不要怀疑，一小组有思想和热忱的公民可以改变这个世界，事情的确就只是这样。"

沃伦·本尼斯（Warren Bennis）说："领导力就像美，它难以定义，但当你看到时，你就知道。"

约翰·科特（John P.Kotter）说："我不认为领导能力是能够教出来的，但我们可以帮助人们去发现，并挖掘自己所具备的领导潜能。"

鲍威尔（Colin Powell）说："一个领袖人物必须正直、诚实、顾及他人的感受，并且不把个人或小团体的利益和需要摆在一切衡量标准的首位。否则人们就不会追随他。"

通过这些定义可以发现，领导力可以分为两个层面。一是组织的领导力，即组织作为一个整体，对其他组织和个人的影响力。这个层面的领导力涉及组织的文化、战略及执行力等。二是个体领导力，对于企业来讲，就是企业各级管理者和领导者的领导力。

组织领导力的基础是个体的领导力，如何突破和提升领导力，如何由领导自己的人变成领导他人的人，再成为卓越的领导者，是每一个领导者首先需要考虑的问题。

（二）领导力的特点

领导力往往具有以下几个特点。

1. 明确目标

领导者必须明确地定义组织的目标，并将这个目标与团队成员的个人目标相结合，让每个团队成员都能感受到自己的价值和意义。

2. 建立信任

领导者必须建立信任和尊重的关系，使团队成员追随他们并支持他们的决策。

领导者要通过诚实、公正和良好的行为来赢得团队的信任。

3. 了解团队

领导者必须了解团队成员，包括他们的优点、缺点、需要和期望。

只有了解了团队成员的需求和特点，才能更好地满足他们的需求并激发他们的潜力。

4. 制定策略

领导者必须制定并执行明确的策略，以实现组织的目标。

这些策略应该具有一定的灵活性和适应性，能够应对环境的变化和不确定性。

5. 有效沟通

领导者必须有效地与团队成员沟通，包括传达清晰的信息、倾听他们的意见、提供反馈和解决问题。

良好的沟通是建立信任、激发团队潜力的重要手段。

6. 推动成长

领导者必须促进团队成员的个人和职业发展，并帮助他们成长。

领导者应该为团队成员提供培训、学习和发展机会，帮助他们提升技能和能力，实现自我价值。

7. 适应变化

领导者必须适应不断变化的环境和情况，及时调整和决策。

在快速变化的时代，领导者需要有敏锐的洞察力和应变能力，以应对不断变化的市场和社会环境。

8. 鼓励创新

创新是推动组织发展的重要动力，领导者必须鼓励团队成员创新和思考，并支持他们的新想法和方案；应该为团队成员提供创新的空间和支持，激发他们的创造力和潜力。

9. 管理风险

领导者必须预测和管理潜在的风险和挑战，以确保组织的稳定和发展。

领导者应该有风险意识，采取预防措施来降低风险，同时能够在风险发生时采取有效的应对措施。

10. 引领榜样

领导者必须以身作则，成为团队成员的榜样和典范，激发他们的热情和积极性。

领导者的行为和态度对团队成员具有重要影响，他们的榜样作用可以激励团队成员追求卓越，促进组织的持续发展。

二、领导力的五个层级

领导力大师约翰·麦克斯韦尔在《领导力的5个层级》这本书里，揭示了塑造个人领导力的五个层级。

第一层级：职位。

职位是领导力的最低层级。依靠职位的领导者，只能够产生头衔所带来的影响，人们之所以愿意追随他，仅仅是因为不得不这样做。这类领导者以职位和头衔赋予的权力为基础，但职位并不能代替影响力。

处于第一层级的人可能是老板，但绝不是领导者：他们虽然有下属，但没有团队伙伴；他们主要依靠规章制度、政策和组织纪律来控制员工，下属只会在规定的职权范围内服从他们，只做他们被要求做到的事情，如果要求下属付出额外的努力或时间，往往无法得到想要的结果：他们无法与志愿者、年轻人和受过高等教育的人合作，而这类人员往往更独立，更愿意跟有影响力的人合作。

第二层级：认同。

在认同层级上，人们之所以愿意跟随领导者，是因为他们想要这样做。当领导者喜欢下属并把他们当作有价值的人对待时，就会对他们产生影响，培养他们的信任。

第三层级：业绩。

在业绩层级，领导者获得了影响力和公信力，下属会因为领导者为组织所做的一切而追随其后。

当领导者达到第三层级时，许多积极的事情就会相继发生：任务完成，士气高涨，利润提高，人员流动率降低……在该层级，激励也会开始发挥作用。同时，领导者会变成变革的推动者，可以面对并解决棘手的问题，能够做出艰难的决定,从而产生影响力,将员工工作效率提高一个档次。

第四层级:育人。

领导者之所以伟大,不是因为他们手中拥有权力,而是因为他们能够给他人赋能。这就是领导者在第四层级所做的事情。他们会利用自己的地位、关系和业绩对下属进行投资,推动其发展,直到下属也成为领导者。

该层级的领导者会改变员工的生活,每个人都能从中受益,因此人们也愿意追随。

第五层级:巅峰。

最高和最难达到的领导力层级是巅峰领导力。虽然多数人可以通过学习达到第一至第四层级,但要想达到第五层级,不仅需要努力、技能和意愿,还需要很高的天赋。只有天赋异禀的领导者才能达到这一高度。

该层级领导者往往超越了自己的职位、组织,甚至行业的界限,能够利用巅峰平台超越自我。

三、所谓领导力,其实就是影响力

约翰·麦克斯韦尔说:"领导力就是影响力。"领导力的关键不是你"是什么",而是你"做了什么"。通俗来说,成事的领导者,靠的不是权力,而是影响力。

任何人都在影响别人或被别人影响,影响别人的能力叫影响力。领导者拥有追随者,没有追随者的人就不叫领导者,追随者造就了领导者,伟大的追随者造就了伟大的领导者。

人是情感动物,只要能调动一个人的情绪,就能调动这个人的行为。如果该行为是追随行为,就能获得这个追随者,自己也就成了领导者。在领导过程中,领导者如果不能有效影响或改变被领导者的心理或行为,就很难实现领导的功能,更无法实现组织目标。

简言之,影响力就是领导者在领导活动的过程中有效地控制、支配、激励或感召被领导者心理和行为的能力。

1. 下属不得不跟随你

领导者要建立良好的自我认知，知道自己的长处和短板，清楚自己能做什么、不能做什么，然后主动和下属建立关系，用自己的价值观、态度等激励员工不断努力。

2. 下属想要追随你

人永远比工作重要，领导者要给员工赋能。当领导者从关心工作绩效转变到关心人，经过一段时间的真诚相处，下属就会开始追随你。要知道，员工会因为喜欢某项工作进入某家公司，也会因为讨厌某个上司而离开公司。领导者只有跟下属处好关系，让下属感到被喜欢、被关心、被包容、被重视和被信任，才能调动员工的工作积极性，才能加强团队成员之间的合作，营造良好的工作氛围，让工作绩效迈向更高一级台阶。

3. 下属因为你所做的事情而追随你

作为领导者，如果没有拿得出手的成绩，很难让员工一直追随你，因为任何人都不愿意跟你只聊关系不谈绩效，员工不可能跟着领导者喝西北风。

领导者的努力，员工看得见，要知道你就是员工最好的榜样。没有什么能像成果一样，可以带给人们自信心和成就感。优秀的领导者，会不断地向员工传达组织的愿景，并带领员工创造佳绩。同时，员工会在实现愿景的过程中感受自己的成长和进步，自信心也会为之倍增。这是一种良性循环，也是做出成绩的前提。

4. 人们因为你为他们做的事情而追随你

人，是企业中最重要的资产，尤其是当企业拥有一批优秀的领导者时，企业的壮大繁荣势在必得。如果企业只有一个领导者，一旦这个领导者离开，员工就会像等待命令的士兵一样不作为。反之，如果企业中有多个领导者，即使某个领导者离开了，整个企业也能像机器一样有序地运作下去。

5. 人们因为你以及你代表的价值而追随你

优秀领导者往往超越了自身所处行业组织的局限，有着非凡的能力，可以提升组织的士气，让每个人都感到愉快，让整个组织朝气蓬勃，充满活力和希望。而这样的领导者，更容易受到员工的认可和跟随。

四、一个人有没有领导力，可以从七个方面来判断

如何才能判断一个人是否具有领导力呢？可以通过以下七个方面的内容来判断。

1. 敢面对冲突

优秀乃至卓越的管理者，都敢于和善于面对冲突，懂得利用冲突去达成组织目标。

冲突是管理的常态，冲突中蕴含机遇与挑战，是塑造卓越领导力的必经之路。管理者要面对更多的"做事的人"，核心能力是处理和协调各种上下属、跨部门的工作关系和人际关系。优秀的管理者不仅具备面对冲突的勇气，而且懂得通过智慧的方式方法去化解冲突，甚至能将冲突变成有利于实现目标的因素。

2. 敢牵头做事

一个好的领导者，不仅有想法，还有执行力。他们敢于牵头做事，善于给团队分工。面对一项任务时，他们会根据团队成员的特点和能力进行合理分工，确保团队高效运转。同时，他们还会密切关注任务的进展情况，及时调整策略，确保任务顺利完成。

3. 善于沟通协调

一个优秀的领导者，必须具备良好的沟通能力。他们能够清晰地传达自己的想法和意图，使团队成员明确了解任务的要求和目标。同时，他们还会积极倾听团队成员的意见和建议，鼓励大家畅所欲言，激发团队的创造力。

4. 具备目标导向思维

成功的领导者，不仅知道自己要做什么，还清楚团队的目标是什么。他们会制定明确的目标，并为团队制订合理的计划和策略，以确保目标的实现。同时，他们还会关注任务的进展情况，及时调整计划和策略，确保任务能够按时完成。

5. 敢承担责任

真正的领导者敢于承担责任，因为他们知道，自己的行动会直接影响到整个团队。因此，当事情进展顺利时，他们会将功劳归于团队；当事情出现问题时，他们会勇敢地承担责任，并积极寻找解决问题的方法。这样的领导者，不仅能赢得团队的尊重和信任，还能激发团队的积极性和创造力。

6. 具备自我管理能力

优秀的领导者，能够有效地管理自己的时间和情绪，保持高效率的工作状态。同时，他们还会不断学习和成长，提升自己的专业素养和管理能力。这样的领导者，不仅能够做好自己的工作，还能为团队树立良好的榜样。

7. 善于激励人心

成功的领导者，应了解如何激发团队成员的潜力，使他们感受到重视和支持。他们会通过鼓励、表扬、奖励等方式，激励团队成员发挥自己的优势和特长，还会创造一个积极向上的工作氛围，使团队成员感到工作是有意义的、有价值的。

五、不可不知的领导力理论

关于领导力的理论，主要有以下几个。

1. 伟人理论（The great man theory）

该理论出现于19世纪，它认为历史是由伟大英雄的影响创造的。有些人天生就具有领导者的特质，他们拥有智慧和勇气，对追随者非常有影响力。该理论关注的是个人的内在品质。

2. 特质理论（Trait theory）

特质理论确定了与成功领导相关的不同性格特点，认为只要领导者具备了所有的基本素质，就可以担任权力和权威的职位。该理论还认为，领导者和领导者的特质是组织成功的核心。特质理论只关注领导者而忽略了追随者。

3. 技能理论（Skills theory）

技能理论侧重于识别领导者的关键属性，不过，技能理论承认的是实际能力，而不是特征。这个理论强调了可以学习和发展的技能和能力。

4. 领导风格理论（Style theory of leadership）

领导风格理论强调领导者的实际行为。风格领导关注两种主要的行为类型：任务行为和关系行为。这些行为会不同程度地影响领导者的个人风格。过于专注于任务行为，就可能对追随者过于强硬；充分强调关系行为，同样会造成破坏，可能会导致生产力不足。

5. 情境领导（Situational leadership）

情境领导允许领导者调整自己的风格，以适应他们试图激励的追随者。领导者应不断变化，满足当前组织的需求，并根据情况来调整自己。

6. 权变领导（Contingency leadership）

权变理论认为，领导风格基本上是固定不变的，有效的领导取决于将正确的领导与正确的环境相匹配。

7. 交易型领导（Transactional leadership）

交易型领导层相信，人们会根据现有的激励措施进行跟进，领导者的职责是找到正确的奖惩组合并监督发生的事情。

8. 领导者—成员交换理论（Leader-member exchange theory）

领导者—成员交换理论建立在领导者与其追随者之间的公平交换之上，但这样做可能会造成分裂为一个"内部"群体和一个"外部"群体，继而导致性能降低和保留率降低。

9. 变革型领导风格理论（Transformational leadership theory）

变革型领导风格理论侧重于培养和鼓励追随者，激励他们走向既定愿景的领导力，领导者会积极改变环境、建立关系并形成组织文化。

10. 仆人式领导理论（Servant leadership theory）

这是罗伯特·K. 格林里夫的一种理论，是一种存在于实践中的无私的领导哲学。此类领导者以身作则，乐意成为"仆人"，以"服侍"来领导，其领导的结果是为了延展其服务功能。仆人式领导鼓励合作、信任、先见、聆听以及权力的道德用途。

六、领导力思维模型

领导力思维模型，主要有以下几个。

1. 五项修炼模型

在快速变化的商业世界中，组织和领导者如何保持竞争力？彼得·圣吉的五项修炼模型提供了一种全新视角。该模型包括五个核心组成部分：自我提升、团队学习、建立共同愿景、改善心智模式和系统思考。每一项都是领导者不可或缺的技能。

（1）自我提升。关注自我提升和持续学习，鼓励成员成为更好的自我。

（2）团队学习。将注意力放在如何通过有效沟通和协作，将个人才智转化为团队智慧。

（3）建立共同愿景。共同愿景是激励团队成员共同追求长远目标的力量源泉，可以帮助团队保持方向一致性并增强凝聚力。

（4）改善心智模式。心智模式推动我们挑战固有思维，拥抱新思想，从而改善决策过程。

（5）系统思考。系统思考是五项修炼的核心，它教会人们认识和理解各种内部和外部因素如何相互作用，影响整个组织。通过系统思考，领导者可以更好地预测和塑造未来，使组织在不断变化的环境中稳健前行。

五项修炼是一个有机的整体，团队学习是一种组织内部的学习，它不仅在规模上超越了个人学习，且在内容上完全不同于个体学习。

2. 领导力梯队模型

在快速变化的商业环境中，领导力梯队模型是培养未来领导者的关键工具。此模型通过多级发展阶段，逐步增强领导者的能力。初级阶段注重基本的管理技能和团队合作，中级阶段扩展到跨部门协调和战略规划，而高级阶段则要求领导者推动组织文化的变革。通过一系统性方法，组织能够在各层面构建战略性和适应性强的领导团队，确保长远成功。

该模型来自《领导梯队》一书，概括了大公司从员工成长为首席执行官，需要经历的六个领导力发展阶段。该书从领导技能、时间管理、工作理念等三个方面进行了分析，并提出了改进建议。

3. GE 领导力模型

GE 领导力模型由通用电气（GE）公司在 20 世纪 80 年代初开发，用于评估和发展领导能力。

该模型基于 GE 公司对全球不同部门和级别的领导者的研究和观察而创建，旨在提供一套普适的标准和方法来评估和培养领导能力。

在 GE 领导力模型中，P 指的是模型的一个重要组成部分，代表着积极表现，如激励员工、建立团队合作、提供有效反馈等。它强调了领导者如何通过积极的行为和态度来影响和激发员工的积极表现，从而达到组织目标。

4. GROW 教练模型

GROW 模型是约翰·惠特默于 1992 年在《高绩效教练》中提出，用于帮助员工成长。通过富有技巧性的提问和结构清晰的流程，帮助员工释放潜能、增加认识、承担责任，使其绩效最大化。首先，明确个体或团队的具体目标；其次，评估当前的实际情况和可能的障碍；再次，探讨所有可行的解决方案和方法；最后，确立行动计划并促使个体承诺实施。GROW 模型通过结构化的对话促进深思熟虑的决策过程，有效推动个人和团队向目标前进。

5. 领导力 5E 模型

宝洁公司认为，领导力的要件可以概括为 5 个"E"。

Envision，指领导者构筑愿景的能力，给整个组织指明方向，从而激发团队内心的激情。

Engage，从人和资源两个角度，很好地将利益攸关者——员工、同事、客户和老板，纳入企业愿景。

Energize，鼓舞成员的热情和士气，使团队始终保持高昂的工作状态。

Enable，构建团队整体的能力，通过培训与教授等方式授人以渔。

Execute，领导者率先垂范，亲身投入完美执行的推动，以结果为导向。

6. 情景领导力模型

情景领导力模型基于两个关键因素：下属的能力和愿意程度。根据这两个因素，可以将领导风格概括为以下四种。

（1）指导式领导。适用于下属能力较低且意愿不强的情况，需要领导者提供具体指示和密切监督。

（2）教练式领导。适用于下属能力适中但意愿不足的情况，领导者在提供指导的同时，还要进行大量的沟通和支持。

（3）支持式领导。适用于下属能力较强但意愿不足的情况，领导者要提供支持和鼓励，以增强下属的自信和动力。

（4）授权式领导。当下属能力和意愿都很高时，领导者应减少直接干预，给予更多的自主权和责任。

灵活运用这四种领导风格，领导者就能更有效地激发团队成员的潜力，提高团队的整体表现，从而提升管理效果。

7. 麦肯锡 7S 模型

麦肯锡 7S 模型 (McKinsey 7S Model)，简称 7S 模型，由麦肯锡顾问公司研究中心设计。指出了企业在发展过程中必须全面地考虑各方面的情况，包括结构（Structure）、制度（System）、风格（Style）、员工（Staff）、技能（Skills）、战略（Strategy）和共同的价值观（Shared Values）。具体分析如下。

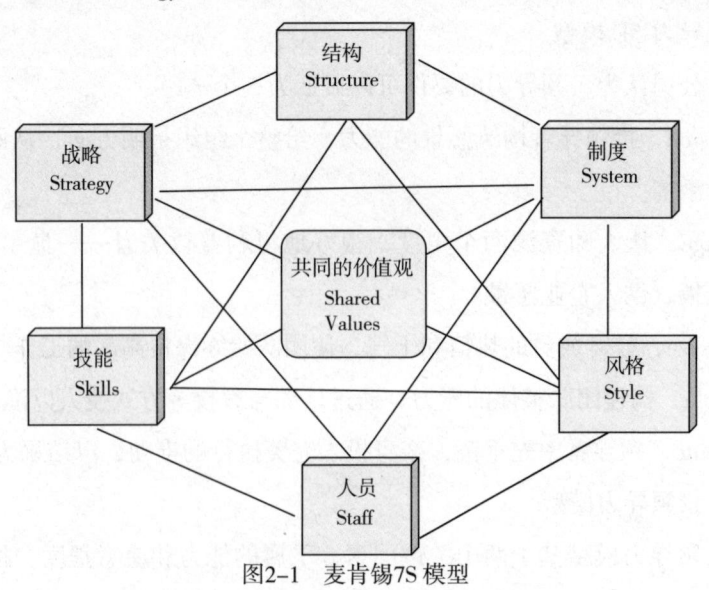

图2-1 麦肯锡7S 模型

Structure——结构。企业的组织构成形式，即企业的目标、协同、人员、职位、相互关系、信息等组织要素的有效排列组合方式。

System——制度。企业为实现战略目标而制定的一系列规则和流程，用以指导和约束员工的行为。

Style——风格。企业的管理方式和文化氛围，包括领导风格、沟通方式、决策过程等。

Staff——员工。企业的人力资源，包括员工的素质、能力、心态和动机等。

Skills——技能。员工具备的专业技能和知识水平，以及企业整体的技术实力和创新能力。

Strategy——战略。企业根据内外环境及可取得资源的情况，为求得企业生存和长期稳定的发展，对企业发展目标、达到目标的途径和手段的总体谋划。

Shared Values——共同的价值观。企业员工共同认同和遵循的基本信念和行为准则，是企业文化的核心。

下篇 领导力实操

第三章 经营理解力——理解经营逻辑和商业模式

作为经营和市场的主体，企业最基本的任务是获得盈利。在财务管理中，关注财务数据、财务指标、盈利分析等，不仅能提高盈利能力，还能确保企业在激烈的市场竞争中立于不败之地。

一、如何评价一个企业是否健康和有竞争力

企业要想健康发展，做百年老店，就要拥有一个均衡的系统，不能追求单一方面的最佳。因此，成长、盈利、现金流就是一个"等边三角形"。

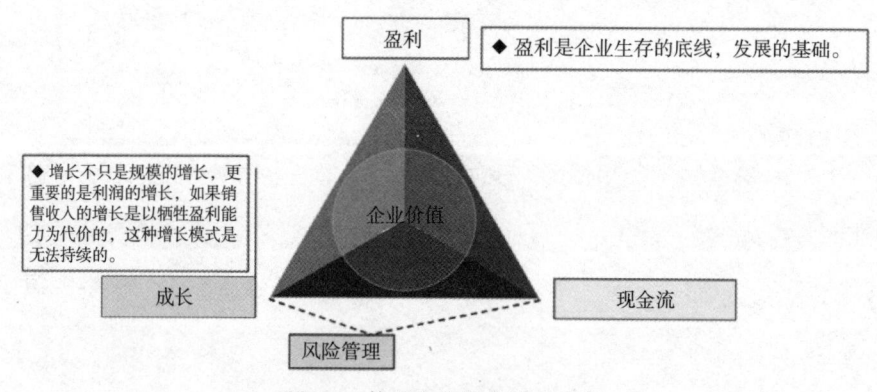

图3-1 体现企业价值的三要素

1. 成长

这里的增长不只是规模的增长，更是利润的增长，如果销售收入的增长是以牺牲盈利能力为代价的，这种增长模式将无法持续。

2. 盈利

盈利是企业生存的底线，更是企业发展的基础。

3. 现金流

经营管理的原则是：既要获得必要的增长，又要赚取利润并保证现金流

安全，以保证企业的持续经营，实现公司价值最大化。

二、财务数据会说话

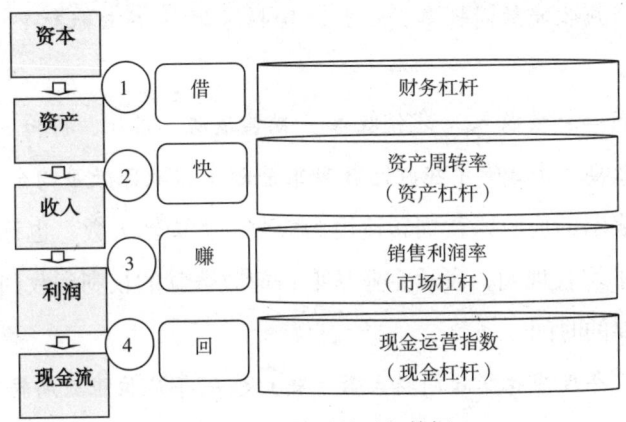

```
资本
 ↓
资产 ──①── 借 ── 财务杠杆
 ↓
收入 ──②── 快 ── 资产周转率（资产杠杆）
 ↓
利润 ──③── 赚 ── 销售利润率（市场杠杆）
 ↓
现金流 ──④── 回 ── 现金运营指数（现金杠杆）
```

图3-2　会说话的财务数据

由图3-2可以发现，关注财务数据，就可以看到真实的企业信息。

1. 财务杠杆

一个关键指标是资产负债率。

资产负债率，通俗来讲，是指企业负债占企业资产的百分比，它是衡量企业负债水平及风险程度的重要指标，与企业的长期偿债能力呈正相关。资产负债率可以直接反映企业的财务状况，同时也是股东最重视的指标之一。

公式为：资产负债率 = 负债总额 ÷ 资产总额 × 100%

标准值：0.7。

资产负债率的数值高，说明企业源于债务的资源较多，源于企业所有者自身的资源较少，也就是说企业的负债相对较高。一般认为，资产负债率的适宜水平是40%~60%，资产负债率70%是警戒线，资产负债比率达到100%或超过100%，说明公司已经没有净资产或资不抵债。

2. 资产杠杆

（1）流动资产周转率。反映流动资产周转情况的指标主要有以下几个。

①应收账款周转率。应收账款周转率，也称收账比率，是企业一定时期内销售收入净额与平均应收账款余额的比率，它表明本期内应收账款转为现金的平均次数，说明应收账款流动的速度。

公式为：应收账款周转率（次数）= 赊销净额 ÷ 应收账款平均余额

式中：

赊销净额 = 销售收入 − 现销收入 − 销售退回、折让、折扣

应收账款期初余额 =（应收账款期末余额 + 应收账款平均余额）÷ 2

用时间表示的应收账款周转速度为应收账款周转天数，也称平均应收账款回收期或平均收现期，表示企业从取得应收账款的权利到收回款项、转换为现金所需要的时间。

公式为：年度应收账款周转天数 = 360 天 ÷ 年应收账款周转次数

应收账款周转越快，说明企业资产流动性越强，短期偿债能力就越强。同时，提高这一比率还可以降低坏账发生的可能性，在一定程度上弥补了流动比率低给债权人造成的不良印象等。如果该比率过高，可能是由于企业的信用政策、付款条件过于苛刻所致，会限制企业销售量的扩大，对盈利水平造成负面影响。

②存货周转率。存货周转率，也称存货利用率，是企业一定时期的销售成本与平均存货的比率。

公式为：存货周转率 = 销售成本 ÷ 平均存货

存货周转率反映了企业的销售效率和存货实现销售速度。在正常情况下，存货周转速度越快，存货的占用水平越低，流动性越强，存货转换为现金或应收账款的速度越快。因此，提高存货周转率可以提高企业的变现能力。如果周转率过低，说明企业在产品销售方面存在一定问题。因此，对存货周转率的分析，要深入调查企业存库的构成，结合实际情况做出判断。

存货周转状况也可以用存货周转天数来表示。

公式为：存货周转天数 = 360 ÷ 存货周转率

存货周转天数表示存货周转一次所需要的时间，天数越少，说明存货周

转得越快。

③流动资产周转率。流动资产周转率是指企业一定时期内的销售收入净额与流动资产平均余额的比率。

公式为：

流动资产周转率 = 销售收入净额 ÷ 流动资产平均余额 ×100%

销售收入净额 = 销售收入 − 销售退回 − 销售折扣与折让

流动资产周转率是分析流动资产运营情况的综合性指标，可用来检查资金和利息节约与浪费的数据。流动资产周转率越高，说明企业流动资金周转速度快，变现能力强，资金利用率高，相应地，将增强企业的偿债能力和盈利能力。

（2）固定资产周转率。通常我们用固定资产周转率来对一个公司的固定资产的运营状况进行考核与评价。

公式为：

固定资产周转率 = 销售收入净额 ÷ 固定资产平均净值

固定资产平均净值 =(期初固定资产净值 + 期末固定资产净值) ÷ 2

固定资产周转天数 =360 天 ÷ 固定资产周转率

所谓固定资产周转率，是指企业年销售收入净额与固定资产平均净值的比率。它是反映企业固定资产周转情况、衡量固定资产利用效率的一项指标。固定资产周转率越高，表明企业固定资产利用得越充分，同时也能表明企业固定资产投资得当，固定资产结构合理，能够充分发挥效率。反之，如果固定资产周转率不高，则表明固定资产使用效率不高，提供的生产成果不多，企业的运营能力不强。

运用固定资产周转率时，需要考虑固定资产净值因计提折旧而逐年减少，因更新重置而突然增加的影响；在不同企业间进行分析、比较时，还要考虑采用不同折旧方法对固定资产净值的影响等。

3. 市场杠杆

一个关键指标是销售利润率。

销售利润率，是企业利润与销售额之间的比率。它是以销售收入为基础分析企业获利能力，反映销售收入收益水平的指标，即每元销售收入所获得的利润。销售利润率是衡量企业销售收入的收益水平的指标。属于盈利能力类指标，其他衡量盈利能力的指标还有销售净利率、净资产收益率、权益净利率、已占用资产回报率、净现值、内部收益率、投资回收期等。

公式为：销售利润率＝利润总额÷营业收入×100%

销售毛利率与销售利润率是不同的两个指标，因为后者已剔除了期间费用，前者仍包括期间费用（如管理费用、财务费用等）。

从两者公式可以看出：

销售利润率＝利润总额÷营业收入×100%

销售毛利率＝（营业收入－营业成本）÷营业收入×100%

而利润总额＝营业收入－营业成本－费用

因此可以看出，销售毛利率一般大于销售利润率。

4. 现金杠杆

一个关键指标是现金运营指数。

现金运营指数是指，经营现金流量与经营所得现金的比值。

经营所得现金等于经营净收益加上各项折旧、减值准备等非付现费用。

经营现金流量等于经营所得现金减去应收账款、存货等经营性运营资产净增加。

理想的现金营运指数应为"1"。

指标计算公式为：

公式一：

现金运营指数＝经营现金净流量÷经营现金毛流量

＝(经营所得现金－经营性运营资产净增加)÷经营所得现金

公式二：

经营现金净流量＝净收益＋非经营活动税后净损失（减净收益）＋折旧、摊销＋营运资本净减少（减净增加）

式中：经营所得现金是经营净收益与非付现费用之和。

三、老板最关注的指标之一——净资产收益率（ROE）

净资产收益率"ROE"（Rate of Return on Common Stockholders' Equity），又称股东权益收益率，是净利润与平均股东权益的百分比，是公司税后利润除以净资产得到的百分比率，反映了股东权益的收益水平，可以用以衡量公司运用自有资本的效率。指标值越高，说明投资带来的收益越高。

企业资产包括所有者权益与负债，权益部分是股东的投资，即所有者权益（包括股本、资本公积、盈余公积、未分配利润，代表了股东对企业的所有权，反映了股东在企业资产中享有的经济利益）；负债是指企业借入（包括银行借款等）和暂时地占用（典型的如应付账款，应付职工薪酬等）的资金。

企业适度运用财务杠杆，就能有效提升资金的使用效率，如果借入资金过多，会加大企业的财务风险，但通常也能带来盈利能力的提升。相反，借入资金过少，则可能导致资金利用效率下降。净资产收益率作为衡量股东资金使用效率的关键财务指标，其本身就带有杠杆效应。

值得一提的是，分析企业财务状况时，需全面考虑 ROE 的变化及其背后的原因，以便做出更准确的判断和决策。

1. 销售净利率

作为评估企业盈利能力的核心指标，销售净利率直观展现了企业在销售收入中成功转化为净利润的能力，不仅反映了企业产品或服务定价策略的精妙实施，更体现了对成本控制的卓越管理。

这种精细化的经营策略，可以有效提升销售净利率，为提升净资产收益率（ROE）奠定坚实的基础。

2. 总资产周转率

总资产周转率如同企业资产运营的晴雨表，可以深刻反映企业对全部资产的运用效率。

对于同类商品或服务的提供者而言，资产的高效利用和快速周转，就能在相同时间内创造更多收益，推动 ROE 的增长。特别是在消费品批发零售领域，加速资产周转，优化运营效率，提升 ROE 表现，就能为企业的持续高速增长提供坚实的支撑。

总资产周转率可以进一步分解，比如流动资产周转率、存货周转率、应收账款周转率等有关资产使用效率指标，找出总资产周转率高低变化的确切原因。

3. 权益乘数

权益乘数又称财务杠杆比率，是企业运用债务融资策略的重要体现。

在财务报表中，高杠杆往往意味着较高的负债水平。借助这种财务杠杆机制，通过增加债务资本来扩大资产规模，就可能实现 ROE 的显著提升。

如果企业亏损，如销售净利率为负，权益乘数越大，亏损就会越大。然而，高杠杆策略也伴随着较高的财务风险，因此企业在运用时需谨慎权衡，确保风险可控。

四、从财务角度看企业赚钱的四大步骤

第一步：从资本到资产。

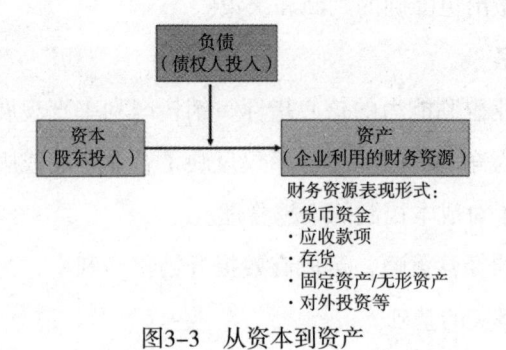

```
        ┌──────────┐
        │   负债   │
        │(债权人投入)│
        └─────┬────┘
              ↓
┌──────────┐    ┌──────────────────┐
│   资本   │───→│      资产        │
│(股东投入)│    │(企业利用的财务资源)│
└──────────┘    └──────────────────┘
                财务资源表现形式：
                · 货币资金
                · 应收款项
                · 存货
                · 固定资产/无形资产
                · 对外投资等
```

图3-3　从资本到资产

资本是股东的投入，资产是企业的财产。

企业的财产仅靠股东投入是不够的，需要借债（负债），因此就产生了一个等式：资产 = 负债 + 股东权益。

第二步：从资产到收入。

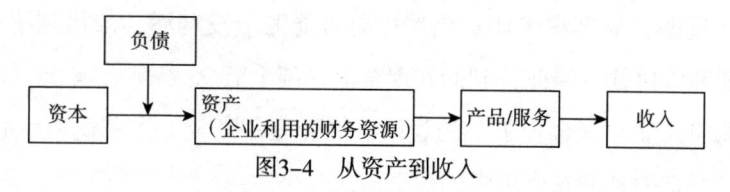

图3-4　从资产到收入

企业拥有各类资产（固定资产和流动资产）后，需要利用这些资产为客户提供产品和服务，如生产销售电脑，或提供物流服务，最终从客户那获取收入。

企业应尽量提高资产使用效率，占用最少的资产获取最大的收入。

第三步：从收入到利润。

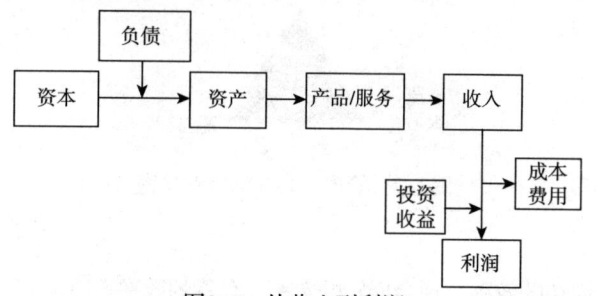

图3-5　从收入到利润

企业从客户那获取的收入并不是纯收益，还要扣除各种开支，即成本和费用，剩余的才是利润。这样就又产生了一个等式：利润 = 收入 – 成本费用。

企业应增加收入，控制各类成本费用，撑开利润空间。

第四步：从利润到现金流。

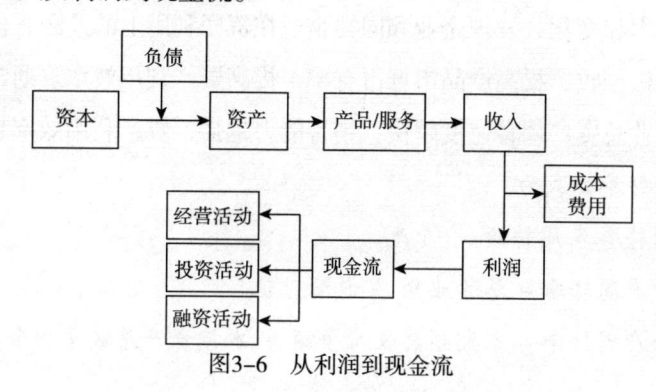

图3-6　从利润到现金流

企业赚取的利润可能只是账面上的数字，并不一定真正有真金白银（即现金流）进账，如客户欠账。当然也有可能账上没利润，却得到了现金流，如预收款和应付款。因此，利润和现金流是两个概念。

企业应建立"现金为王"的意识，加强运营资金（往来款和存货）的管理，使同样多的利润获取更多的现金流。

五、管理者必知的赚钱秘密

图3-7 管理者必知的赚钱秘密

1. 周转效率

企业资产周转的效率、现金周转的效率、存货的效率等决定着企业经营质量。

资产周转率是衡量企业资产管理效率的重要财务比率，在财务分析指标体系中具有重要地位。

总资产周转率是考察企业资产运营效率的一项很重要指标，体现了企业经营期间全部资产从投入到产出的流转速度，反映了企业全部资产的管理质量和利用效率。通过该指标的对比分析，能反映企业本年度以及以前年度总资产的运营效率和变化，发现企业和同类企业在资产利用上的差距，促进企业挖掘潜力、积极创收，提高产品市场占有率，提高资产利用效率。通常，这个数值越高，企业总资产周转速度越快，销售能力越强，资产利用效率越高。

资产周转率公式为：

资产周转率 = 周转额 ÷ 资产

或：资产周转率 = 总营业额 ÷ 总资产值

或：资产周转率 = 本期销售收入净额 ÷ 本期资产总额平均余额

本期资产总额平均余额＝资产总额期初余额＋资产总额期末余额

2. 盈利能力

企业获取利润是目标，利润的厚度和质量是企业应对风险的基础。

企业盈利能力的五大指标如下。

（1）毛利率。

公式为：毛利率＝（营业收入－营业成本）÷营业收入

该指标主要反映了公司产品在市场的竞争力。

（2）净利率。

公式为：净利率＝净利润÷营业收入

净利率的高低直接受毛利率高低的影响，同时又受企业三项费用和其他损失与收益的影响。

（3）净资产收益率。

公式为：ROE＝净利润÷净资产

该指标有以下两种计算方法。

一种是：全面摊薄净资产收益率＝报告期净利润÷期末净资产强调年末状况（这是一个静态指标）。

另一种是：加权平均净资产收益率＝报告期净利润÷平均净资产（这是一个动态指标）。

另外，该指标还可分解为：ROE＝销售净利率×资产周转率×权益乘数。

（4）总资产收益率。

公式为：ROA＝净利润÷总资产

在考虑ROE时，要查看一下ROA的情况。因为有些公司的高负债因素会使ROE虚高，结合ROA观察，会看得更清楚。

（5）净利润现金流比率。

公式为：净利润现金流比率＝净利润÷经营活动现金流净额

当经营性现金流净额≥净利润时，或与净利润相差不大时，才能认为净利润是可靠的、含金量高的。否则，净利润有可能失真。

3.风险控制

企业要保证在一定的框架内经营,有效规避各种潜在风险,包括风险识别、风险评估、风险监控、风险规避、风险转移、风险控制和风险应对等多个环节。

(1)风险识别。风险识别是企业风险管理的第一步。主要工作是,系统地收集和分析信息,识别和了解可能对企业产生负面影响的风险因素,可能包括市场风险、金融风险、操作风险等。识别风险的方法有多种,如风险矩阵、风险评估报告、专家咨询等。

(2)风险评估。识别风险后,企业要对风险进行评估,确定风险的发生概率及其对企业的影响程度。评估风险可以基于统计数据、历史案例、专家判断等方法,常用的评估工具包括风险评估矩阵、风险事件树等。

(3)风险监控。风险监控是持续观察和评估风险因素的变化情况,及时掌握风险的动态。监控方法包括建立风险指标、制订监控计划和流程,以及定期收集和分析风险数据。

(4)风险规避。对于发生概率高、影响严重的风险,企业可以采取规避措施,比如:修改业务流程、关闭高风险业务等,降低风险发生的可能性。

(5)风险转移。企业可以通过购买保险、签订合同等方式,将部分风险转嫁给其他方。关键是选择适当的合作伙伴和保险产品。

(6)风险控制。建立有效的内部控制制度和管理流程,可以确保企业及时识别风险、采取相应措施,防止风险扩散。控制措施包括制定风险管理政策、加强内部审计、建立风险预警机制等。

(7)风险应对。对于无法完全避免或控制的风险,要制定应对措施,比如:制订灾备计划、应急预案等,减少风险的负面影响。

六、收入的基础——定位

定位是满足客户需求的方式。

其核心内容不是需求,而是方式。

例如，一家以研发、销售坚果等食品为主的互联网品牌公司，其成功的秘诀在于，该企业将人们吃了近千年的干果进行了优化和组合，减少了消费者在选择上的时间和恐惧症。吃坚果是人们的需求，该公司进行了方式上的创新，从而产生了一个新的商业企业，并取得了成功。

1. 商业模式定位

目标客户定位回答了产品卖给谁的问题。客户价值定位回答了产品如何提供差异化的卖点以打动目标客户的问题。商业模式定位回答了如何尽可能低成本地在尽可能短的时间内将产品卖给尽可能多的人的问题。

2. 战略定位

战略定位（含营销定位）需要确定如下几个问题。

（1）企业面向的客户是谁？

（2）企业要开发的市场在哪里？

（3）企业用什么样的产品或服务满足消费者？

（4）客户的需求是什么？

（5）企业产品或服务的价值主张是什么？

（6）客户的感知价值是什么？

3. 营销定位

要更多地关注客户的需求。比如"脑白金"的定位是满足送礼的需求，而不是满足客户健康的需求。

4. 商业模式定位、战略定位与营销定位的对比

（1）商业模式定位与战略定位不同。举个例子：豆浆。

永和大王。

战略：用豆浆、油条等快餐满足客户用餐需求。

商业模式定位：用直营店满足快餐的用餐需求，并到资本市场上市。

美的豆浆机。

战略定位：用豆浆机占领家庭的厨房，让主妇动起来。

商业模式定位：通过家电销售渠道，销售自产的豆浆机。

便利店

配送企业战略：开发便利性杯装产品，满足人们喝豆浆的需求。

豆浆配送企业商业模式定位：借用便利店渠道销售自产杯装豆浆。

（2）商业模式定位与营销定位不同。

"王老吉"的营销定位是从中药治病的凉茶到下火的饮料，商业模式定位是把从药店熬制凉茶在药店渠道销售给上火的人，到改进成饮料，从零售和批发渠道销售给怕上火的人。

总之，组织定位是前提，也是最稳定的，决定着是通过经销商还是终端零售商销售，是直营还是加盟；决定着进入一个新市场区域或开发产品是战略定位，决定消费者感受是营销定位。

七、收入盈利分析

狭隘地说，企业是以营利为目的的经营性组织，营利是企业价值存在的根本体现。

无论企业大小，企业营利的逻辑都遵循同一个公式：平面的盈利方式 = 收入 - 成本。

收入：企业通过销售产品或服务获得的总金额。

成本：包括生产成本、运营成本、营销费用等。

企业要想增加利润，就要增加收入、降低成本。收入越高或成本越低，利润越多；收入低或成本高，利润越少。

业务盈利的演化最终目的是，迈向多元的、立体的、组合的盈利结构。因此，设计商业模式首先要确定新的赚钱方式，改变原有的、单一的、平面的盈利方式，迈向多元的、组合的、立体式盈利结构。

什么是平面、单一的盈利结构？就是产品非常单一，盈利方式很平面，只能收入减成本地去卖产品赚钱。

何为多元的、组合的、立体式盈利结构？就是产品和盈利方式都是多元的，可以先用一种产品跑"量"，然后再用另一种产品获取盈利。

（一）收入盈利的简单理解

"本、量、利"这三个字，分别代表了成本、业务量和利润，实际上研究的就是销售量、价格、成本和利润之间的关系，是企业进行决策、计划和控制的重要工具，能够帮助管理者更好地进行经营决策，根据企业经营的实际情况调整价格、成本等因素，进而实现扭亏增盈的目的。

本量利分析可以帮助管理者掌握动态的成本、销售量等基本因素变动对企业利润增减的影响，有利于管理者加强企业内部治理、提高经济效益。

本量利分析最核心的公式：

利润 ＝ 单价 × 销量 － 单位变动成本 × 销量 － 固定成本

固定成本。其总额在一定期间和一定业务量范围内保持不变，不会随业务量变动而变化的成本，比如机器折旧费、厂房租金、行政人员工资等。

变动成本。这类成本会随着业务量的上升而成比例上升，或随着业务量的下降而成比例下降，比如直接材料、直接人工、销售佣金等。

（二）收入组织的五步骤

第一步：利润在哪——市场分析。

市场分析，就是通过一系列方法去研究市场的过程，了解客户、竞争对手和市场情况，从而帮助企业决策，制定市场策略。当然，最重要的是弄清楚两个问题：第一是能不能挣钱，第二是能挣多少钱。是否挣钱主要取决于有无需求，能挣多少钱则由市场规模决定。

第二步：客户什么样——目标分析。

客户分析，是指对目标客户群体进行深入研究和分析，了解客户的需求、行为和偏好，制定有效的营销策略，然后为他们提供个性化的产品和服务。目标分析的具体过程如下。

1. 收集数据

收集客户的基本信息，如年龄、性别、地理位置、职业等，以及购买历史、消费行为、偏好等数据。

2. 客户细分

将客户群体划分为不同的细分市场，根据客户属性和行为特征进行分类，比如按照年龄段、购买力、兴趣爱好等进行细分。

3. 分析客户需求

通过调研和数据分析，了解客户的需求和问题，并确定他们对产品或服务的期望。

4. 分析客户行为

分析客户的购买行为和购买决策过程，了解他们的购买动机、购买频率和购买渠道等。

5. 竞争分析

分析竞争对手的客户群体和市场份额，了解他们的优势和劣势，以及他们在客户心目中的形象和价值。

6. 客户洞察

将客户数据和分析结果整合起来，寻找客户的洞察和发现潜在的市场机会。

7. 客户关系管理

建立良好的客户关系管理系统，通过客户关怀和个性化的服务，提高客户忠诚度和满意度。

第三步：用什么去打粮——产品分析。

产品分析是指对产品的市场表现、消费者需求、竞争态势等进行系统研究的过程。通过对产品的销售数据、市场反馈、消费者行为等多维度信息的分析，可以更好地了解商品的市场地位、潜在机会与威胁，为企业决策提供支持。

第四步：怎么打到粮——路径分析、资源整合。

凡事皆有路径，寻找到合适的路径是业务成功的关键。笔者讲课的时候经常会提到一个小品，那就是赵本山和宋丹丹"把大象放进冰箱"的桥段。其实，把大象放进冰箱就是目标，"打开冰箱门—把大象推进去—关上冰箱门"就是关键路径，也叫关键任务、关键动作，只要找到完成目标的关键路径或动作，则此事可成。所以，理解目标、深度分析基于自身资源的合理路径是业务成功的关键。

路径与资源匹配是打到粮食的关键,路径有了思考,那么资源就需要进行分析和匹配。

1. 内部资源分析

企业内部资源分析主要涉及以下三个维度。

(1)人力资源,不仅要考虑数量,还要考虑结构和能力厚度。

(2)财务资源,包括经营现金流、外部融资能力、外部资源链接能力、抗风险能力等。

(3)技术资源,包括技术壁垒、专利储备、技术创新等。

2. 外部资源分析

外部资源分析可以考虑生态思维、共享资源和共享利润。合作伙伴的类型如下。

(1)供应商合作。企业可以与原材料、零部件或服务的供应商建立长期合作关系,确保供应链的稳定性和可靠性。

(2)分销商合作。企业与分销商合作,通过其渠道网络将产品或服务推向市场,提高市场覆盖率和销售量。

(3)战略联盟。企业与其他企业建立战略联盟关系,共同开发市场、共享资源、分担风险,实现互利共赢。

(4)技术合作。企业与科研机构、高校或技术领先企业合作,共同研发新技术、新产品,提升企业的技术创新能力。

(5)服务合作。企业与服务提供商合作,如物流服务、售后服务等,以提高客户满意度和忠诚度。

第五步:盘点成果——分析下一步

(三)利润获取的途径

如果想挣钱,应该从哪些方面下功夫?

1. 增加销量。众所周知,卖得越多,就越挣钱。

2. 降低固定成本。比如裁掉一部分人、换小一点的办公室,都可以让公司更好地获利。

3.降低变动成本。变动成本率是年度营销规划非常重要的概念，也就是卖什么东西利润率最高。

4.提高单价。产品在原有的基础上卖得稍微贵一点。

5.降低销售成本。提高销售效率，在更短的时间内实现更大的销量。

八、业务拓展的四个基本视角和九个构造块

相信大家都对"商业模式画布"并不陌生。

商业模式画布，既是语言式思维的载体，也是传递信息的工具，能让全员看到同一幅画面、憧憬同一个愿景以及从战略顶层到执行的行动学习流程，更清晰不同角色的四个视角以及九个构造块。

（一）四个基本视角

能为客户或消费者提供什么？为谁提供？如何提供？成本或收益多少？

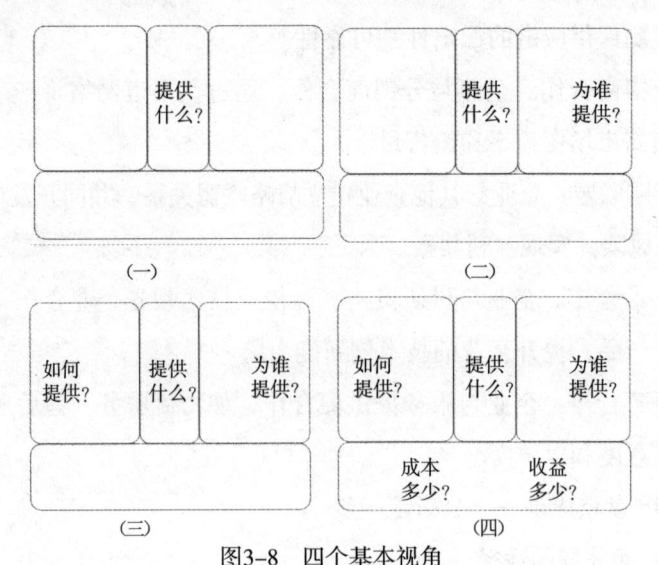

图3-8 四个基本视角

（二）九个构造块

1.客户细分构造块

客户细分构造块可以用来描绘企业想要接触和服务的不同人群或组织。

创建一个企业，关键问题有：正在为谁创造价值？谁是最重要的客户？

图3-9 客户细分构造块

2. 价值主张构造块

价值主张构造块描绘了为特定客户细分创造价值的系列产品和服务。

关键问题有：该向客户传递什么样的价值？正在帮助客户解决哪一类难题？正在满足哪些客户需求？正在提供给客户细分群体哪些系列的产品和服务？

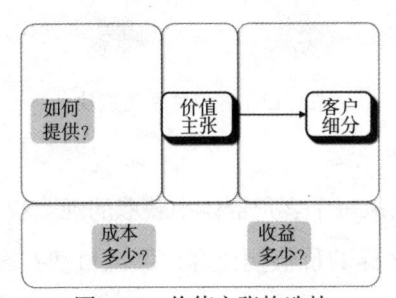

图3-10 价值主张构造块

3. 渠道通路构造块

该模块描绘了公司是如何沟通、接触其客户细分而传递其价值主张。渠道通路是客户的接触点。

关键问题有：通过哪些渠道可以接触客户细分群体？现在如何接触他们？渠道如何整合？哪些渠道最有效？哪些渠道成本效益最好？如何把渠道与客户的例行程序进行整合？

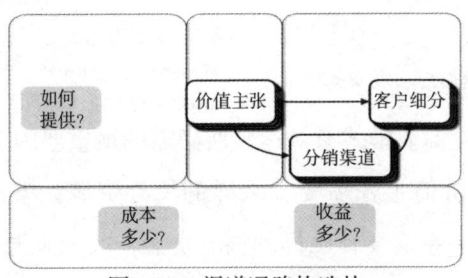

图3-11 渠道通路构造块

65

4. 客户关系构造块

该模块描绘了公司与特定客户细分群体建立的关系类型。

关键问题有：每个客户细分群体希望与之建立和保持何种关系？已经建立了哪些关系？这些关系成本如何？如何把它们与商业模式的其余部分进行整合？

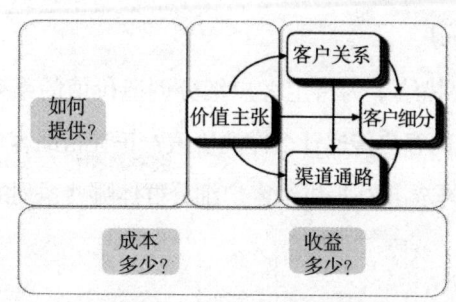

图3-12　客户关系构造块

5. 收入来源构造块

该模块描绘了公司从每个客户群体中获取的现金收入。

关键问题有：什么样的价值能让客户愿意付费？客户现在付费买什么？客户是如何支付费用的？客户更愿意如何支付费用？

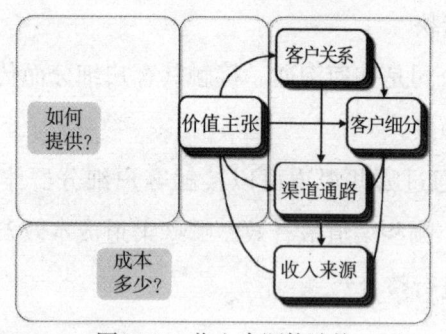

图3-13　收入来源构造块

6. 核心资源构造块

该模块描绘了让商业模式有效运转所必需的最重要因素。

关键问题有：价值主张需要什么样的核心资源？渠道通路需要什么样的核心资源？客户关系需要什么样的核心资源？收入来源需要什么样的核心资源？

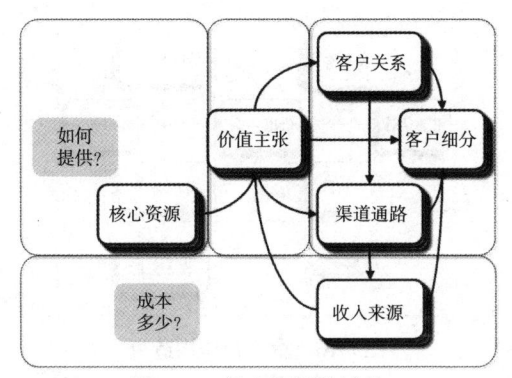

图3-14　核心资源构造块

7. 关键业务构造块

该模块描绘了为了确保其商业模式可行，企业必须做的最重要的事情。

关键问题有：价值主张需要什么样的关键业务？渠道通路需要什么样的关键业务？客户关系需要什么样的关键业务？收入来源需要什么样的关键业务？

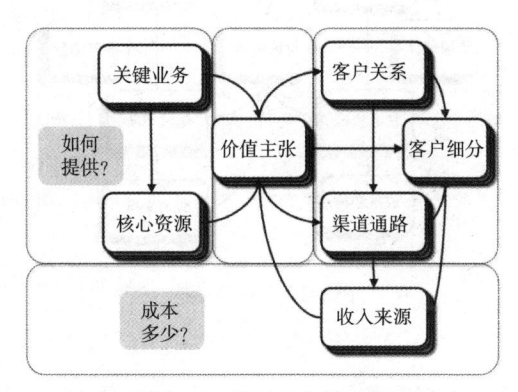

图3-15　关键业务构造块

8. 重要合作构造块

该模块描绘了让商业模式有效运作所需的供应商与合作伙伴的网络。

关键问题有：谁是重要伙伴？谁是重要供应商？正在从伙伴那里获取哪些核心资源？合作伙伴都执行哪些关键业务？

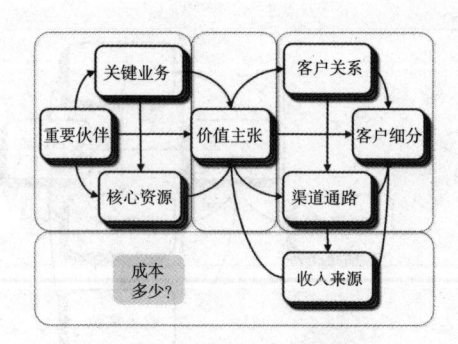

图3-16 重要合作构造块

9. 成本结构

该模块描绘了运营一个商业模式所产生的所有成本。

关键问题有：什么是商业模式中最重要的固有成本？哪些核心资源花费最多？哪些关键业务花费最多？

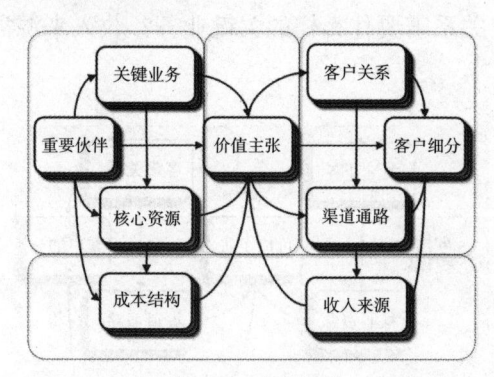

图3-17 成本结构

案例：今日头条。

关键业务
·内容生产
·提升算法效率
·探索高效营收模式
·业务拓展
·……

客户关系
·App简介
·用户喜好匹配
·纯质内容推荐
·……

重要伙伴
·知名大V
·媒体机构
·移动操作系统（IOS）
·社交软件
·第三方网站

核心资源
·领先的智能算法技术
·海量大数据
·流量资源
·渠道管理

价值主张
·新闻资讯
·优质内容
·营销平台
·广告页&短视频
·商品促销

渠道通路
·应用商店
·官网
·粉丝流量
·销售团队
·……

客户细分
·普通大众用户
·下沉用户
·高知客户
·年轻群体
·广告主

成本结构
·平台维护
·技术开发
·资源扶持
·利润分成
·原创保护

收入来源
·广告投放
·收费订阅
·提供渠道获得利润分成
·电子商务和O2O业务
·游戏和其他增值业务

图3-18 今日头条业务拓展

第四章　战略洞察力——确保战略（方向）正确

在竞争激烈、充满不确定性的商业环境中，战略洞察力是决定企业兴衰成败的关键。企业领导者只有制定清晰、科学、具有前瞻性的战略规划，才能合理配置资源，把握市场机遇，应对各种挑战，实现可持续发展；只有明确企业现在所在的位置，找到将来要去的地方，选择正确的路径，才能通过资源的有效筹划和配置来达到目标。

一、企业战略到底是什么

不同的企业，有不同的需求、不同的思考逻辑。

企业战略到底是什么？很多人认为企业战略就是取舍的问题。比如：对于200人规模、营收1亿元的公司，有什么可取舍的？其实，取舍一般属于大公司，只有业务形态太多，才需要学会放弃和取舍。

对于95%以上的中小企业来说，做战略的第一步是选择，不是聚焦，更不是取舍。但在做出战略选择之前，要先懂得不选择什么，要先看那些死掉的公司，因为只有直面"死亡"时，才能静下来思考自己真正想要什么。

这几年一些互联网公司都是高举高打，起步快，业务发展快，"死亡"也快，"死亡"率非常高，并不是说它们没有钱，背后都是战略的选择问题，他们根本不知道自己到底想做什么，终点要走向哪里。多数企业都认为"我先活下来最关键"，但活下来并不意味着知道未来怎么走。

1. 选择

做战略选择要懂得"出局看局"。百动不如一静，一静不如一思。企业在做战略思考时，只有以局外人的眼光去审视，才能把问题看透。具体来说，搞明白以下三个方面。

第一，行业趋势、行业增速问题。一定要选朝阳行业，看明白行业趋势，比如：行业现状如何？未来增长速度怎么样？背后的逻辑是什么？贸然跳进去，可能就出不来了。

第二，行业容量有多大。这决定了企业的长度和效度。企业家的愿景有多大，企业里的人才层次就有多高。大梦想的人带动小梦想的人，小梦想的人带动没梦想的人，创始人有义务告诉员工企业在做一件什么样的事情，这件事情将会有多大规模，最终要到哪里去。

第三，服务的关键用户。企业的用户在哪里？找到用户以后，要看用户的关键痛点在哪里。要找到关键用户的关键痛点、关键细节，这是战略思考最核心的东西。

2. 聚焦

聚焦的核心点，就是要找到一个支点，让它成为"风暴中心"，企业所有资源都围绕这个"风暴中心"，力量就会变得强大。另外，企业做完战略聚焦后，要思考如何匹配相应的运营模型。运营模型匹配是一个系统化、全局化的运营工程，是包括财务、技术、产品、营销、人力资源等多个因素的聚合，共同为战略聚焦的核心点服务。

3. 击穿

战略就是必须找到一个极细的针孔，用一根很细的针使劲扎进去，拼命地捻，把它扎透为止。多数优秀企业的成长，都要经历这样一个选择、聚焦和击穿的过程。把业务击穿，就能形成强竞争壁垒，这也是公司走出来的关键。

所以，要想实现战略升级，就要在"选择、聚焦、击穿"做扎实的基础上，再对其进行升级。

二、战略的本质和分类

（一）战略的本质

战略的本质就是：明确公司当前的位置，找到未来应该去的位置，选择恰当的路径，并通过资源的筹划和配置来达到目标。

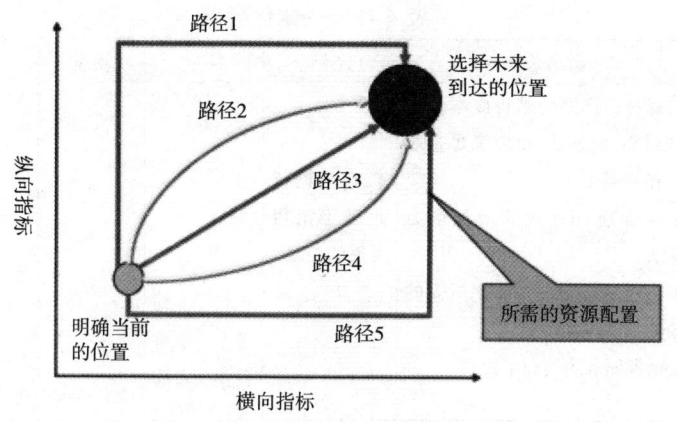

图4-1 公司战略规划原理

从图4-1可知，战略的核心有三个：一是要有方向定位点，也就是知道企业要去哪里；二是要知道目前在哪，现状是什么；三是根据自己的企业资源、目标和现状去确认和选择资源路线，从5条路线中选1条。

（二）战略的分类及适用条件

公司战略的分类、适用条件、优缺点和风险如下。

1. 成长型战略

（1）一体化战略见表4-1所示。

（2）密集型成长战略（企业成长矩阵）。

①市场渗透战略（现有产品和市场）。该战略有利于减少竞争压力、实现规模经济和增强自身实力。适用条件如下：整个市场正在增长，或可能受某些因素的影响而产生增长，企业进入该市场比较容易；企业决定将利益局限在现有产品或市场领域，即使整个市场衰退，也不允许市场份额下降；其他企业出于各种原因离开了市场；企业拥有强大的市场地位，且能够利用经验和能力获得强有力的竞争优势。

②产品开发战略（新产品和现有市场）。适用条件如下：企业产品具有较高的市场信誉度和顾客满意度；企业所在产业属于适宜创新的高速发展的高新技术产业；企业所在产业正处于高速增长阶段；企业具有较强的研究与开发能力；主要竞争对手以类似价格提供更高质量的产品。

71

表 4-1 一体化战略

分类		适用条件	案例	优点	缺点	风险
纵向一体化	前向一体化	1.现有销售商的销售成本较高或可靠性较差，难以满足企业的销售需要 2.企业所在产业的增长潜力较大 3.企业具备前向一体化所需的资金、人力资源等 4.销售环节的利润率较高	家电连锁行业对于销售渠道的控制	有利于节约与上、下游企业在市场进行购买或销售的交易成本，控制稀缺资源，保证关键投入的质量或获得新客户	增加企业内部管理成本，企业规模并不是越大越好	1.不熟悉新业务领域带来的风险 2.涉及的投资数额较大，资产专用性强，增加了企业在该产业的退出成本
	后向一体化	1.企业现有供应商的供应成本较高或可靠性较差，难以满足企业对原材料、零件等的需求 2.供应商数量较少而需求方竞争者众多 3.企业所在产业的增长潜力较大 4.企业具备后向一体化所需的资金、人力资源等 5.供应环节的利润率较高 6.后向一体化有利于控制原材料成本，确保产品价格的稳定	汽车制造商对于钢铁、轮胎、橡胶、玻璃等业务的控制			
横向一体化		1.企业所在行业竞争比较激烈 2.企业所在行业的规模经济比较显著 3.企业的横向一体化符合反垄断法律法规，能够在局部地区获得一定的垄断地位 4.企业所在行业增长潜力较大 5.企业具备横向一体化所需的资金、人力资源等		减少竞争压力、实现规模经济，增强自身实力，获取竞争优势		

③市场开发战略（现有产品和新市场）。适用条件如下：产品具有较高的市场信誉度和顾客满意度；企业所在产业属于适宜创新的高速发展的高新技术产业；企业所在产业正处于高速增长阶段；企业具有较强的研究与开发

能力；主要竞争对手以类似价格提供更高质量的产品；存在未开发或未饱和的市场；可得到新的、可靠的、经济和高质量的销售渠道；企业在现有经营领域很成功；企业拥有扩大经营所需的资金和人力资源；企业存在过剩的生产力；企业的主力属于正在迅速全球化的产业。

（3）多元化成长战略（新产品和新市场）。

多元化成长战略分为相关多元化和非相关多元化战略，具体如表4-2所示。

表4-2 多元化成长战略

分类	适用条件	案例	优点
相关多元化（同心多元化）	企业在产业内具有较强的竞争优势，而该产品成长力和吸引力逐渐下降	一家以碳酸饮料起家的可乐公司将业务扩展到茶饮料、果汁饮料、瓶装水等多个系列，配合不同年龄与饮食习惯的消费者，为企业带来更高的利润	有利于企业利用原有产业的产业知识、制造能力和营销技能优势来获取融合优势
非相关多元化（离心多元化）	企业当前产业缺乏吸引力，同时也不具备转向相关产品或服务的能力和技术		可以从财务上考虑平衡现金流或获取新的利润增长点

2. 稳定型战略（短期战略）

见表4-3所示。

表4-3 稳定型战略

分类	适用条件
暂停战略	在未来不确定性产业中迅速成长的企业
无变战略	外部环境没有任何重大变化、本身具有合理盈利和稳定市场地位的企业
维持利润战略	企业面临不利的外部环境时，只是一种过渡型战略

3. 收缩型战略（撤退型战略）

见表4-4所示。

表 4-4 收缩型战略

分类	适用条件	优势	缺点
扭转战略		可以改善企业的现金流量；有利于企业整合资源，改进内部工作效率，加强独特竞争能力	
剥离战略	1.企业已经采取了扭转战略未见成效 2.某下属经营单位维持现有竞争地位所需投入的资源超出了企业现有的能力 3.某下属单位经营失败，从而影响了整个企业的业绩 4.企业急需资金 5.该业务在管理、市场、客户、价值观等方面与企业其他业务难以融合	可以使企业摆脱那些缺乏竞争优势、失去吸引力、无盈利、占用过多资金或与企业其他活动不相适应的业务，优化资源配置，使企业将优势集中于优势领域	可能导致企业难以从产品市场中退出，或要想退出需要付出很多代价，包括成本、市场、沉没成本、心理等方面
清算战略	实行其他战略全部不成功时的被迫选择	能够有序地将企业资产最大限度地变现，股东还能主动参与决策	

三、战略关注的问题有哪些

战略关注的问题是，战略管理中的稀缺资源是什么？哪些企业需要战略？为什么需要战略？

战略管理中的稀缺资源主要包括机会、时间、实现企业目标最重要的资源，以及与其他相比严重短缺的资源。广义地说，任何企业都需要战略。详细周密的战略，适合发展到一定阶段、在竞争领域中寻求位置的企业。

1. 企业需要考虑战略的时机

（1）企业想要发展时。解决生存问题是企业的首要任务，在解决了生存问题后，企业要想进一步发展，就可以使用这种战略。企业初期通过产品创新解决了资金短缺和市场认可的问题后，就应制定更具前瞻性的战略，加大研发投入，拓展市场，争取更大的发展。

（2）行业出现巨大变化时。行业动荡时，制定灵活的战略规划，企业就能在变局中保持竞争优势。行业发生了变革，不进行战略的调整，就会被淘汰，唯有前瞻性的战略布局才能立于不败之地。

2. 企业需要战略的理由

（1）外部环境变化难以把握，必须先制定对策。随着互联网经济和知识经济的兴起、全球经济一体化进程的加快，市场竞争愈加激烈，市场环境愈加复杂、多变，不确定因素增多，企业要想在激烈的竞争中生存和发展下去，就要密切关注外部环境变化，及时谋求战略创新。

（2）获得发展的奋斗目标。在茫茫商海中，战略是企业发展的指南针。因此，企业要想获得长远的良性发展，就要服从战略。特别是在这个多变的时代，企业更要用战略去指明航向，引领企业实现发展目标。因此，正确选择和确定战略方向也就成了保障企业持续发展和基业长青的基础。

（3）保证目标与资源的协调性。管理者缺乏系统性的管理战略思维，没有结合企业的经营现状分析资本市场，盲目调用人力、物力与财力等去进行相关资源的调配与使用，企业就无法结合自身的情况认清企业在市场的定位。要想通过一系列措施的实施来确保管理策略的顺利实行，就要利用科学的战略管理方法来克服企业存在的弊端，打造企业的核心竞争优势。

四、战略规划理解的维度

战略规划的整体理解，可以从三个维度去看：第一个是从流程架构上理解战略规划，第二个是从业务本质层面去理解战略规划，第三个是从时间安排上理解。

（一）从流程架构上理解战略规划

战略规划是整个经营的一部分，也就是说从整个流程的角度来讲，战略管理是公司的一级流程，再到经营，再到整体的资本运作，这些都属于战略类的管理流程。

从整个规划的角度来讲，规划分为以下几个维度。

（1）从客户角度思考，战略制定以客户的需求为出发点。

（2）洞察到客户需求，展开规划，去做BP。制定战略时，要思考战略方向、总体战略、业务战略、组织战略、人才战略和变革战略。基于这些大的方向的定义，再去思考怎么做战略展开 BP，如此年度的经营计划、组织流程等就设计出来。在整个流程上，制定和展开是在整个战略梳理上的重点。不管是研发的，还是平台的，或者整个运营管理，都需要结合日常经营的所有动作，纳入业务运行的管控和流程中。最后一个环节是战略评估，需要根据流程和业务的结果，对管理体系的有效性进行整体评估。

所以，从流程架构上理解，这是一个一级整体的业务流程和框架，它是顶级的，决定了公司其他业务流程的有效性。

（二）从业务本质上理解战略规划

从整个规划上来讲，其核心只有两个，一个是输入，另一个是输出。

输入是什么？要基于行业的洞察、市场的情况、客户的思考，包括自身资源的思考，来定义我们到底应该如何做、由谁来做、谁来推动，在规划的方法上要采取什么样的方法、什么样的步骤、什么样的工具为客户呈现应有的价值。同时，整个规划都要高效、完善、有组织、有主体、有核心、有节奏。

输出是什么？输出的是，企业业务的整体设计、关键点的把控、战略控制点的梳理、核心的目标组织、绩效目标、目标的执行策略。所以从业务本质来看，就是要定义好我们的推动方和推动职能，同时做好输入。不仅要输入我们对于客观外部环境的理解，还包括自身的变化。

（三）从时间安排上理解战略规划

战略规划一般起始于差距分析。经营一个周期后，通常都能看到业务本身的差距。目标差距既是战略规划的驱动，也是起始，它可以触动我们去按照一定的时间线去进行梳理。比如：先按照经营结果的差距，洞察市场；然后，了解内外环境的变化；最后，找到差距、原因和机会点，再进行规划。

所谓预算，就是设定固定的战略规划周期，先做大方向的规划，再展开做年度经营计划，然后再匹配资源，最后根据日常经营的滚动对其进行监控，并跟绩效紧密结合在一起。

五、战略抉择的对策

在自己的领域内没有显著竞争优势,什么业务都想尝试,什么业务都想攥在手里,短期内是很难有所突破的。

选择多元化路线,只能走向一条不归路。行业千千万万,企业不可能全部涉及,必须有所选择。

(一)不会抉择,就没有好战略

在企业经营的过程中,经常会走到需要我们做出重大选择的十字路口,这时候就非常考验老板的战略眼光、战略思维和战略气魄了。比如:是增加投资,还是维持现状,还是收缩战线;是以内生增长为主,还是以外延增长为主,抑或是内外兼修;是继续在现有赛道上辛勤耕耘,还是选择其他主业;是纵向一体化,还是横向并购;是选择走代工之路,还是走自创品牌之道;是选择高端定位,还是选择"价格屠夫";是完全控股,还是绝对控股,抑或是积极拥抱战略投资者;是进行商业模式创新,还是技术创新;是相关多元化,还是混合多元化等。

面对众多选择题,如果企业领导选择了正确答案,企业就能顺利渡过难关;选错了,企业发展就会受挫,甚至还会被市场淘汰。对同一件事情,每个人的选择都不一样,比如面对重大危机,很多企业会使用收缩战略来"过冬",一些企业却认为危机也是机遇,反而会加大投资力度,成功实现抄底。在同一时期,每个人的选择也不一样,比如当很多人都选择了代工之路时,一些有远见卓识的老板选择了自创品牌这条艰辛却充满未来的希望之路。到底是选择往左还是往右,结局将天差地别。

企业明确定位时,不善于抉择,就不会拥有持久的战略定位。当多种运营活动不能兼顾时,就需要抉择。简单地说,就要决定各种定位孰轻孰重。

概括起来,企业需要做出抉择的节点主要有以下三个。

(1)与企业形象或声誉不一致时需要抉择。企业以提供某种价值而知名,但又要提供另一种新的价值,或同时提供两种截然不同的东西,客户可能就会感到困惑,失信于人,甚至伤害企业声誉。

（2）企业运营活动导致的抉择。不同的定位(与其量身定制的活动)需要不同的产品配置、不同的设备、不同的员工行为、不同的技能和管理系统。很多抉择反映了企业在设备、人或组织系统等方面缺乏灵活性。比如：为了降低成本，宜家家居鼓励客户自行组装家具、自己提货，反而越难满足需要较高服务水平的顾客群体。

（3）内部协调与控制的局限导致取舍。清楚地选择了某种竞争方式，企业管理者就会明确组织工作的优先顺序。相反，要想为所有顾客提供所有产品，则要面临巨大的风险，比如，员工会在没有任何明确的框架下做出日常运营决策。

总之，所谓战略，其实就是在竞争中做出抉择，选择"什么不能做"。

（二）战略抉择的六大对策

1.原地冬眠

不死就是硬道理。

（1）对象。无法动迁，难以转行。

（2）措施。减少开支，收缩业务。

（3）性质。胜者为王。

（4）要诀。忍。

新冠疫情防控期间，"老乡鸡"直营店从800家减少至200多家，进行业务收缩，原地冬眠，保存实力。

"老乡鸡"成立于2003年，初期的名字叫"肥西老母鸡"，主营业务是土鸡汤。由于土鸡炖出来的鸡汤味道足，深受当地顾客的喜欢。在决定改名时，已经有134家店，营收刚破亿元，北京、上海等地都有门店布局。

起初，"老乡鸡"除了拥有快餐公司，还有农牧养殖、活禽专卖、食品公司等多条业务线。虽然当时每条业务都有机会做大，但也带来很多的资源浪费与不确定性。所以，"老乡鸡"品牌战略的第一步就是弄清自己的业务到底是什么。

明确了自己的核心业务后，"老乡鸡"将原有业务进行了收缩和剥离，集中优势资源投入核心业务中。同时，将势头猛进的肯德基、麦当劳作为自己的长期竞争对手，重新定义快餐概念，将"肥西老母鸡汤"小众特色品类重新定位为"安徽最大的连锁快餐"品牌。

之后，"老乡鸡"将市场优势转化为认知优势（顾客认知），更好地开发顾客，拉动品牌发展。同时，让顾客真切感受到"领先"这一差异化概念，在运营上进行优化和调整。

（1）收紧全国扩张，关闭安徽以外门店，聚焦本地100多家门店。

（2）将"肥西老母鸡"更名为"老乡鸡"，化解品牌走出安徽的认知隐患。

（3）视觉升级，调整LOGO、品牌色等界面配称，更换门头形成公关传播。

（4）深耕安徽，加速开店，不断强化"安徽领先快餐连锁"的品牌认知。

聚焦地方的最大价值在于，快速建立顾客的心智认知，打造"老乡鸡"的根据地，同时完善管理、升级供应链、测试市场，内功修炼好之后再走出安徽。

2. 快速获利

打一枪，换一个地方。

（1）对象。爆发需求，壁垒较低。

（2）措施。轻资产，高定价。

（3）性质。见好就收。

（4）要诀。抢。

一台OEM的掌上学习机，两年时间竟做到10亿元。

2003年5月，杜国楹在济南试水掌上学习机，当时市面上已有文曲星、诺亚舟、好易通、快译通、名人、步步高等成名高手，好记星使用保健品式营销，将包括文曲星、诺亚舟、好易通、名人在内的"先行者"甩到了身后。济南试水后，2003年6月好记星转战武汉，整整投了150个整版，广告密集程度超乎人的想象。7月底,好记星全国市场迅速铺开,一个又一个的整版广告每到一处就迅速炸开一个市场,让家长们乖乖掏钱。

掌上学习机营销的技巧在于,先"恐吓",后"利诱"。所谓"恐吓",就是给消费者指出问题的危害性与严重性,在全国各地的报纸上出现了类似"高中梦、大学梦、求职梦、出国梦——英语粉碎了多少望子成龙梦""别让孩子输在起跑线上""别让英语拉了孩子的后腿"的整版广告。好记星将英语的作用无限放大,把"英语"与"孩子前程"等同起来。当家长接受了"英语等于孩子前程"时,好记星也就实现了"目的"。

接着,好记星展开第二步攻心——"利诱"。简单说,就是让家长看到希望,看到"好记星三大突破让孩子英语成绩一升再升",看到"有了好记星,孩子学英语就放心了",看到"一台好记星,天下父母情"等。对于孩子前途的投资,中国家长向来都是不惜血本的,宁可自己不吃不穿,也会买一台能"让孩子英语成绩一升再升"的学习机。

"一台好记星,天下父母情"击破了家长的心理防线。

3. 局部整容

做减法,可做可不做的不做。

(1)对象。较大规模,较多产品。

(2)措施。结构调整,优化组合。

(3)性质。轻装上阵。

(4)要诀。舍。

1976年,乔布斯和好友沃兹尼亚克用1000美元创办苹果公司。

1992年,受股市和产品线过长影响,亏损10亿美元,乔布斯辞职离开苹果公司,让位于斯卡利。

1996年,乔布斯重回苹果公司,改革产品线,重获生机。

4. 变性进化

凤凰涅槃,浴火重生。

(1)对象。业态巨变,转型机遇。

（2）措施。模式创新，角色重塑。

（3）性质。鸟枪换炮。

（4）要诀。优。

自成立以来，尚品宅配便展现出了非凡的创新基因与市场洞察力。作为行业内唯一一家从软件技术转型定制家居，依赖于信息化、数字化能力优势和数据应用，实现了各阶段的商业模式创新。

尚品宅配的创新可归结为以下三个阶段。

第一阶段是1994—2004年的"信息化"。尚品宅配通过圆方软件打造了第一个家居设计软件，可以为用户提供家居设计解决方案，开启了数码定制时代。

第二阶段是2004—2017年的"数字化"。尚品宅配通过O2O（Online to Offline，即线上到线下）+C2B（Customer to Business，"客对商"，即消费者有了需求，商家根据需求去为消费者定制）、工业4.0智能制造，解决个性化定制和大规模生产的问题，进入全屋定制时代，并由此带来概念创新。比如，2004年首个提出"免费量尺、免费设计、免费出图"，让定制家具的消费认知逐步走向大众；2007年推出"3房2厅全屋定制"，首倡"全屋定制"概念，引领行业迈入全屋定制的新纪元。

第三阶段是2017年到现在的"数智化"，尚品宅配通过O2O+C2B+S2B（Supply Chain to Business，供应链平台）、大数据、云计算、人工智能、工业互联网等技术的运用，进入"全屋定制+全屋整装"的新赛道，带来了商业模式的升级与创新。比如，2019年尚品宅配推出"第二代全屋定制"，突破以"橱柜+衣柜"为核心的全屋柜类定制，覆盖背景墙、家装主材、窗帘、电器、饰品等家居全品类一站式配齐，从品类延伸到美学定制，以及大数据赋能的全面升级，开启全屋定制新时代。

尚品宅配的技术创新之路，推动了定制家居行业向着更加成熟、个性化、科技化的方向迈进。尚品宅配敢于"第一个吃螃蟹"，为行业发展提供了重要启示。

5. 逆市上扬

凤凰涅槃，浴火重生。

（1）对象。新兴市场，独特眼光。

（2）措施。整合资源，迅速扩张。

（3）性质。无中生有。

（4）要诀。创。

新冠疫情防控期间，健身从业者开辟出了线上渠道。比如，刘畊宏一跃成为健身界的超级网红，带领一群网友，在屏幕前挥洒汗水、跳操健身，迅速风靡视频直播平台。

刘畊宏的直播每场时长约1个半小时，包括热身、毽子操、拳击、臀腿练习等多组动作编排，每组操搭配一首歌的时间，中间穿插休息和动作讲解，吸引了众多粉丝。尤其是以《本草纲目》为背景音乐的毽子操，更引发了包括消防员、学生等在内的全民打卡健身热潮。

据统计，刘畊宏的每一次的直播累计观看人数超1亿，单场直播最高达4476万人观看，创下抖音直播2022年最新纪录。2022年4月10日刘畊宏直播结束后收获26万音浪，4月19日收获240万音浪。按照音浪与人民币10：1的兑换比例，刘畊宏的直播收入从2.6万元涨至24万元，接近10倍增长。

6. 迁徙转场

人往高处走，水往低处流。不要做地头蛇式的企业，不自我设限。

（1）对象。搬迁方便，地区差异。

（2）措施。产业转移，注重配套。

（3）性质。另起炉灶。

（4）要诀。走。

2019年世界流媒体巨头奈飞（Netflix）上映了纪录片《美国工厂》。该部影片由美国前总统奥巴马投资制成，一经放映，便获得当年的奥斯卡最佳纪录长片奖。影片的"主人公"福耀玻璃工厂，在俄亥俄州代顿通用汽车的旧厂基础上建成，代顿因2008年金融危机而倒闭，福耀入驻后第一年就实现了盈利，并为当地增加了2000多个就业岗位。

福耀之所以要在美国设厂，主要有以下几个原因。

一是能源成本。美国是能源生产大国，拥有丰富的石油与天然气资源。曹德旺曾提过，美国天然气的价格是中国的五分之一，电价也非常低廉，可以极大地降低玻璃生产的成本。

二是关税与运费。全球化时代，允许跨国企业异地建厂，降低了跨洋运输的时间与消费成本；同时，在美国本土生产还能规避关税的相关支出，减轻企业负担；此外，玻璃易碎，运输成本高，美国是玻璃消费大户。

三是美国的"政策补贴"。美国政府补贴层出不穷，眼花缭乱。以福耀100%控股的福耀玻璃伊利诺伊有限公司为例，伊州常年都会向进行大量资本投资并创造工作机会的公司提供税收激励，只要符合其"招商引资"目标，企业就能获得投资税收抵免、州销售税豁免等政策优惠。如果业务扩展项目位于"欠发达地区"，该百分比还会增长至75%。

简而言之，福耀迁徙美国本质上是追逐供应链优势，考虑政府政策优惠等。

六、战略模型

（一）业务领先模型

1. 何为业务领先模型

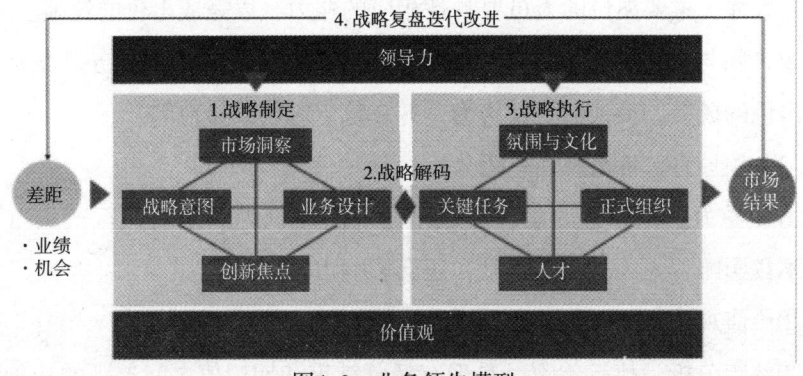

图4-2 业务领先模型

业务领先模型，指的是通过持续的市场洞察和创新保持业务领先，是企业高层管理者须具备的基本能力，是一种思维方式，也是一种变革工具。

（1）战略规划。

①市场洞察。对宏观、行业、竞争及客户需求进行前瞻性洞察，识别机会与风险，列示可能的业务机会；解释市场上正在发生什么变化、这些变化意味着什么、如何应对——量化。

②战略意图。产业集团、企业的方向和最终目标，应与集团的战略重点保持一致。

③创新焦点。根据执行差距与机会差距探索创新，根据资源状况选择聚焦，致力于技术创新、产品创新、商业模式创新、管理创新等。

④业务设计。在对外部环境和内部资源能力深入地理解和把握的基础上，进行业务设计。业务设计涉及六要素：客户选择、价值主张、如何盈利、竞争优势、主要活动和风险控制。

（2）战略执行。

①关键任务。满足业务设计和它的价值主张的要求所必需的措施和行动。

②正式组织。为了确保关键任务和流程能够有效执行，需建立相应的组织结构、管理和考核标准，包括人员单位的大小和角色、管理与考评、奖励与激励系统、职业规划、人员和活动的物理位置，便于指导、控制和激励个人和集体去完成团队的重要任务。

③人才。重要岗位的人员要具备相应的能力，以完成出色的业绩。

④氛围与文化。创造好的工作环境，激励员工完成关键任务，激励人们创造出色的成绩，使他们更加努力，并在危急时刻鼓舞他们。

（3）领导力、价值观和差距分析。

①领导力。领导者的素质和风格会对战略规划和战略执行产生重大影响，不仅影响着人才的团队建设，还会影响市场结果。

②价值观。价值观是企业领导者决策与行动的基本准则。

③差距分析。执行差距，是现有经营结果和期望值之间差距的一种量化陈述；机会差距，是现有经营结果和新的业务设计所能带来的经营结果之间

差距的一种量化评估。

（4）整体逻辑。业务领先模型是从战略设计、执行计划等角度，对战略执行取得的市场结果进行偏差分析，成为新一轮战略设计优化的输入，形成战略管理循环。领导力是关键，价值观是基础。

①战略设计。通过市场洞察，落实战略意图。为了弥补差距进行聚焦创新，业务设计是落脚点。

②执行计划。通过关键任务落实业务设计，组织、文化和人才是资源配置的重要内容。

③领导力。领导力不仅会对战略规划和战略执行产生重大影响，还会影响文化氛围、团队建设乃至市场结果。

④价值观。决策与行动的基本准则。

2. 如何分析战略或业务设计的一致性

（1）关键任务。基于业务设计，是否清楚地知道要完成哪些关键任务？有哪些事情是需要很好地执行以便提供给业务设计的？

（2）人才。员工具备完成任务所需的技能吗？对这个业务设计进行了必要的训练吗？本身具备这种能力，还是需要寻找外面的资源？

（3）正式组织。组织结构支持关键活动的实施吗？需要重新设计组织结构以完成关键任务吗？评估体系与战略相一致吗？

（4）文化氛围。价值支持业务方向吗？需要培养哪种文化？

3. BLM 适配模型

利用 BLM 作为思维框架，通过行动学习的方式来挑战传统思维，逐步提升业务领导在各方面的战略思维能力。

该模型的要点在于以下几个方面。

（1）市场洞察。对外部环境变化的信息渠道，提高敏锐洞察力，评估其影响，并采取相应行动，重点在于事实、敏锐、变化、威胁和机会。

（2）差距。要始终如一地关注战略问题，探索机会，重点在于感知、不满足、洞察力和结果。

（3）业务设计。始于客户的需求，挑战假设，探索各种多赢的可能性和选择。充分是关键。

（4）创新焦点。探索新想法，谨慎进行投资和处理资源，以及 Ambidextrous 组织，应对行业变化，确保业务的健康增长。

（5）战略意图。组织机构的方向和最终目标与公司的战略重点相一致。重点在于远见卓识、英明决策、坚定执行、短期、长期、挑战性。

（二）"五看三定"模型

华为的战略管理框架（"五看三定"模型）是一套非常系统的思考方法，对企业战略的制定具有重大的价值。

"五看三定"模型是 2002 年华为引入美世咨询公司（Mercer）的战略模型，是一套非常系统的战略洞察的方法。它基于价值转移与赢得利润的思路，对业务进行设计，对企业战略的制定具有重大的价值。相对于其他战略方法，其效率比较高，能够帮助企业发现未来机会。

战略洞察 （环境与价值分析）	战略制定 （目标和策略）	战略解码 （年度业务计划）	战略执行和评估
看行业/趋势 看市场/客户 看竞争 看自己 看机会	定控制点 → 定目标 → 定策略	BP（年度业务计划）	战略执行、监控、评估

以客户为中心
以目标为导向

输出机会点：
- 战略机会点
- 机会窗机会点

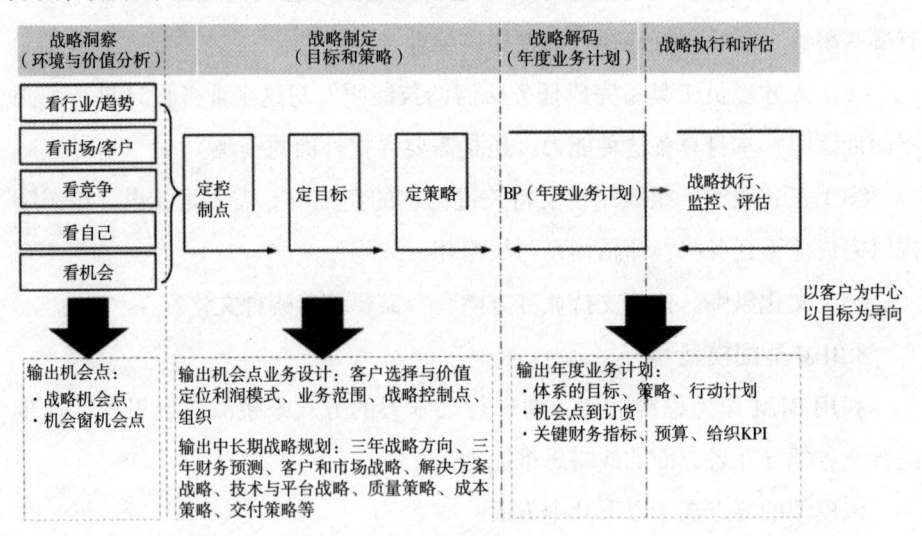

输出机会点业务设计：客户选择与价值定位利润模式、业务范围、战略控制点、组织
输出中长期战略规划：三年战略方向、三年财务预测、客户和市场战略、解决方案战略、技术与平台战略、质量策略、成本策略、交付策略等

输出年度业务计划：
- 体系的目标、策略、行动计划
- 机会点到订货
- 关键财务指标、预算、给织KPI

图 4-3　华为的"五看三定"模型

图 4-3 是华为整个战略管理的核心框架图，整个流程包括四个部分：第一个部分叫战略洞察，通过"五看"的方式（看行业趋势、看市场客户、看竞争、看自己、看机会）输出战略机会点；第二个部分叫战略制定；第三个

部分叫战略解码；第四个部分叫战略执行和评估。也就是从宏观角度，怎么看待国家层面的政治、经济、文化、社会等变化与发展趋势？这些趋势将会为行业带来什么样的影响与变化？整个产业未来的技术发展趋势是怎样的？会发生哪些变化？

所谓"五看"就是，采用SWOT方法进行战略分析，向外看分析机会与威胁，向内看分析优势与劣势。分析机会与威胁，分析宏观环境（PEST分析）、中观行业环境、竞争对手分析和客户分析；分析内部优势劣势以及企业自身的资源与能力。简言之就是，看行业/趋势（宏观分析+行业分析）、看市场/客户（客户分析）、看竞争（竞争对手分析）、看自己（内部资源与能力分析）、看机会（SWOT分析的结果）。

而"三定"则是指"定控制点、定目标、定策略"，具体如下。

1. 五看。

（1）看行业/趋势。需要我们从宏观到微观、由粗到细地去看。比如：无论哪个行业，都要先了解该行业的环境变化，了解这个行业有没有产生新技术或新的技术趋势。接着，看行业的价值链有没有产生新的环节，或行业价值链有没有发生整体迁移。

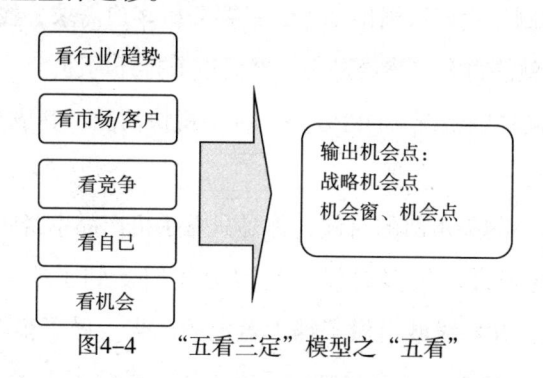

图4-4 "五看三定"模型之"五看"

（2）看市场/客户。首先，看客户。由粗到细进行细分，比如，先看大客户，再看渠道客户，再看一些中小客户，这本身就是大方向的切割。同样，大客户中还有一些变化，也是一个由粗到细的过程。通过客户分析，我们就能做出战略取舍，决定资源投入，如果某些客户不适合持续投入资源去做运营，就要进行取舍。

重新定义管理

我们要基于行业、客户的购买行为或规模、客户带来的盈利性和客户价值，以及我们给客户带来的价值的撬动率去思考。比如，对于手机厂商的分析，要知道客户关注什么、目标客户的购买行为是什么、客户到底是谁、客户购买了什么、由谁来买单、客户里有没有关键人、是由技术人员还是由采购人员决定购买、是通过渠道、平台还是在线下购买，然后，再根据客户的变化，做好战略规划，清晰客户的选择和资源的投入。

一些生产商会直接做终端客户。做终端客户，首先就要知道哪些是你的关键人，由谁来决定能和你产生生意的机会。从本质上来讲，就是在分析客户各维度上到底是采购主管决定，还是财务总监决定，抑或是老板决定，技术人员决定。要分析需求者是谁，买单者是谁，执行者是谁。

以华为为例。通过客户分析和关键客户的洞察，华为找到了机会点。对于北非客户来讲，欧洲人很傲慢，设备坏了之后，维修不及时，价格也高昂。华为从中发现了机会，只要设备出现问题，他们就进行维修，而且还是免费维修，因此它很快就抢占了北非客户。通过这种策略对应的机会点和策略，华为很快就打通了所有客户的部门，建立了很好的链接，然后慢慢进入了北非市场。这案例让我们清晰地知道，只要分析客户需求，找到关键决策者，满足客户需求，就能将客户渗透进去，然后逐渐打开局面。

OPPO 也是同样的情况。OPPO 是一种手机快消品，其成功是五六线城市的成功营销案例。

从这里分析，购买东西的时候，你是只看手机产品本身吗？不一定。

从客户角度来说，很多时候，是因为我们受到了广告的影响。第一 OPPO 在三四线、五六线城市做了铺天盖地的广告，做了很多的心理种子性的映射，让消费者知道，这个品牌的手机不错，灌输了很多理念。第二，它有很多线下直营店，很多人都能便利地看到它。第三，绑定了利益，给门店、加盟店、直营店制定了很多激励政策。

接着，看竞争对手。

竞争对手分析可以从多个方面进行，比如产品、战略意图、优势、财务状况、资金情况、市场覆盖率，以及近期的一些重叠业务或重要业务的进展，要分析它们的优劣势。从重点维度去思考，一般会选择产品维度、重点大客户的市场策略维度，组织和财务资源的优劣势、技术性的变革和投入或新的增长点，以及有没有进行过大量的内部组织变化和变动等维度。

以手表为例。

第一个层次，做基本信息分析。直观地看到几点了，什么时间，有哪些信息。同样，企业就能清晰地看到经营收入、利润、人员、市场份额、主要管理者经营管理的优劣势。

第二个层次，做内部分析。手表功能正常运作，关键在于内部的机械。也就是它的价值链，各环节的信息是如何行动的。深层次地分析竞争对手对客户的策略是什么、价格是多少、如何做公关、如何做广告、如何做推广，它的供应链和我们有没有重合，它的供应链的优势在哪儿，它的产品的差异性在哪儿，它有没有制定什么重大的竞争策略、有没有推出大量的促销、有没有进行产品的升级，它的竞争策略是什么……基于内部的较高难度的信息洞察，就能通过SWOT定义出相互之间的优势、弱势、机会和威胁，形成图表并把它展现出来。

在竞争对手上，可以进行各种假设，竞争范围的、战略意图的、市场目标份额的，都是思考的维度。首先，可以从关键竞争因素上进行比较，通过标杆分析，找出行业里做得比较好的。其次，要知道标杆企业的核心数据有哪些，我们和标杆企业的差距是什么，这是重点。最后，要通过这些维度，做双向对比。通过对比，了解竞争对手是多少分，我们是多少分，然后通过这种差异去识别我们的点在哪儿。

（3）看竞争。第一，要从宏观到微观，由粗到细地去梳理，看看在这个行业中有哪些机遇与挑战。第二，要从整个行业环境变化上看，看所在的社会环境，比如国家的政治法律环境、政策的稳定性。然后，看经济环境，即经济进入了一个什么样的增长周期。从整个战略的宏观角度，要符合你所在的国家、区域的趋势。只要找到这个势头，就能事半功倍。第三，再看技术趋势，要不断地考虑当今时代科技的爆炸，比如AI带来的技术颠覆和变革，要看到这种势头对行业产生的机遇、机会和危机。第四，看行业价值链，要分析企业在价值链的定位，包括上下游的价值链。

从供应商到制造商，到经销商，再到消费者，你在行业价值链中的定位决定了你的核心竞争力，看看你能否利用自己的价值链去降低成本。先从行业价值链分析到公司价值链，再通过业务活动组成的价值链条，思考运营作业的价值链，层层分析，找到行业点位，找到自己的核心竞争力。

从行业竞争态势上来思考，为了提高竞争力，看看企业该采用什么样的战略。比如，行业竞争已经白热化，想要做得更优秀，就要考虑采用成本领先战略还是产品领先战略，或是差异化的战略……这些内容都要通过行业竞争态势结合内部自身的资源来定义。

（4）看自己。首先，分析内部商业模式。通过商业画布，也就是通过商业模型去思考，我们到底提供什么样的价值主张给客户，我们的优势到底是什么，我们的客户是谁，如何维护客户关系。我们要实现这些东西，核心资源是什么，应该做什么关键业务，做这些东西的合作伙伴是谁，基于这些有哪些收入、有哪些成本。

其次，分析借助SWOT工具，识别有哪些机会和威胁。同时，分析哪些产品属于明星产品，哪些属于瘦狗，哪些属于金牛，哪些属于问题产品。

（5）看机会。企业要明确自己所处的领域在未来几年内有哪些机会点、市场空间有多大、自己的能力能否匹配等。如果分析下来发现当前的机会点并没有市场进入潜力，投入产出比等财务指标不佳，或超出了企业自身的能力边界，就该果断放弃，静待时机。

总之，整个战略图，就是通过这"五看"，分析出企业战略规划图，并进行要点总结，对战略的制定进行一些输入。也就是说，通过这一系列的"五看"，知道市场空间大不大、用什么样的速度去做选择、哪些机会点来自哪些产品或来自哪些区域、通过这些区域能不能增加利润。之后找到业务的落脚点，思考业务设计应该是怎么样的，目前的业务是不是合理，基于竞争对手的分析应该怎么调整，未来可能的业务模式是什么样的，从而找到业务设计的落脚点。

2. 三定

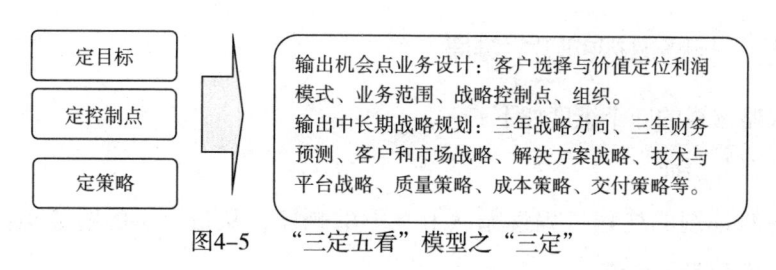

```
定目标
定控制点    →    输出机会点业务设计：客户选择与价值定位利润
                   模式、业务范围、战略控制点、组织。
定策略             输出中长期战略规划：三年战略方向、三年财务
                   预测、客户和市场战略、解决方案战略、技术与
                   平台战略、质量策略、成本策略、交付策略等。
```

图4-5 "三定五看"模型之"三定"

（1）定目标。主要指企业制定的战略目标。企业层面的目标，包括市值、估值、未来几年市场份额及行业所处地位、未来三年到五年的财务目标（如销售额、利润）等。内部管理目标，包括研发、生产、供应链等各部门的目标和企业制度流程打造的目标等。我们可以采用BSC的各维度来设定目标，BSC同时关注内部和外部、现在和将来，让目标更均衡、完整。

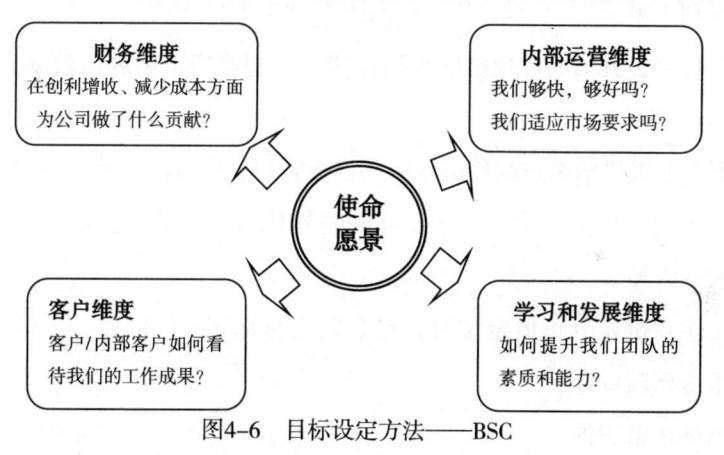

```
财务维度                         内部运营维度
在创利增收、减少成本方面          我们够快、够好吗？
为公司做了什么贡献？              我们适应市场要求吗？

              使命
              愿景

客户维度                         学习和发展维度
客户/内部客户如何看                如何提升我们团队的
待我们的工作成果？                素质和能力？
```

图4-6 目标设定方法——BSC

（2）定控制点。战略控制点，可以理解成核心竞争力，是竞争对手不容易构建和超越的方面。不同的战略控制点，会成就不同咖位的企业，也会有不同的控制力。控制点的层级从1到10，最低端的、最无效的可能就是商品，最高端的就是拥有标准。

（3）定策略。企业确定了定位和路线后，接下来就要制定战术，解决战术的问题，明确具体方案和阶段性里程碑、实施的策略，如市场营销策略、技术策略和产品交付策略等。企业内部的策略，如组织架构策略、售后服务策略、后勤保障策略等。

七、战略透视的四个维度

战略透视的四个维度如下。

1. 财务层面

战略地图的构建过程遵循从上至下的顺序，从最上层的财务构面、成长、效率和股东价值开始。

（1）创造股东价值是任何战略所追逐的目标，企业应选择一个最主要的目标作为长期成功的象征。可选择的指标为：投资回报率（ROI）、资本运用回报率（ROCE）、附加经济价值（EVA）、各种类型的折现现金流量（DCF）。

（2）成长策略。从新的市场、产品和客户开创新的营收来源，提升现有客户的获利水平。

（3）效率提升策略。比如降低运作成本，提高资产的利用效率。

2. 客户层面

根据企业提供给客户的价值定位和目标客户，设计战略地图的客户构面。

（1）不同的价值定位决定了不同的差异化因素，从而决定着客户构面的关键性绩效领域。

（2）企业确定其价值定位时，也会确定目标客户。因此，应以目标客户为焦点来考核绩效。

3. 内部运营层面

企业内部流程面的关键绩效领域设计，必须与企业所确定的价值定位保持一致。

（1）采取"产品领先"战略的企业，必须具备领先的创新流程，才能开创具有最佳功能的新产品，并快速地使该产品上市。为了掌握其作为产品领先者所占领的市场先机，客户管理流程可能要着重于快速招揽新的客户。

（2）采取"客户至上"战略的企业，必须具有优异的客户管理流程，比如客户关系管理与解决方案之发展。基于目标客户的需求，企业可能仍需要发展创新流程，但着眼点是为了增进客户满意度，以此来开发新产品或强化服务内容。

（3）采取"成本领先"战略的企业，强调作业流程的成本、品质和周期时间、卓越的供应商关系，以及供应商及配送流程的速度和效率。

4.学习与成长层面

为了创造最佳的绩效表现，企业最终必须依赖于学习与成长层面的无形资产之开发和利用。

学习和成长层面一般包括以下三个主要项目。

（1）战略性能力。工作团队为达成企业战略所需具备的战略性技能和知识。

（2）战略性科技。为实现战略所必需的资讯系统、资料数据库、工具和网络。

（3）组织氛围。在战略的前提下所必需的企业文化转变，以激励、授权及整合工作团队。

八、战略地图绘制

分析战略地图每个层面的具体内容，了解战略地图的每个层面，如何与战略设计相关，就能明白战略地图四个层面的因果关系如何与战略设计的逻辑假设相关。深入战略设计的具体要素来认识问题，就能从本质上掌握战略地图。关于战略地图的绘制，我们通过一个案例来加以说明。

（一）企业背景

某制造企业 A 公司，企业规模 2000 人左右，营业额 2020 年年底 5.8 亿元。企业下设两个工厂，两个新项目，销售以内外贸销售为主。其中内贸销售 2 亿元，外贸销售 3 亿元，其他配套产品收入 0.8 亿元。

公司组织机构设置生产部、包装部、技术部、研发中心、内贸部、外贸部、采购部、财务一部（对内）、财务二部（对外）、审计部、人力行政部、设备部、战略规划部（主要对政府关系）、信息部、安环部，共 15 个部门。

（二）业务情况

公司销售额自 2014 年起就没有显著增长，而同地区同行业 B 公司则发展迅速，从2012年的1.8亿元增长至2020年的20亿元。A公司毛利率逐渐下滑，由2014年的13%的平均毛利，下降至8%左右。

A公司产品在市场的反馈为：国内反馈，质量好、价格高；国外反馈，质量较好，但不稳定，交期一般。

A公司产品以中低端产品为主，低端产品出于产能限制和成本原因，几乎已经失去市场，相应市场被B公司占领。中端产品在传统批发渠道尚不能形成规模效应。

针对销售业绩不增反降的情况，A公司老板2018—2019年进行了销售策略的调整：内贸以三驾马车来调整销售策略，即区域保护、价格管控、保姆式服务；外贸以开拓500万美元以上的大客户为主，砍掉40多个小客户。但基于这种策略调整，业绩依然没有实现大的增长。

公司研发能力在业内较强，但研发成果得不到市场认可，造成了成本浪费。

2021年，A企业快速上马了三个新的项目。一是一次性口罩项目，预计年产值8000万元。二是一次性丁腈检查手套项目，预计年产50亿只，产值25亿元。三是一次性PVC手套项目，预计年产10亿只，产值3亿元。

2020年7月份口罩线正式生产，产品供不应求，项目投入3个月，收回成本并盈利2000万元。一次性丁腈手套以国外订单为主，订单排产至2021年9月，8个月收回投资成本。一次性PVC手套订单排产至5月底，成本基本收回。

2021年年初，公司制定了年度经营目标，总体目标为30亿元，比2020年的8亿元增长375%。其中，原来主营产品保持6亿元的销售收入不变，新增业绩主要放在一次性手套和配套项目上。

（三）团队情况

两个新的一次性手套项目，均交给了外部聘请的人员及团队，原来的团队不具备这种能力。

随着企业快速发展，老板发现公司管理层缺少核心强人，老板每天都像打仗一样，事无巨细地参与经营管理。管理团队也是这种感觉，觉得身后无人，部门内基本没有可以打硬仗的核心员工，事情基本压在管理团队身上，让管理层感到身心疲惫。

公司人员结构如图 4-7 所示。

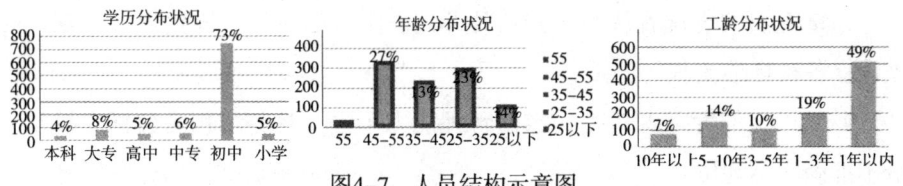

图4-7　人员结构示意图

（四）关于公司发展与整体管理评价

100% 的受访者：对公司今年的发展看好，普遍持必胜心态。

95% 的受访者：虽然对公司今年看好，但是对公司今年及明年的整体发展战略和策略不够清晰（部门和公司整体工作重点认识缺乏）。

90% 的管理者：认为公司管理基本上处于粗放状态，没有体系化、标准化的管理机制或者有相关机制没有执行，随意性过大。

部分新晋管理者：在管理思路和水平上有待提升，但公司没能提供相应转变支撑。

公司缺乏授权机制，部门负责人权限不清晰、不明确，即使部分人员有授权，但相关部门还是惯性思维，需要总经理签字确认才能执行。

部门间责任不清、流程不畅，部门协同效率不高。部门本位主义严重，缺少关注整体意识。

管理者普遍认为自己工作多数时间在"救火"，管理能力不佳，缺乏管理工具，少了员工培训，不知道外部新的管理理念和方法。管理者都有着思维禁锢感，但又不知道该从哪里下手学习和提高。

（五）关于组织能力与效率评价

100% 的受访管理者认为，公司人才断层严重，部门内基本无人才可用，员工能力差距较大，很难进行员工的淘汰或替换。

75% 左右的管理者认为，自己及部门员工知识水平及结构相对较差，能力短板明显。公司级关键岗位、关键人才认识不足，基本上处于懵懂状态；部门关键岗位与人才能力相匹配，但缺乏支撑依据与评价标准。部门效率因管理者本人管理能力和行为风格而异，部门间协作不畅，整体效率不高，存在推诿、扯皮等现象。大多数管理者意识到了团队效率问题，但不知道从何处下手解决，用什么驱动，有着深深的无力感。

95%左右的管理者认为，公司各部门缺乏核心流程，固化执行较难，应该建立各种标准流程。

95%以上的管理者认为，数据管理能力不强，且公司相关数据支撑及分析不准确、不到位。

基于此，尝试制定A公司2021年发展战略，并给予A公司中肯的建议，如图4-8所示。

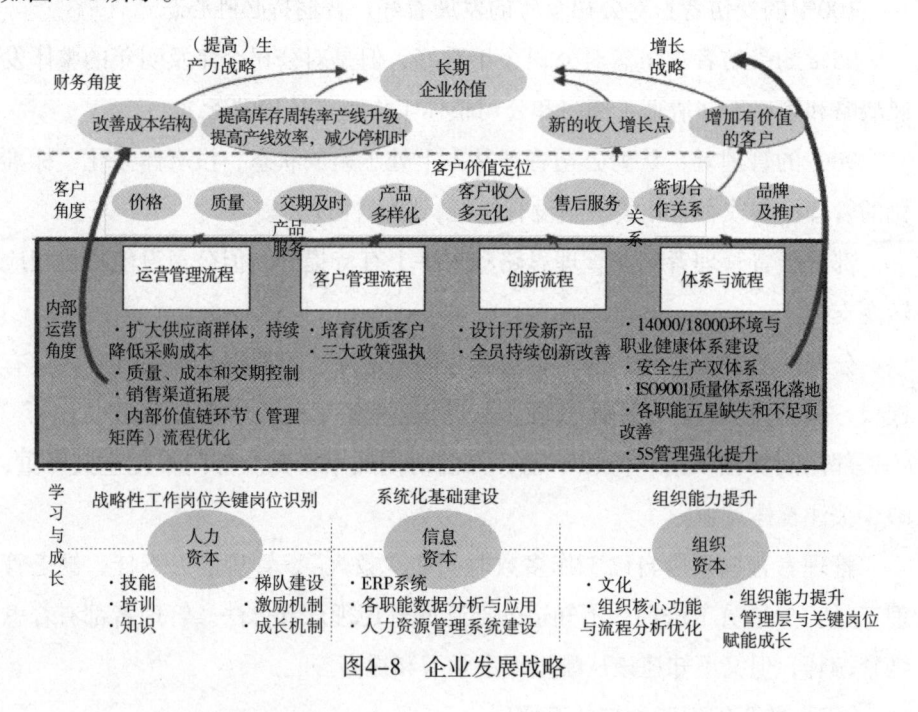

图4-8 企业发展战略

九、战略落地"五步法"

很多企业的年度战略虽然已经执行了一个季度，但战略落地的执行力偏差一直都是困扰企业的大难题。

（一）为什么战略执行不到位

战略执行不到位，业内已经有了相应的总结，主要是以下五大原因。

1. 战略共识不足

愿景和战略目标没有在管理层达成共识，高管团队成员之间对战略的理解有差异，员工对组织的战略感到迷茫和困惑，甚至对战略的方向产生怀疑。

2. 战略实施路径不清晰或缺失

比如，只有战略目标，没有明确的实现路径和行动举措；又如，责任主体不够明确或授权不足。

3. 战略资源不匹配

没有做好相匹配的人财物，也没有文化等土壤的支持。

4. 缺少有效支撑战略实现的制度体系

任务执行的监督、信息反馈和调整机制不够健全、不灵敏，激励机制没有与战略关联，信息系统落后，"以绩效结果为导向"的文化还没有落地生根。

5. 缺少协同

战略执行过程中各自为战，部门与部门之间、团队与团队之间、项目与项目之间存在无形的"墙"，影响着整体效率和全局胜败。

（二）战略落地"五步法"

什么是"战略落地"？就是基于公司愿景目标和战略路径让管理层达成共识，以员工能够理解的语言清晰地描述出来，并将其转化为具体的目标和行动，然后逐层分解到个人，梳理好团队之间个人之间的协同关系，并在后面执行过程中反复对照、质询和提升的过程，以确保战略目标实现，团队和组织能力得到提升。

要想让战略执行落到实处，可以采取以下五步。

第一步：战略对焦

上下左右目标对齐，共识战略实现路径。高管共识，上下对焦；中层清晰理解战略，左右对齐，横向拉通，清晰各自协同站位；可视化向下传递，员工清晰部门与战略、个体与整体的关联。

为了便于对焦和传递，可以使用"价值链"这一工具，让头部管理者已形成的战略可视化。管理者可以就头部管理者的共识，通过每年的战略规划会、战略梳理会等来做一次共同思考，然后把自己每日思考的过程带着高管团队一起共创，也可以就争议点做深入探讨。

高管团队基于使命愿景，一起看客户、看市场、看自己，探讨企业的战略定位，了解企业选择为哪些客户提供什么产品与服务创造什么价值，明确接下来1年和3年的定量和定性目标，通过怎样的实施路径，通过哪几个主战场来突破。

第二步：战略拆解

大图拆小图，小图拼大图，上下同欲，左右协同，锁定硬仗。战略大图可以拆解到公司级重点项目，可以拆解到部门级重点任务，同时可以厘清跨部门的协同关系，兼顾战略落地节奏与人财物资源匹配。

这里的战略拆解也叫战略解码，一方面对战略目标有清晰的理解，另一方面对于战略落地的关键路径和策略要通过群策群力找到关键任务，有具体策略落实到时间节奏和负责人。

战略拆解阶段相对于战略规划阶段，参与的人要从头部扩展到中高层。企业战略的最终确定，既需要做一次自上而下的沟通，也需要做一次自下而上的对焦。团队对于战略的理解越清晰，共识度越高，战略落地更可行。当然，在拆解过程中，也会促使团队对战略再做审视再做优化。

战略拆解有两大关键战役拆解，拆解是为了更好地协同。

（1）拆解公司级必赢战役与目标。从主要战场、必赢战役、关键战斗、协同部门、人财物需求方面逐步拆解；再聚焦和提炼公司最需要突破的3~5个大战役，画出业务链路，识别关键突破口，明确业务链路上各部门的站位，细化每个部门在关键战役上所需承担的产出，细化到以季度为单位的时间表上。据此，项目一号位、跨部门项目组的组建、后续业务追踪管理机制均可同步跟上。

（2）拆解各部门关键策略与目标。部门负责人基于战略大图来重新审视自己部门的站位和职责，明确基于公司1年战略目标拆解下来的部门年度目标，统计部门年度规划和重点项目，跨部门和协同部门给予反馈优化，把重要项目的协同时间表对齐，业务链路上下游相互承诺。

第三步：战略落地匹配的绩效管理

战略执行落实到关键任务，落实到部门和个人的绩效管理，通过绩效计划的设定、绩效反馈和辅导、绩效评估、奖惩改善的闭环来促业务落地和人员成长。绩效管理促结果导向思维，保障个体与整体、短期与长期的关联。

战略拆解到部门级，目标就可以落实到绩效考核的部门指标、岗位指标、个人指标。而其中有任务指标也有数字指标，既要关注关键任务的执行也要关注个人的成长。其中，通透度很关键，即员工 KPI 和整体的关系如何？KPI 是否做到了上下通、左右连、前后对？指标之间？彼此的链接是什么，协同是什么？什么是我们不做的？

在绩效落地之初，KPI 通晒会是业务战略落地很好的沟通场景，现场可以采用"同心圆"的方式。所谓"同心圆"即将业务目标呈现在圆的中心，团队的 KPI 放在外面的大圆里，让每个角色都能直观找到自己的位置，知道自己为什么而忙，相互之间的关系是什么。

在这个同心圆里，不仅要包括核心业务一级部门和二级部门，也要包括关键协同方的一级部门和二级部门，大家都是同心圆里的关键。每一个战略目标是否都被拆解承接？相互之间的联动尤其是上下游关系是否有协同到位？管理人员要看两级，整个部门的核心人群都要通。

在通晒的过程中，要确保投入战略目标的实现足够聚焦和专注，晒出的是关键岗位的 KPI 而不是某个人的。不是所有的事情都要列入 KPI，也不是列入 KPI 的都要量化考核。通晒完会发现不少问题，之后需要重新修正，最终才是确定版本的部门、岗位、个人 KPI。

第四步：战略执行追踪机制

搭建业务复盘会、企业经营分析会、组织绩效分析会等，保障月度、季度、半年度不断推进，找出"目标偏差""执行偏差""预测偏差"，针对不同的偏差问题，落实"抓机会""促执行""控风险"。

确定战略落地年度计划，要认识战略落地对团队协同机制和关键人员的要求，建立战略落地周度、月度、季度、半年度追踪和复盘机制。

复盘是通过对过往事件的集体深入探讨和反思，是从过往的经验中学习和提升的重要手段和工具。复盘会的结构一般包括回顾目标—评估结果—分析原因—总结改进。

如果要做好复盘，需要有五大"复盘心态"：开放、坦诚表达、实事求是、集思广益、内向归因。复盘有三大类，包括业务复盘、团队复盘、个体复盘，可以在不同的阶段和场景中应用。

第五步：组织战略匹配业务战略

企业想要基业长青、可持续地发展，战略和组织能力都至关重要。战略决定了企业发展的方向，组织能力决定了企业发展的速度。

当公司业务战略因外部环境或内部变革而制度了新的战略方向与规划的时候，组织中的结构、氛围、领导方式都会发生相应的变化。

现有的组织架构是否能支撑新的业务战略落地，业务价值链是否清晰，业务流是否顺畅，里面的关键岗位是否会发生变化，关键岗位的核心胜任力又会有什么变化，我们现有储备的人才是否能够满足业务发展的需求，缺失什么必须补足的关键人才，什么能力需要向外招聘，什么能力可以通过新的业务场景实战长出来，都是需要考虑的。匹配业务战略落地的组织设计，支撑业务发展的人才地图，都尤为重要。

组织资源的匹配与高效运营的管理本质上是让管理者习惯挑战，能不断改变固有思维习惯和行为习惯的组织才能真正匹配好资源，支撑好战略。

附：战略工具

表4-5 战略管理核心业务流程

序号	核心流程步骤	流程分解	承接单位	工作内容	工作标准/原则	输入	输出	工作时效
1	战略规划编制	成立战略管理委员会	董事会	按照战略管理需要及公司实际情况，成立战略管理委员会，是公司战略管理及修订的最高权力单位。下设战略运营中心，为战略管理实施单位。公司董事会成员、中心总经理及各部门负责人为小组成员，经营管理部为委员会秘书机构，并编制完成战略管理委员会职责和议事规则	1.机构设置：设主任一名，董事长担任，副主任一名，总经理担任，其余董事会成员及中心总经理以上人员为组员，设秘书处，承接部门为经营管理部 2.明确战略管理委员会职责及核决权限，明确议事机制和规则，形成书面文件，经董事会审批后执行 3.明确工作总体实施计划图和时间规划，要明确责任人、时间节点、输出物		组织成立，确定岗位职责和议事规则	实时

续表

序号	核心流程步骤	流程分解	承接单位	工作内容	工作标准/原则	输入	输出	工作时效
1	战略规划编制	下发战略规划编制/修订的通知，进行工作任务布置	战略运营中心	根据战略管理需要，每年的10月下发战略规划编制/修订的通知，明确以下几点任务：1.此次战略修订的总体方向和目标，确定战略主题 2.根据需要下发工作任务分工和工作要求、时间节点等 3.组织战略研讨会议，确定战略研讨会议的具体日程安排及议事规则	1.按照战略管理规则按时发布通知 2.通知的内容需要符合战略管理需要，明确战略方向及战略主题，划分工作分工及时间节点 3.按照战略议事规则开展战略讨论 4.按照通知要求督办各项工作的进展和结果反馈		战略编制/修订的通知	3天
		差异分析	战略运营中心	1.机会差异：根据最新的市场调研分析报告，明确过去几年战略方向是否存在偏差，如果按期执行，将会为公司带来什么机会的期望值，评估影响，进行战略方向的调整 2.业绩差异：分析过去几年业绩达成情况，深入分析存在的问题，找到差距并制定专项措施，确认是否调整长期战略目标和实施计划	1.进行业绩差异分析，明确业务问题和管理问题，找到改善的短期建议和长效措施 2.进行机会差异分析，下发通知后，20个工作日内由市场部分析得出市场分析报告，提出市场方向的调整建议 3.结合市场分析报告和经营分析报告，明确战略差异分析是客观因素还是主观因素，是选择因素还是执行因素，明确各项因素的评价标准和划分依据	市场分析报告、经营分析报告	差异分析报告	自下发通知起30个工作日

续表

序号	核心流程步骤	流程分解	承接单位	工作内容	工作标准/原则	输入	输出	工作时效
1	战略规划编制	战略意图	战略运营中心	根据差异分析报告，明确公司战略意图，确认是否修正、调整或新增，得到新版战略意图，并对战略意图进行凝练和升华，明确使命、愿景、长期战略目标，即公司要去往何处	1.战略意图要精练明确，便于理解和传播 2.战略意图要有释义解释和说明，并和价值观、文化、经营相结合，指导各部门制定分解的战略意图 3.战略意图要分解为战略主题和战略举措任务 4.战略意图及目标要符合SMART原则	差异分析报告	战略意图、战略主题报告	3天
		市场洞察——宏观分析	战略运营中心	分析宏观政治、经济、社会、技术、人口、环境、法律、地理等分析，使用PESTLIST分析工具	1.理解和使用分析工具，掌握专业知识，详细描述工具的意义和含义，理解工具维度间的逻辑印证关系 2.透彻分析宏观环境，覆盖全球信息收集和分析。 3.借助内部销售人员和技术人员的力量进行市场分析，出具标准的内部信息收集模板 4.根据分析结果出具分析总结和建议	外部信息专业分析报告	市场分析报告	20个工作日
		市场洞察——产业分析	战略运营中心	分析环保产业发展趋势，对环保产业进行静态分析和动态分析	1.明确动态发展沿革的趋势，得到未来产业发展的总体趋势分析和建议。 2.开展静态分析，分析行业规模、容量、产品技术发展、增长速度、政策影响、环境影响、地理边界、规模经济等 3.使用波特五力模型、GE矩阵分析工具、外部价值链分析、SPAN	外部信息专业分析报告	市场分析报告	20个工作日

续表

序号	核心流程步骤	流程分解	承接单位	工作内容	工作标准/原则	输入	输出	工作时效
1	战略规划编制	市场洞察——客户分析	战略运营中心	对公司的潜在客户进行分析,明确哪些是我们的客户、客户的需求是什么,需要我们提供什么样的产品或者服务,客户关注产品或服务的侧重点是什么,客户谁能主导采购、谁来决策是否购买、谁能对采购产生影响,我们通过什么渠道获取客户,客户如何感知我们的存在及产品	1.对已进入行业进行潜在客户分析,包括客户背景调查、客户需求、客户采购流程、客户获取信息的渠道,我们获取客户信息的渠道 2.对需求环保治理的产业进行客户分析,尤其是在进入该行业前首先进行客户分析,既要分析龙头企业,也要分析中小型企业,以获取分级的客户需求,用于指导销售策略	外部信息专业分析报告	客户分析报告	20个工作日
		市场洞察——合作伙伴分析	战略运营中心	对上下游合作客户及同级战略合作伙伴进行分析,编制合作竞争分析报告	1.明确公司的外部价值链 2.确定战略合作伙伴和合作竞争策略,明确工作分界的维度 3.开展合作分析,找到可以合作的契合点并予以布置实施 4.分析及判断合作风险点及控制措施	外部信息专业分析报告	合作竞争分析报告	20个工作日
		市场洞察——竞争对手分析	战略运营中心	开展竞争对手分析,编制群体定位图和行业定位图	1.明确公司层级竞争对手,开展竞争分析 2.明确行业层级竞争对手,开展竞争分析 3.明确产品层级竞争对手,开展竞争分析 4.明确分析的维度和分析标准,明确竞争对手的发展策略及竞争策略,在不同层级展开竞争对比分析、制定针对性措施	外部信息专业分析报告	竞争对手分析报告	20个工作日

103

续表

序号	核心流程步骤	流程分解	承接单位	工作内容	工作标准/原则	输入	输出	工作时效
1	战略规划编制	市场洞察——自我分析	战略运营中心	公司VRIO分析，商业画布分析，出具能力分析报告	1.明确公司的核心资源和能力，并进行分析和评价 2.出具公司层级、职能层级、产品层级商业画布 3.能力分析报告结合价值链分析，制改善措施和提升计划 4.明确公司的竞争力来源和战略控制点		资源能力分析报告、内部价值链分析报告等	20个工作日
		战略机会点及战略意图修正	战略运营中心	明确公司新的发展机会和方向，修正战略目标和战略方向	1.根据市场洞察总体分析报告，对既定的战略方向和战略主题进行修正调整，出具战略意图修正报告 2.组织战略管理委员会对修正后的战略意图进行评审，确定公司的战略意图、战略发展机会和战略目标等，同时输出战略举措	各项分析报告	战略意图修正草案、战略意图战略主题报告等	10个工作日
		创新聚焦	战略运营中心各业务部门	根据市场洞察、战略意图及战略机会点，输出公司创新方案，聚焦长期发展和业绩提升，包括新业务开展、新技术及产品开发、新的业务组合、新的商业模式等	1.创新来源于战略意图和战略机会，聚焦市场需求，而非凭空想象 2.创新时评估资源投入产出效能，而非不计成本 3.创新可以依托外部资源而非全部原生开发，拿来主义也是基于自身的创新	战略意图修正草案、战略主题报告等	创新规划方案	10个工作日

104

续表

序号	核心流程步骤	流程分解	承接单位	工作内容	工作标准/原则	输入	输出	工作时效
1	战略规划编制	业务设计	战略运营中心各业务部门	根据战略意图、创新方案，对公司的业务进行设计，输出业务设计方案，并组织业务设计研讨会议	4.发挥全体员工的智慧，建立鼓励创新的机制。对执行过程进行动态监控 5.相关评估审核人员具备全面的知识体系，熟悉了解外部市场和竞争环境 1.明确公司级业务路线和产品选择，确定公司级战略控制点和业务竞争策略 2.具体业务线设计要包括客户选择、价值主张、盈利模式、活动范围等，应用商业画布的工具进行分析和确定 3.业务设计的五维度分析要根据业务实际需求，突出重点和核心要素	创新规划方案、战略意图报告等	业务设计方案	20个工作日
2	战略规划解码	务虚——确立公司短、中、长期战略目标	战略运营中心	根据战略意图、战略机会点、创新方案、业务设计方案等确定的公司发展方向及业务，结合外部市场调研分析内容，输出公司短、中、长期战略目标	1.输出5年战略目标并做进度分解，制定各目标实现的短、中、长期节点 2.目标不仅含量化目标，还应包括任务类目标 3.目标不能仅包括企业业绩类指标，还应包括经营管理类、品牌建设类、文化宣传类、创新类、业务转型类、市场推广等目标，涵盖所能支撑公司长期发展的所有相关业务	战略意图修正草案、战略主题报告、创新规划方案等	战略目标目录	3个工作日

续表

序号	核心流程步骤	流程分解	承接单位	工作内容	工作标准/原则	输入	输出	工作时效
2	战略规划解码	务虚——凝练战略举措，输出战略地图	战略运营中心各业务部门	运用SWOT分析工具，分析得出公司发展的战略举措集合，输出公司发展的战略地图及各职能领域战略地图	1.四维度分析需要全面而且凝练、聚焦核心的影响因素 2.选定四维度矩阵集合输出战略举措信息，并将战略举措进行优先级排序，剔除干扰项，筛选出公司需要的战略举措 3.根据战略举措和战略目标，构建四维度的战略地图 4.经过战略地图和SWOT分析，最终确定公司的重大战略任务	战略目标	战略举措集合	5个工作日
		务虚——梳理业务流程及关键瓶颈	战略运营中心各业务部门	根据战略目标及战略举措，进行内部核心业务流梳理，梳理出业务环节和各环节的发展优劣势、关键成功要素、标杆企业信息等，识别关键瓶颈，开展内部价值链分析	1.根据战略目标和战略举措，设计核心业务流程，明确为客户创造价值的流程及运转 2.对业务链条上的各环节进行分析，识别关键成功要素，开展价值链分析，激励各部门自行发现不足和问题，制定解决方案和长效措施 3.价值链分析过程中需引入外部竞争理念，即树立标杆 4.通过内部价值链分析，补充任务清单	战略目标、战略举措清单	价值链分析报告	10个工作日

续表

序号	核心流程步骤	流程分解	承接单位	工作内容	工作标准/原则	输入	输出	工作时效
2	战略规划解码	务虚——提炼关键任务及设定目标	战略运营中心各业务部门	根据战略地图、核心业务流程、关键瓶颈等，输出公司发展的关键任务，并设定每项任务的目标，同时明确实施步骤	1.运用OGSM工具提炼关键任务，并设置任务目标 2.将确定的任务清单按照BSC维度进行区分，并根据职能进行划分，输出任务清单矩阵	战略目标、战略举措清单	任务清单及目标清单矩阵	2个工作日
		务虚——组织建设及人员任用	人力资源部战略运营中心	根据核心业务链条配置组织架构和能力配置，明确岗位职责和任职资格，对现有人员进行胜任力评价，并明确提升方向及时间要求	1.根据战略方向、目标和关键任务举措设置组织架构和管控模式 2.组织架构确定后进行"四定"工作，并在公司内外部配置人才，做好组织评价和任职评价工作	战略目标、战略举措清单	组织架构图、人员任命清单、岗位说明书等	10个工作日
		务实——布阵及分配资源和责任	人力资源部战略运营中心	根据战略举措、关键流程梳理、业务组合、关键任务、组织设置等配置资源、明确配置时间，明确权利	1.梳理明确公司的现有资源 2.明确公司的组织管理能力及人员分布，明确公司的技术、研发、职能管理、销售、项目管理、产品管理、生产、采购、品质管理等能力及资源，与公司目标和工作计划进行匹配，明确资源差距，并确定补充措施及时间节点 3.根据组织职能要求，目标任务要求，确定对应的责权利匹配和核决权限	战略目标、战略举措清单	资源分析报告、能力分析报告、公司核决权限清单、资源能力补充清单等	15个工作日

重新定义管理

续表

序号	核心流程步骤	流程分解	承接单位	工作内容	工作标准/原则	输入	输出	工作时效
2	战略规划解码	务实——拟订业务计划及指标体系，达成承诺	人力资源部战略运营中心各业务部门	各部门根据公司下发的目标和任务要求，逐级分解并凝练成绩效指标和绩效目标，确定完成目标和任务的工作计划和达成路径，生成绩效考核表，并签订个人绩效承诺	1.输出目标及任务分解计划，并编制完成各级的绩效考核计划 2.各级人员签订绩效承诺书	目标和任务清单	绩效考核表	15个工作日
		务实——解码过程的数据管理	战略运营中心各业务部门	明确绩效数据表中数据来源及核算逻辑，并在公司系统内实现自动汇总和归集，提高数据统计效率	1.梳理完成公司所需要的经营数据和数据间的关联关系、数据来源及数据审核部门 2.在系统内根据所需数据构建基础数据的录入管理和监控 3.输出数据统计的总体方案及建设规划、工作内容、建设要求，撰写开发计划任务书，提交信息化进行系统开发 4.数据验证、穿行测试系统及数据的有效性，并发布系统	总体数据建设方案和需求开发任务书	数据统计系统模块上线应用	6个月
		务实——价值观宣导及建设	人力资源部	凝练并释义公司价值观，并把价值观融入到制度体系建设之中，真正做到价值观的践行落地	1.公司价值观确定及价值观念内涵解释与释义 2.价值观需要融入制度体系建设及行为规范，明确价值观在制度体系内的分布及建设方案 3.严格执行违反公司价值观的考核措施，积极引导员工践行价值观，定期组织培训及警示案例分享	董事会决策	公司价值观及释义、价值观落地执行方案	全年

续表

序号	核心流程步骤	流程分解	承接单位	工作内容	工作标准/原则	输入	输出	工作时效
2	战略规划解码	务虚——企业文化建设	人力资源部	凝练公司企业文化，并予以释义，建立企业理念，并定期组织培训和团体活动，在公司内部进行企业文化的传播，构建积极向上、合作共赢的团队理念	1.企业文化需积极正向，以人为本，释义便于传播和识别 2.构建VI、BI系统，传播企业文化 3.需定期组织培训和企业文化建设团体活动，构建企业文化传播的多渠道体系，并评估传播宣传效果。做好上下一致性企业文化宣导系统 4.内外并举，建立外部宣传的机制，并引导员工主动积极宣传 5.设定奖惩机制，奖励先进，处罚消极和落后，把企业文化融入制度流程和员工行为中来	战略意图及董事会决策	企业文化建设方案及企业文化释义	全年
3	战略规划执行（没有执行力，一切都是空谈）	价值链管理	战略运营中心	梳理公司内部价值链，开展内部价值链分析，输出价值链分析报告	1.战略运营中心出具价值链分析的总体框架思路和工作计划 2.价值链分析要涵盖公司的所有部门，但是以直接为客户创造价值的主链条为主 3.制定明确的各价值链环节分析的维度，各部门负责人为价值链分析的第一责任人，需全程参与并主导该项工作 4.通过价值链分析要清晰输出环节的优劣势及问题分析，并制定短中长期的解决措施和预期结果	战略规划报告	价值链分析报告	全年

续表

序号	核心流程步骤	流程分解	承接单位	工作内容	工作标准/原则	输入	输出	工作时效
3	战略规划执行（没有执行力，一切都是空谈）	人才配置方案	人力资源部	为有效践行公司战略，根据经营需要选聘及任用合适的人员，做好岗位任职资格梳理及任职评价，充分调动和发挥全体员工的工作积极性，同时为防范风险，搭建完善的人才管理梯队，并在公司内构建轮岗机制。扩大人才配置范围，在公司内外部进行人员选择	1.人才配置一定要根据岗位职责和业务确定，以岗定人，不得以人定岗，做到人岗匹配 2.任职评价要综合考虑岗位需要、专业技能、个人履历、公司职业发展和个人职业规划、工作业绩、胜任力评价等，进行多维度评价，制定任职评价管理办法 3.搭建完善的人才梯队和轮岗机制，形成老中青、上中下的各级管理及专业人员梯队，保证公司正常运营 4.增加人才补充渠道，除内部选拔外，积极拓展外部人才引入机制	组织能力建设方案	人员配置规划方案	每年1月完成审批
		薪酬机制改革与配置	人力资源部	为有效践行公司战略，激发各级人员的工作积极性，实现公司责权利对等，同时考虑到阶段性任务的推进，构建以结果为导向的薪酬方案	1.薪酬方案多样化，做到短期收益与长期收益的平衡 2.薪酬方案要与战略和年度目标相关联，并有可落地的执行方案及可能 3.薪酬方案要体现岗位区别，做到责权利对等，风险与收益对等 4.薪酬方案要做到与外部对比的绝对公平性，与内部分工对比的相对公平性，取得平衡值	组织能力建设方案、外部薪酬报告等	薪酬改革整体规划及方案	每年1月完成审批

续表

序号	核心流程步骤	流程分解	承接单位	工作内容	工作标准/原则	输入	输出	工作时效
3	战略规划执行（没有执行力，一切都是空谈）	PBC个人绩效承诺管理	人力资源部	设定目标、绩效辅导、刷新PBC、记录关键事件、绩效评价、结果反馈、考核申诉、评价定级及应用	1.根据战略要求、经营计划要求、岗位职责要求、专项任务等，结合历史经营，制定各部门绩效考核表，同时匹配绩效目标 2.绩效考核表内容：指标名称、权重、考核原则、考核周期、指标定义、考核公式、数据来源、数据审核、数据提供时间、得分等 3.绩效考核表涵盖KPI指标、GS指标、胜任力指标、行为指标等 4.编制人、编制部门、审核人、监督人、评价人 5.按照绩效管理制度，开展绩效评价和绩效沟通面谈以及绩效应用工作	战略规划报告、年度经营计划等	绩效考核表	每年1月完成审批
		激励机制建设	人力资源部	根据公司战略及经营要求，由人力资源部牵头组织配置并完善与之匹配的激励管理体系，包括公司全业务链条及职能部门的奖罚体系，该体系与绩效管理体系相互支撑，保证战略目标的达成	1.公司激励体系需要覆盖公司全员 2.建立激励的总体规划和额度设定规则，年度修订 3.激励与贡献产出及风险挂钩，鼓励多劳多得和价值导向 4.激励分正向和负向，严禁将激励机制建设为奖励机制 5.诚实守信，机制及规则公布后需要严格执行，奖勤罚懒，赏罚分明，全体员工一视同仁	年度经营计划、战略规划报告等	公司激励体系建设方案及实施细则	每年1月完成审批

续表

序号	核心流程步骤	流程分解	承接单位	工作内容	工作标准/原则	输入	输出	工作时效
4	战略规划评估	经营业绩分析	战略运营中心	组织开展公司业绩经营分析，准备公司经营业绩达成情况及差异分析、找到差异原因并与各业务部门共同制定	1.每月度组织召开经营分析会，每半年度开展年度经营分析和经营目标修订 2.根据经营分析结果及差异原因分析，讨论确定解决方案，做到事事有决议，有跟踪落实和结果反馈，保证措施的执行 3.经营分析结果作为干部履职和任职评价的重要依据 4.聚焦经营核心，经营分析时明确经营活动损益和投融资活动损益，及时识别非核心资产及业务活动、产出较低的业务等，提出调整建议	年度经营计划、战略规划报告等	经营分析报告	每月10日
		财务业绩分析	财控中心	组织开展公司财务业绩分析，准备公司财务分析数据和财务分析报告	1.每月8日出具公司三大核心报表（合并报表和单体报表） 2.针对财务数据开展财务分析，重点分析成本执行、预算执行及财务监督异常事项 3.根据财务数据分析结果，提出管理建议和要求，指导业务部门开展工作 4.评估各业务线的投入产出，及时对投融资活动进行损益评估	年度经营计划、战略规划报告等	财务分析报告	每月10日

续表

序号	核心流程步骤	流程分解	承接单位	工作内容	工作标准/原则	输入	输出	工作时效
4	战略规划评估	战略机会点及战略意图实施进度及执行结果分析	战略运营中心	对战略机会点和战略意图、战略举措等长期任务的阶段性执行结果进行总结	1.关注长期任务的阶段性分解任务，评估任务分解的综合评估及任务执行评估，出具评估报告，及时对各部门的业务开展战略纠偏 2.重点关注投融资业务及研发开发任务的进展及实施结果，关注新业务推进情况，结合财务数据评价产出	年度经营计划、战略规划报告等	战略举措分析报告	每年10月
		战略修订点提炼	战略运营中心	根据战略执行结果，对战略意图、战略举措、战略目标等提出修订意见	根据战略分解及执行结果，修正提炼新的战略机会点，修正战略意图、战略举措、战略目标等	经营分析报告、财务分析报告等	战略调整方案	每年10—11月

第五章 组织发展力——确保战略落地的载体

一个组织的成功，仅有好的战略或方向还远远不够，还需要强大的组织能力来支撑。因此要想让企业战略顺利落地，在制定发展战略的时候，就要同时考虑组织能力能否支撑其实现。因为战略决定组织，组织决定效率。

一、组织的功能与价值

（一）组织的功能与价值

组织是企业领导者综合力量的延伸（企业组织力包括人的体力、脑力，组织的资金力、品牌力等），是为实现一定目标而存在的，由个体人群通过组织制度凝聚构成。

组织的价值在于，能增强团体的能量，实现个体人和群体无法达成的目标。

（二）组织设计

组织设计是组织目标和战略制定的延伸，要经历一个动态、持续改进与优化的过程。具体来说，管理者要对构成组织的各要素进行排列、组合，明确管理层次，分清各部门、各岗位之间的职责和相互协作关系，并使其在实现组织战略目标的过程中，获得最佳的工作业绩。

组织设计在整个企业管理中的逻辑关系如图5-1所示。因此，组织设计不能只考虑组织结构，还要着眼于组织各维度，包括外部环境、使命、战略、领导力、文化、架构、信息和奖励系统，以及工作规章和制度等之间的一致性。

1.战略导向原则是组织设计的核心

以公司战略导向决定组织结构和功能的设置，而组织设计应保证战略的有效实施。

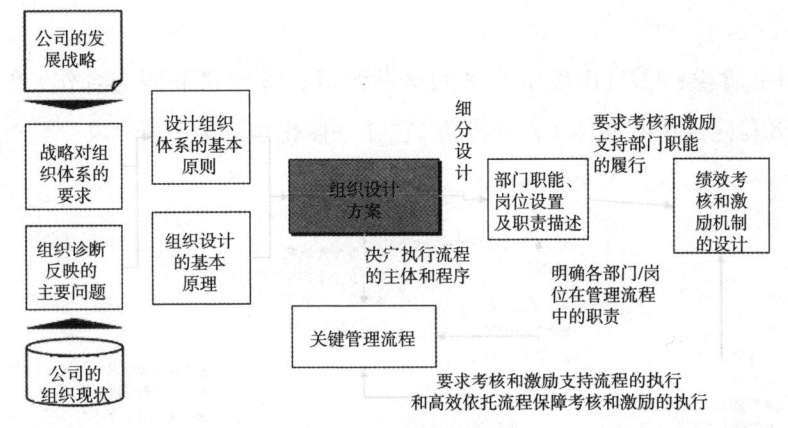

图5-1 组织设计方案

（1）管理明确原则。避免多 、指挥、无人负责现象。

（2）客户导向原则。公司应以统一的形象面对客户，并满足客户需要。

（3）有效管理幅度原则。要将直接下属人数控制在合理的范围内。

（4）责权利对等原则。每一管理层次、部门、岗位的责任、权力和激励都要对应。

（5）灵活性原则。对外部环境的变化，能够作出及时、充分的反应。

（6）精简高效原则。在保证完成公司任务的前提下，精简机构，精干人员，提高管理效率。

（7）执行和监督分设原则。保证约束和控制功能的实现。

（8）分工与协作原则。兼顾专业管理的效率和公司目标任务的统一性。

2.以提升组织效能为目的的设计原则

（1）快速反应、客户导向。

（2）做好风险控制。

（3）制定内部竞争机制。

（4）资源统合、规模经济效应。

3.组织形态进化

（1）进化方式和阶段。

两种方式：①产业价值链向下游不断延伸；②产业之间不断交叉与融合。

四个阶段：①自由经济发展到垄断经济；②经济联盟与合作（产业集群）；③稳定经济共同体（产业群落）；④一体化经济生态圈形成。

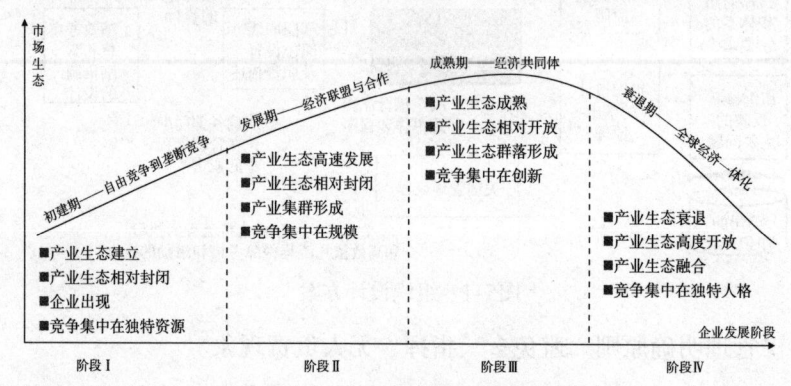

图5-2 组织形态进化的四个阶段

伴随着市场生态发展，企业出现四种不同组织形态特征，形成企业进化轨迹。

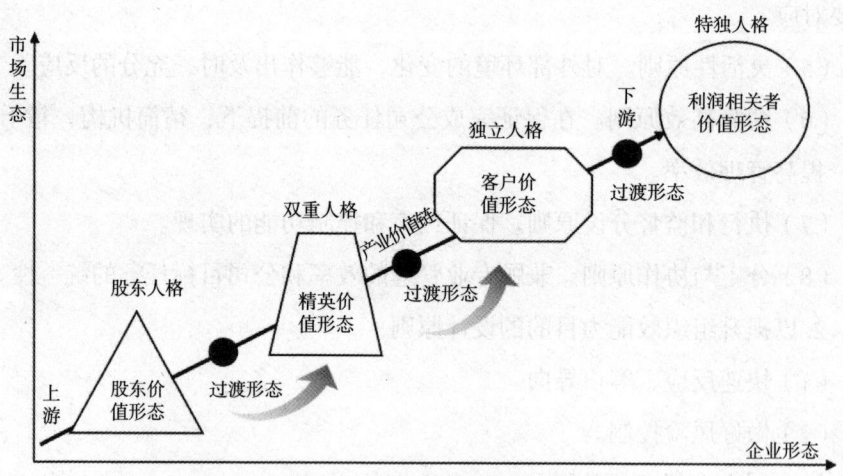

图5-3 企业形态进化规律

（2）从企业发展瓶颈看组织进化演变。所谓"瓶颈"就是战略方向清晰且明确，但难以实现。"瓶颈"不是单一危机构成的，而是双重危机"接力"式构成的。在中国经济转型之际，中国企业将普遍遇到发展"瓶颈"，多数人也将遇到职业"瓶颈",正是这种普遍性才导致经济需要"转型"。而要想突破发展"瓶颈",就要主动"变形"。

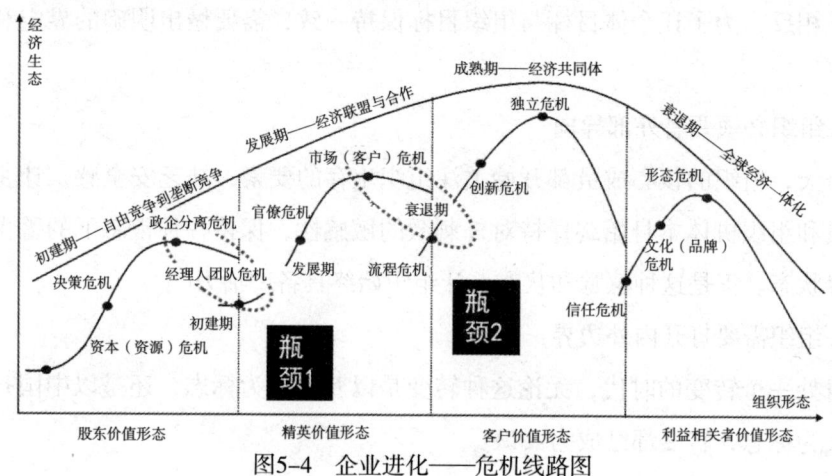

图5-4 企业进化——危机线路图

(3)用"变形"来突破企业发展"瓶颈"。

目前,在中国市场生态中,企业正在经历"变形"。

瓶颈1:

国企:政企分离危机——经理人团队危机(精英危机)

民企:传承危机——经理人团队危机(精英危机)

从本质上看,国企、民企发展"瓶颈"特征一致。

瓶颈2:

市场(客户)危机——流程危机,正向客户价值形态转变。

企业并不是真的缺少市场(客户),而是市场(客户)相对过剩,原因在于企业没有能力满足客户需求。要想通过"变形"突破企业发展"瓶颈",关键在于企业能否建立流程型组织结构,把客户与创新团队连接起来。

二、VUCA时代组织发展新内涵

(一)组织发展的新内涵

1. 个体与组织的共生关系

当今时代,需要重新理解个人与组织的关系,无论是对个体还是对组织来说，这种全新的界定都会带来巨大的挑战和压力。个体不能忽视组织，并需要对组织目标给予承诺；组织不能忽略个体，不能简单地要求个体服从组织，相反，为了让个体目标与组织目标保持一致，需要做出明确的界定和设计。

2. 组织必须要有外部导向

今天，组织的核心成员都开始关注组织生存的要素，缺乏安全感，让主要成员和组织机体本身始终保持对外刺激的敏感性，保持一种常态下的警惕和临界状态。正是这种感觉和状态，让组织始终具备"活力"。

3. 组织需要打开内外边界

身处一个转变的时代，无论这种转变是以互联网为标志，还是以中国日益强大为标志，转变都已成为共识。

（二）VUCA 时代组织发展新方向

1. 共享

内外无边界，资源分享与整合、信任。

2. 高效协同

突破深井思维，专注解决用户问题。

3. 自组织

蜂巢思维，团队专而精，跨部门、跨资源合作无障碍。

4. 敏捷

对环境感知敏锐客观，并能快速适应变化。

5. 赋能

承认个体价值崛起，整合内外部资源赋人以能，互相成就。

（三）VUCA 时代组织发展新内涵

VUCA 时代，组织发展被赋予了新的内涵。

1. 平台属性

信息共享、共生共赢。

2. 开放性

动态组合、价值网络构建。

3. 幸福感

资源支持、主人翁感觉。

4. 协同性

流程重组、目标承诺。

三、组织能力提升是组织持续发展的原动力

组织能力是实现企业战略的底层保障与企业发展的原动力。

1. 战略——紧扣客户的脉搏

美国著名管理专家阿尔弗雷德·钱德勒教授对通用汽车公司、杜邦公司等美国70家大型公司的发展历史进行了研究之后，得出一个著名的结论：组织结构服从于战略。德鲁克认为，结构是实现某一机构的各种目标的一种手段，为了确保效率和合理性，必须使组织结构与战略相适应，即战略决定结构。

战略就是对"我们的业务是什么、应该是什么和将来会是什么"这些问题的解答，它决定着组织结构的宗旨，决定着在某一企业或服务机构中哪些是最关键的活动。有效的组织结构，可以使这些关键活动能够正常工作并取得杰出绩效。因此，有关组织结构的任何工作，都必须从目标和战略出发。

战略就像下围棋。当年乔布斯重返苹果公司时，就充分地意识到了组织结构的重要性，所以，他主抓的工作就是将组织架构打造成扁平式、小团队、直接沟通，以便将所有关注的焦点都集中在产品上。

移动互联网时代，企业要想持续成功，必须比竞争对手更快地找到战略方向并执行。比如：企业战略需要差异化，通过特殊的定位和围绕定位开展的行动；企业战略定位要有连续性，符合定位的业务就做，不符合的就不做，有所为和有所不为。面对众多竞争对手，企业必须找到一种方式令自己

与众不同，这是成功的定位策略的基础。

2.结构——最优结构模式设计

（1）设计组织结构时，需要考虑以下几个关键因素指标。

①公司管理模式。选择适合企业规模和文化的管理模式。

②法人治理结构。建立有效的制衡机制，保障企业的稳健运营。

③功能定位。明确集团总部和各分支机构的功能，优化资源配置。

④责权体系。清晰划分各部门的责任和权力，避免职责重叠和管理混乱。

⑤核心管理流程。识别并优化企业中最核心的管理流程，提高决策效率。

⑥整合机制。强化部门间及分支机构间的协同工作，提升整体执行力。

（2）组织设计中还有一些权变因素。影响组织设计的权变因素包括以下几个。

①战略。战略决定组织结构的形式，组织结构传承战略意图。

②环境。组织应根据内外部环境的变化，灵活调整其结构。

③技术。技术的发展影响生产方式和组织结构的设计。

④规模和生命周期。不同规模和生命周期阶段的企业需要不同的组织结构。

⑤文化。企业文化对组织结构的设计和员工行为有深远影响。

当然，组织设计中最关键的核心点是战略，组织一定是围绕战略目标达成而设计的，因此，战略决定结构的形式，结构传承战略的实现。组织结构是企业实施战略的一个重要工具，好的企业战略需要通过与其相适应的组织结构去完成。组织结构是战略的支撑，而战略决定了组织结构，为组织结构设置提供了依据；公司确定发展战略后，就会有相应的各种业务组合来实现这个战略，而这些业务组合的实施则需要相应的组织结构作支撑。

3. 组织能力——持续高效

组织能力指的是团队发挥的整体战斗力，是团队（或组织）竞争力的DNA，是团队在某些方面能够明显超越竞争对手、为客户创造价值的能力。如何才能打造很强的组织能力呢？这里共需要三大支柱来支撑。

（1）员工能力。公司全体员工包括中高层管理团队，都要具备能够实施企业战略、打造所需组织能力的知识、技能和素质。它解决的是员工会不会的问题。

（2）员工思维模式。员工会做不等于愿意做。因此，打造或重构员工的思维模式，让大家每天所思所想、追求的、重视的事情都与公司价值观匹配，与所需组织能力匹配，与核心目标和愿景匹配。它解决的是员工愿不愿意的问题。

（3）员工治理方式。员工具备所需能力和思维模式后，公司必须提供有效的管理支持和资源，容许这些人才充分施展所长，执行公司战略。其中包括组织架构设计、授权与资源提供、制度流程控制、沟通渠道及氛围等。它解决的是组织容不容易让员工充分发挥的问题。

同时，三大支柱还要符合以下两大原则。

（1）平衡原则。三大支柱应该都强，如果其中一项很差，将会对结果造成很大影响。

（2）匹配原则。三大支柱的重点都必须与所需组织能力协调一致。如果不重视组织能力的建设，一旦出现问题，会给企业造成致命的伤害。

四、价值链分析帮助企业梳理核心竞争力和组织职责

（一）价值链的基本概念

哈佛大学教授迈克尔·波特于1985年提出"价值链"的概念，他认为，每一个企业都是在设计、生产、销售、发送和辅助其产品的过程中进行种种活动的集合体，所有这些活动可以用一个价值链来表明。

企业的价值创造是通过一系列活动构成的，这些活动可分为基本活动和支持性活动。基本活动是涉及产品的物质创造及其销售、转移买方和售后服务的各种活动，如企业的生产、销售、进料后勤、发货后勤、售后服务等。支持性活动是辅助基本活动，并通过提供采购投入、技术、人力资源以及各种公司范围的职能支持基本活动，如企业的人力资源、财务、计划、研究与开发、采购等。基本活动和支持性活动构成了企业的价值链。

（二）价值链的价值

价值链描绘了企业为客户、股东、职员等利益相关方创造价值所进行的一系列经济活动。流程的存在价值就是为业务服务。以下是几家公司的价值链示意图。

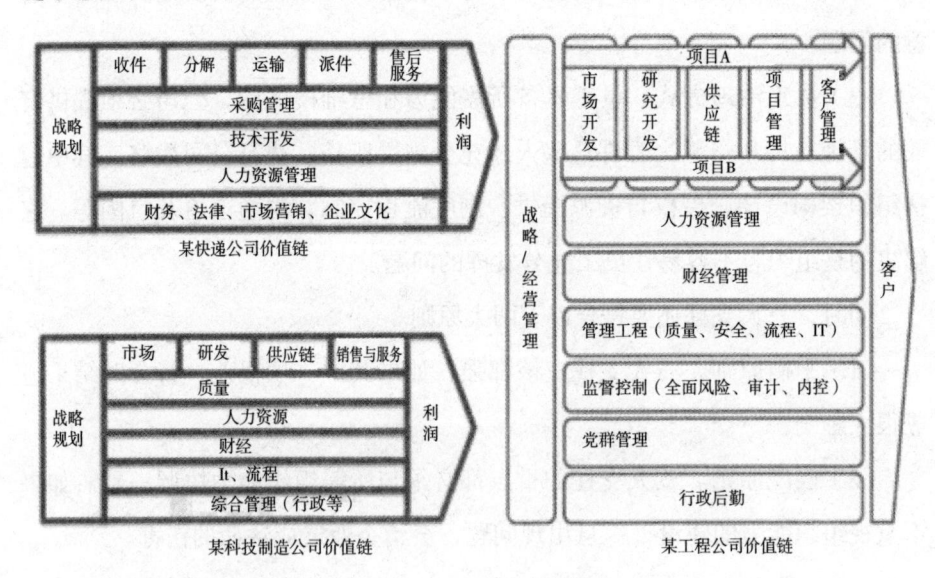

图5-5　公司价值链案例图示

（三）价值链分析有助于企业梳理核心竞争力和组织职责

1.确定企业核心竞争力

不是每个价值链的环节都能真正创造价值，能真正创造价值的环节被称为"战略环节"。

（1）企业要保持竞争优势，实际上就是企业在价值链某些特定的战略环节上保持优势。

（2）运用价值链的分析方法来确定核心竞争力和战略环节，企业要密切关注和培养在关键环节上获得重要的核心竞争力，以形成和巩固企业在行业内的竞争优势。

2. 确定组织的职责

每个业务活动、业务架构与业务功能都需以组织名义完成，各级组织的职责都需围绕价值链中的业务活动、业务架构、业务功能来确定。

3. 确定业务分析的方法

业务功能是流程的集合，组织是权力资源的集合。

业务分析的原则：相互独立，完全穷尽。

4. 价值的层层传递可以梳理组织的业务功能

（1）业务分析的颗粒度。

①合理划分价值链活动。要结合公司管理基础与管理者重点进行，过于笼统，就难以发觉竞争优势的根源；过于细致，又会因为琐碎的枝节扰乱战略重点。

②分解出对组织价值最有贡献的业务。比如，直接影响业务目标与客户满意度的业务，占营收及成本比重较大的业务，其他需要上级关注的业务，现在各部门职责不清的业务，需要持续改善的业务。

（2）业务分解的维度。主要包括人力资源规划、招聘甄选、培训培养、绩效管理、薪酬管理等。

按照场景分解就是社会招聘、校园招聘和内部招聘。

按照时间分解就是"发现招聘需求—制订招聘计划—实施招聘—进行入职管理—开展胜任力分析"。

示例：某公司业务架构设计

1. 人力资源管理

人力资源管理体系建设规划见表 5-1 所示。

表 5-1 人力战略

招聘配置	培训	绩效	薪酬福利
需求收集、需求分析、招聘计划、招聘实施、效果评估、渠道管理、员工异动管理	（需求收集、需求分析、培训计划、培训实施、效果评估、培训资源管理、培训费）	组织绩效、员工绩效、绩效体系管理、绩效指标管理、绩效管理辅导、绩效数据收集与分析、绩效结果应用	薪酬制度、薪酬标准、定薪管理、薪酬调整、薪酬核算发放、人工成本分析、薪酬调查、五险一金、公司福利

人事管理
劳动合同、人事档案、入离职、证件、考勤、人事报表

企业文化
价值观提炼和宣导、宣传渠道管理、员工活动

员工关系
员工访谈、员工满意度、员工健康管理、劳资纠纷处理

职位管理
职位分类分级、职位分析、职位评估、任职资格、职业生涯规划

组织管理
组织设计、组织调整、权责管理、定岗定编

核心人才管理
分类分级、人才认证、人才绩效、人才培训、职位任免、素质模型、资源池建设

公司大学
课程管理、师资管理、教学计划、教学活动组织、教学效果评估、预算管理

人力资源管理业务架构及功能匹配见表 5-2 所示。

表 5-2 人力资源管理业务架构及功能匹配

0级	1级	2级	匹配职能部门
人力资源管理	人才战略	人力资源管理体系规划	人力资源中心
		人力资源规划	
	招聘配置	需求收集	
		需求分析	
		招聘计划	
		招聘实施	
		效果评估	
		渠道管理	
		员工异动管理	
	培训	需求收集	
		需求分析	
		培训计划	
		培训实施	
		效果评估	
		培训资源管理	
		培训费用管理	
	绩效	组织绩效	人力资源中心 各部门
		员工绩效	
		绩效体系管理	
		绩效指标管理	
		绩效管理辅导	
		绩效数据收集与分析	
		绩效结果应用	
	薪酬福利	薪酬制度	人力资源中心
		薪酬标准	
		定薪管理	
		薪酬调整	

125

续表

0级	1级	2级	匹配职能部门
人力资源管理	薪酬福利	薪酬核算发放	人力资源中心
		薪酬调查	
		五险一金	
		公司福利	
	人事管理	劳动合同	
		人事档案	
		入离职	
		证件	
		考勤	
		人事报表	
	企业文化	价值观提炼和宣导	
		宣传渠道管理	
		员工活动	
	员工关系	员工访谈	
		员工满意度	
		员工健康管理	
		劳资纠纷处理	
	职位管理	职位分类分级	
		职位分析	
		职位评估	
		任职资格	
		职业生涯规划	
	组织管理	组织设计	
		组织调整	
		权责管理	
		定岗定编	
	核心人才管理	分类分级	
		人才认证	
		人才绩效	
		人才培训	
		职位任免	
		素质模型	
		资源池建设	

续表

0级	1级	2级	匹配职能部门
人力资源管理	企业大学	课程管理	人力资源中心
		师资管理	
		教学计划	
		教学活动组织	
		教学效果评估	
		预算管理	

2. 研发与设计

技术战略见表5-3所示。

表5-3 技术战略

技术战略 目标 策略 路线图 行动计划 任务书开发	技术与平台开发 概念产生 计划承诺 开发和验证 发布	产品/服务/准解决方案开发 概念产生 计划承诺 开发和验证发布	设计 需求分析 方案设计 产品出样 客户确认 工艺产品	生命周期管理 停止销售 停止生产 停止服务和支持
	实验室管理 设备、仪器、人员、制度			
	数据管理 案例库、技术标准、研发文档、研发数据、物料清单(BOM)			
	专利管理 申请、维护、授权、交易、废止			
	技术支持与交流 供应商、客户、友商、政府、院校、协会			

研发与设计业务架构及功能匹配见表5-4所示。

表5-4 研发与设计业务架构及功能匹配

0级	1级	2级	匹配职能部门
研发与设计	技术战略	目标	研究院
		策略	
		路线图	
		行动计划	
		任务书	

续表

0级	1级	2级	匹配职能部门
研发与设计	技术与平台开发	概念产生	研究院 印刷技术中心 包装技术中心
		计划承诺	
		开发和验证	
		发布	
	产品/服务/解决方案开发	概念产生	
		计划承诺	
		开发和验证	
		发布	
研发与设计	设计	需求分析	设计中心
		方案设计	
		产品出样	
		客户确认	
		工艺标准	
	产品生命周期管理	停止销售	研究院 印刷技术中心 包装技术中心
		停止生产	
		停止服务和支持	
	实验室管理	设备	
		仪器	
		人员	
		制度	
研发与设计	数据管理	案例库	
		技术标准	
		研发文档	
		研发数据	
		物料清单（BOM）	
	专利管理	申请	研究院
		维护	
		授权	
		交易	
		废止	

续表

0级	1级	2级	匹配职能部门
研发与设计	技术支持与交流	供应商 客户 友商 政府 院校 协会	研究院 印刷技术中心 包装技术中心

3. 客户关系管理

客户关系管理见表5-5所示。

表5-5 客户关系管理策略

	营销活动管理 营销活动计划 营销活动执行 营销活动控制与分析	线索管理 线索产生 线索验证 线索分发 线索孵化	机会点管理 机会点产生 机会点验证 立项 项目运作	合同管理 合同谈判 合同评审 合同执行 回款与关闭合同
客户关系管理策略 目标策略计划	客户关系管理 客户分类分级、大客户管理、客户信息管理、客户信用管理			
	客户满意度管理 问题创建及分级、问题处理、问题解决、客户满意度调查			
	销售管理 目标管理、计划管理、销售过程监督、销售数据管理、销售业绩评估			

客户关系管理业务架构及功能匹配见表5-6所示。

表5-6 客户关系管理业务架构及功能匹配

0级	1级	2级	匹配职能部门
客户关系管理	客户关系管理策略	目标	BG/区域
		策略	
		计划	
	营销活动管理	营销活动计划	战略与市场部
		营销活动执行	BG/区域
		营销活动控制与分析	战略与市场部

129

续表

0级	1级	2级	匹配职能部门
客户关系管理	线索管理	线索产生	BG/各区域
		线索验证	
		线索分发	
		线索孵化	
	机会点管理	机会点产生	
		机会点验证	
		立项	
		项目运作	
	合同管理	合同谈判	
		合同评审	
		合同签署	
		合同执行	
		回款与关闭合同	
	客户关系管理	客户分类分级	销售管理部
		大客户管理	BG
		客户信息管理	BG/各区域
		客户信用管理	
	客户满意度管理	问题创建及分级	
		问题处理	
		问题解决	
		客户满意度调查	
	销售管理	目标管理	销售管理部
		计划管理	
		销售过程监督	
		销售数据管理	
		销售业绩评估	

4. 供应链

供应链战略见表 5-7 所示。

表 5-7　供应链战略

供应链战略 目标 策略 行动计划	计划与调度			
	需求预测、制订S&OP计划、制订主生产计划、制订分配计划、制订采购计划、制订出货计划、计划执行跟踪、生产异常处理、管理供应链数据、管理供应链绩效			
	采购	制版	生产	物流
	供应商管理 采购执行	排版 出样 校对 制版	生产准备 印刷生产 印后装配 异常处理 数据报表	原材料仓储 原材料配送 成品仓储 成品配送 船务报关
	工艺管理			
	工艺标准制定、新工艺导入、现场工艺指导、现场工艺检查			
	设备管理			
	设备规划、申请、采购、维修、保养、报废、技改、备件、台账、动力管理、工装与自动化、IE工程			
	质量管理			
	质量规划、质量体系管理、质量日常管理、质量问题处理与跟踪、质量数据管理、质量成本管理、质量提升管理、客户投诉管理			
	环境、健康与安全管理			
	环保管理、职业健康管理、安全生产管理、保密管理、体系管理、监督考核、宣传教育			
	外发管理			
	供应商管理、外发评审、生产监督、产品验收、结算			
	退货管理			
	退货评审、执行退货、接收与处理退货物料			

供应链业务架构及功能匹配见表 5-8 所示。

表 5-8　供应链业务架构及功能匹配

0级	1级	2级	匹配职能部门
供应链	供应链战略	目标	生产运营部
		策略	
		计划	

131

0级	1级	2级	匹配职能部门
供应链	计划与调度	需求预测	各区域交付管理部
		制订S&OP计划	
		制订主生产计划	
		制订分配计划	
		制订采购计划	
		制订出货计划	
		计划执行跟踪	
		生产异常处理	
		管理供应链数据	生产运营部
		管理供应链绩效	
	采购	供应商管理	采购管理部
		采购执行	
	制版	排版	各事业处
		出样	
		校对	
		制版	
	生产	生产准备	各事业处
		印刷生产	
		印后装配	
		异常处理	
		数据报表	
	物流	原材料仓储	
		原材料配送	
		成品仓储	
		成品配送	
		船务报关	
	工艺管理	工艺标准制定	设计中心
		新工艺导入	
		现场工艺指导	
		现场工艺检查	各事业处

续表

0级	1级	2级	匹配职能部门
供应链	设备管理	设备规划	生产技术部
		申请	各事业处
		采购	生产技术部
		维修	各事业处
		保养	
	环境、健康与安全管理	环保管理	生产运营部
		职业健康管理	
		安全生产管理	
		保密管理	
		体系管理	
		监督考核	
		宣传教育	
	外发管理	供应商管理	各事业处
		外发评审	
		生产监督	
		产品验收	
		结算	
	退货管理	退货评审	各BG
		执行退货	各事业处
		接收与处理退货物料	

5. 财务管理

资本战略见表5-9所示。

表5-9 资本战略

资本战略目标策略计划	财务预算
	制定预算目标、编制预算、执行预算、调整、监督、评估分析
	会计核算
	原始凭证审核、会计凭证处理审核、账务处理、财务报表编制
	税务管理
	税务筹划、纳税核算、税款缴纳、发票管理、税务审计
	应收款管理
	应收款余额、货款回收率、账龄分析、坏账分析

续表

资本战略目标策略计划	资金管理	资金筹划、资金调度、资金结算、银行存款管理、现金管理、票据管理
	成本管理	成本分类、成本统计分析、订单毛利分析、成本费用、报表编制
	财务分析	经营指标分析、现金流分析、总账分析、客户资信分析
	资产管理	固定资产管理、存货管理、流动资产
	投融资管理	经营性投资、财务投资、融资渠道、资本结构、融资成本、证券事务
	审计管理	内审、外审、离任审计、专项审计

财务管理业务架构及功能匹配见表 5-10 所示。

表 5-10 业务架构及功能匹配

0级	1级	2级	匹配职能部门
财务管理	资本战略	目标	财务中心
		策略	
		计划	
	财务预算	制定预算目标	
		编制预算	
		执行预算	
		调整	
		监督	
		评估分析	
	会计核算	原始凭证审核	
		会计凭证处理审核	
		财务处理	
		财务报表编制	
	税务管理	税务筹划	
		纳税核算	
		税款缴纳	
		发票管理	
		税务审计	

续表

0级	1级	2级	匹配职能部门
财务管理	应收款管理	应收款余额	财务中心
		货款回收率	
		账龄分析	
		坏账分析	
	资金管理	资金筹划	
		资金调度	
		资金结算	
		银行存款管理	
		现金管理	
		票据管理	
	成本管理	成本分类	
		成本统计分析	
		订单毛利分析	
		成本费用	
		报表编制	
	财务分析	经营指标分析	
		现金流分析	
		总账分析	
		客户资信分析	
	资产管理	固定资产管理	
		存货管理	
		流动资产	
	投融资管理	经营性投资	总裁办
		财务投资	财务中心
		融资渠道	
		资本结构	
		融资成本	
		证券事务	董秘办
	审计	内审	审计中心
		外审	
		离任审计	
		专项审计	

135

6. 综合管理

综合管理规划见表 5-11 所示。

表 5-11　综合管理规划表

综合管理规划 目标 策略 计划	制度管理 制定、执行、监督、修订
	会议管理 会议室管理、会场布置、会议服务（资料、纪要）
	印章管理 印章申请、印章使用、印章保管、废纸回收
	公文管理 公文分类分级、公文起草、审核、收发、流转、存档
	证件管理 证件申请、证件使用、证件保管、年审
	接待管理 接待分类分级、接待准备、接待实施、费用核算
	办公用品管理 申请、计划、采购、入库、发放、盘点、报废
	公共关系管理 政策收集分析、政府关系维护
	行政车辆管理 车辆购置、车辆调度、费用核算、车辆维修、车辆报废
	后勤管理 食堂管理、宿舍管理、物业管理、基建管理
	法务管理 一般法律事务、合同法律事务、诉讼与非诉讼
	治安管理 出入管理、厂区巡视、监控管理、消防管理、突发事故处理

综合管理业务架构及功能匹配见表 5-12 所示。

表 5-12　综合管理业务架构及功能匹配

0级	1级	2级	匹配职能部门
综合管理	综合管理规划	目标	总裁办
		策略	
		计划	
	制度管理	制定	
		执行	
		监督	
		修订	

续表

0级	1级	2级	匹配职能部门
综合管理	会议管理	会议室管理	总裁办
		会场布置	
		会议服务（资料、纪要）	
	印章管理	印章申请	
		印章使用	
		印章保管	
		废纸回收	
	公文管理	公文分类分级	
		公文起草	
		审核	
		收发	
		流转	
		存档	
	证件管理	证件申请	
		证件使用	
		证件保管	
		年审	
	接待管理	接待分类分级	
		接待准备	
		接待实施	
		费用核算	
	办公用品管理	申请	
		计划	
		采购	
		入库	
		发放	
		盘点	
		报废	
	公共关系管理	政策收集分析	
		政府关系维护	
	行政车辆管理	车辆购置	
		车辆调度	
		费用核算	
		车辆维修	
		车辆报废	

五、关键业务职能与岗位映射

（一）组织—职位—映射的框架

组织—职位—映射的框架如图 5-6 所示。

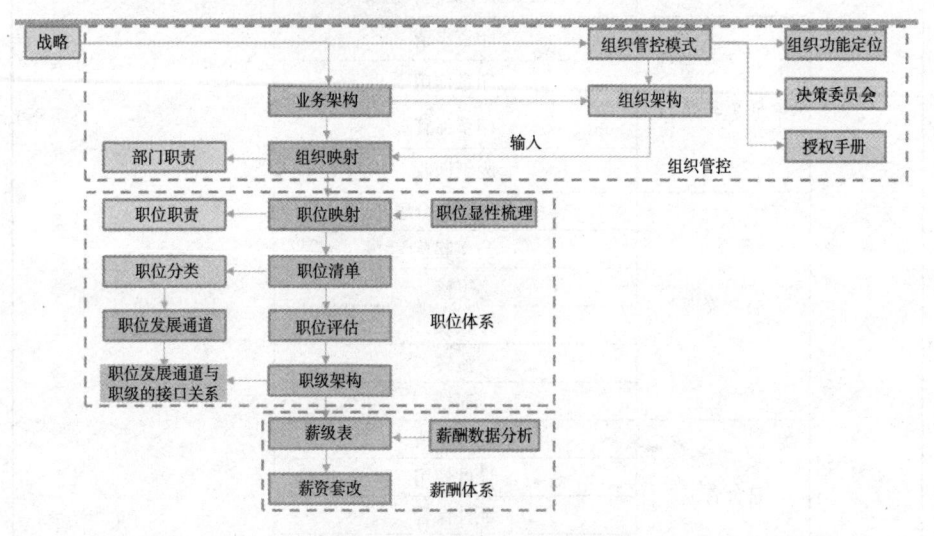

图5-6 组织—职位—映射的框架

（二）业务架构梳理

业务架构梳理见表 5-13 所示。

表 5-13 业务构架梳理

1级	2级	3级	4级	现状评估	现负责部门	对未来的重要性
战略发展	战略规划	市场洞察	宏观环境分析	不足	战略发展部、BU（Business Unit，一个独立的业务单元）	重要
			产业研究分析	不足	总裁办、技术线	重要
			业务与市场信息研究分析	较好	战略发展部、BU	重要
			竞争对手和竞品研究分析	较好	战略发展部、BU	重要
			大客户研究分析	较好	BU	重要

续表

1级	2级	3级	4级	现状评估	现负责部门	对未来的重要性
战略发展	战略规划	投资规划——制造端	投资项目的调研	不足	总裁办、采购、战略、安全、环保	非常重要
			投资项目的确定	不足	总裁办、采购、战略、安全、环保	非常重要
			投资项目的实施	不足	项目组、工艺技术部、工程技术部、环保技术部	非常重要
			投后管理	不足	项目组、安全部、环保部	非常重要
		投资规划——市场端	投资项目的调研	不足	BU、战略、财务	非常重要
			投资项目的确定	不足	BU、战略、财务	非常重要
			投资项目的实施	不足	BU、战略	非常重要
			投后管理	不足	BU、战略、财务	非常重要
		战略方向和战略目标		不足	无	非常重要
		业务战略		不足	无	重要
		职能战略		缺失	无	重要
	战略展开	年度经营计划		较好	无	重要
		年度预算		较好	财务部	普通
		战略实施目标分解及宣贯		较好	无	重要

续表

1级	2级	3级	4级	现状评估	现负责部门	对未来的重要性
战略发展	战略执行与监控	组织绩效计划		较好	人力资源部	重要
		绩效执行与跟踪		较好	人力资源部	重要
		绩效评估		较好	人力资源部	重要
	战略评估与调整	外部环境变化及影响		不足	无	重要
		战略目标完成情况评估		不足	无	重要
		战略调整		不足	无	重要
	战略组织管理	战略委员会		不足	无	辅助
		战略会议		不足	无	辅助
	战略信息管理	市场情报数据管理		不足	战略发展部、BU、总工办	重要
		报告、会议等管理		不足	无	辅助

名词解析：

1级：指组织价值链中支撑战略的业务活动。

2级：指支撑业务活动的核心业务框架。

3级：构成2级业务框架的核心功能/流程。

4级：实现3级业务关键领域的具体关键行动。

（三）组织映射

组织之间职责交叉常常存在一些情况，见表5-14所示。

表 5-14 组织映射

1级	2级	3级	4级	现状评估	负责部门	对未来的重要性	各部门	总裁办	总工办	市场线	工艺技术	工程技术	前剂技术	采购三部	采购四部战略发展	人力资源
战略规划		内部环境分析	业绩差距	不足	战略发展部	****				√					●	
			机会差距	不足	战略发展部	****				√					●	
		市场洞察	宏观环境分析	不足	战略发展部	****			√	√	√	√	√	√	●	
			竞争力分析	不足	战略发展部	****			√	√					●	
			行业分析	不足	战略发展部	****				√					●	
			竞争对手和竞品分析	不足	战略发展部	****				√					●	
			客户关链购买要素分析	不足	战略发展部	****				√					●	
		战略意图	战略方向和目标	缺失	战略发展部	****				√					●	
		创新焦点	业务组合	缺失	战略发展部	****				√						
			创新焦点	缺失	战略发展部					√						
		业务设计	客户选择、价值主张与获取等	缺失	战略发展部	****				√						
		业务战略		不足	BU	****				●					√	
		职能战略		缺失	战略发展部牵头,各部门主导	****	●								O	
战略发展	战略展开	年度经营计划——公司层面		较好	战略发展部	****		√							●	
		年度工作计划——各部门		较好	战略发展部牵头,各部门主导	****	●								O	
		年度预算	跟财经板块重复	较好	财务部牵头,各部门主导	****	●									
	战略执行与监控	组织绩效计划		较好	人力资源部	****										●
		绩效执行与跟踪		较好	总裁办	****	●									
		经营计划的审视		不足	战略发展部	****									●	
	战略评估与调整	外部环境变化及影响		不足	战略发展部	****									●	
		战略目标完成情况评估		不足	战略发展部	****									●	
		战略调整		不足	战略发展部	****									●	
	战略组织管理	战略委员会战略会议战略发布与宣贯		不足	战略发展部战略发展部战略发展部	**********									●●●	
	战略信息管理	市场情报数据管理经营数据管理		不足不足	战略发展部总裁办	********	●								●√	
		组织绩效数据管理		不足	人力资源部	****	√									●

（四）职能边界与关键流程节点厘定

核心功能/流程与职能边界矩阵见表 5-15 所示。

表 5-15 核心功能/流程与职能边界矩阵

1级业务活动	2级业务框架	3级核心功能/业务流程	4级关键活动任务	现状评估（不足、缺失、有效）	对未来的重要性	事业部	市场管理部	产品管理部	销售管理部
市场活动	营销策划	营销策略制定	销售目标及里程碑制定	有效	五星	©	★	©	©
			目标分级和行动计划制订	有效	五星	©	★	©	©
			销售政策配套	不足	五星	©	★	©	©
		公司层面推广会议策划	确定会议推广主题、目标	不足	四星	©	★	©	
			会议预算	有效	四星		★		☆
			会议实施与评估	有效	四星	©	★		
		核心产品推广计划	需求收集与竞争分析	不足	四星	©	★		
			产品细分市场容量及定位、目标确定	有效	四星	©	★		
			制定产品推广策略（目标客户、价格体系）	不足	五星	©	★	©	☆
			推广活动	有效	三星	©	★	©	
		短视频运营		有效	三星	©	★	©	

1. 组织之间职责交叉常存在的情况

主导、主责：★

监管、指导：☆

参与、反馈、建议、数据信息来源：©

2. 现状评估

不足：只有粗浅框架或者指导意见，或者部分实操。

有效：指该项活动存在且有效运行。

缺失：指该项活动不存在，或者没有开展，或没有任何规则。

重要性评估：一星至五星。

三星以下：指虽然支撑战略但相对简单、常规任务与行动。

三星：相对重要，需要有基本指导办法、行动准则及基本信息流程。

四星：重要，必须有业务开展的流程，对3级核心功能实现影响较大。

五星：极为重要，需要完整的业务流程与支撑制度。

3. 关于组织映射几个关键点的理解

（1）组织映射核心不是解决分工问题，而是聚焦某功能组织应发挥核心价值活动的过程。

（2）主导主责即"重要负责"，即组织负责此业务活动将产生重要价值，一般为该部门上下游业务链条，仅提供信息、被知会、协助等不属于负责。

对于通用职责无须映射，公司统一制定职责标准，如部门人力资源管理、档案数据管理、预算管理、风控管理等。

（五）职位映射

职位映射见表5-16所示。

表5-16 职位映射

1级	2级	3级	4级	市场线			
^	^	^	^	登记部			
^	^	^	^	部门角色	登记经理	登记	登记资料经理	登记资料
战略发展	战略规划	市场洞察	宏观环境分析	参与	参与	参与		
^	^	^	竞争力分析	^	^	^		
^	^	^	行业分析	^	^	^		

续表

1级	2级	3级	4级	市场线			
				登记部				
				部门角色	登记经理	登记	登记资料经理	登记资料
市场营销	市场营销战略	登记国家布局		参与	参与	参与	参与	参与
		登记产品布局						
	登记	登记计划	登记计划确定	主导	主导	主导	主导	主导
			登记规划方案					
		登记准备	GLP报告的获取	主导	主导	主导	主导	主导
			产品操作方案制定和实施					
			登记样品的准备					
			登记资料和当地实验报告获取					
			登记的提交、跟进和反馈					
			登记获证					
			登记证维护					
		登记商业化支持	登记证变更及拓展的实施	主导		主导		
			支持客户登记洽谈及达成	参与		参与		
			支持客户登记实施	主导		主导		
	公司注册和维护	公司注册和维护		主导	主导	主导		
		财务管理						
		境外员工管理		参与		参与		
	品牌管理	商标管理		参与		参与		

续表

1级	2级	3级	4级	市场线 登记部			
				部门角色	登记经理	登记	登记资料经理	登记资料
研究开发	研究开发规划	中长期制度规划		参与	参与	参与	参与	参与
		年度制度规划						
	配方开发	产品调研						
	技术支持	样品和杂质提纯					参与	参与
	知识产权管理	布局和规划					参与	

1. 名词解析

部门角色：判断重点战略事项在职能上的映射与反映。

参与：对于映射重点业务有一定的支撑作用，创造一定价值。

主导：对于映射重点业务承接主要责任，为主要承接岗位，创造核心价值。

2. 关于职位映射几个关键点的理解

职位映射直接以前期定稿的第三级业务活动为准进行映射（如保留第四级的则映射第四级）。

围绕职位核心价值活动，尤其主导项，一定要产生核心价值才映射（同组织映射原则）。

部门正职管理岗一般与本部门组织映射中主导内容一样（无须再映射，部分不是完整负责人的单独映射）。

组织映射到部门应主导或参与的业务活动，原则上均应分解到下辖职位。

职位映射时需重点识别低价值职位（撤销或与其他职位合并）；无映射活动的，或所映射活动发挥价值较小的，或预计工作量不饱和的。

关于岗位类别划分、职位映射附表举例进行说明，见表5-17、表5-18所示。

附：

表5-17 A公司岗位类别划分

序号	岗位大类	职位类	对应岗位
1	管理组（M）	经营决策类	公司总经理、规划发展副总经理、采购副总经理、财务副总经理、劳保手套事业部总经理（兼内贸营销）总经理、事业部总经理
2		运营管理类	内贸部部长、外贸部部长、劳保手套生产部部长、设备部部长、能源与特种设备部部长、仓储物流部部长、采购部部长、人力资源总监、审计部部长、安环部部长、劳保技术硫化部部长、劳保工艺部部长、信息化部部长
3		执行管理类	行政部部长、人力资源部部长、车间主任、劳保品管部部长、事业部总经理助理、部长助理、质检主任、化验主任、配料主任、设备主任、上海办事处主任、内外贸大区经理、工业品渠道销售经理、内贸客服经理
4	营销组（S）	销售类	内贸流通渠道销售经理、工业品渠道区域经理、外贸销售经理、电商主管、电商专员
5		客服类	内贸客服、外贸跟单员、内贸市场监督员
6	技术组（T）	研发技术类	研发工程师
7		硫化技术类	硫化技术组长、硫化技术员、配料组长、配料班长、配料技术员
8		设备技术类	电工、维修工、PLC工程师、维修班长、电工班长、特种设备维保主任、特种设备管理员、特种设备维修工、叉车工、铲车工、锅炉工、一次性丁腈设备主任
9		信息技术类	信息化管理员、BOM数据管理员
10		工艺技术类	工艺员、劳保手套车间线长
11	专业组（P）	策划设计类	平面设计专员
12		人力资源类	招聘专员、绩效专员、综合人事专员
13		财务类	主管会计、往来会计、成本会计、固定资产会计、出纳、化工事业部会计

续表

序号	岗位大类	职位类	对应岗位
14	专业组（P）	行政类	分厂行政专员、战略发展部专员、创新专员
15		采购类	化工料采购员、手套芯采购员、五金工具采购员、成品采购员、包材采购员、采购顾问、采购内勤
16		体系/审计类	审计员、体系专员
17		质量管理类	质检班长、化验班长、质检员、化验员、成品采购质检组长
18		生产管理类	计划员、生产班长、生产带班长、保全班长、中车班长、包装班长、氯气班长
19		安全环保管理类	安全工程师、环保工程师、安全监督员、5S管理员
20	操作组（O）	生产支持类	仓库管理员、统计班长、统计员
21		后勤服务类	司机、保洁、宿舍管理员、综合维修、门卫
22		生产操作类	劳保手套生产部套脱工、拉毛工、印花工、包装工、配胶工、装箱工、分拣工；针织/口罩厂挡车工、包覆工、锁边工、翻烤工、包装工；一次性丁腈事业部保全工、中车工、包装工、封箱工、氯气工；化工事业部DMF操作工、PU树脂操作工、装卸队长、装卸工；一次性PVC保全工、中车工、包装工、封箱工

表 5-18 组织关键任务职位映射（XXX 部门）

2级业务架构	3级 核心功能/业务流程	4级关键任务描述	行政部/人事行政部（大区/工厂）				
			部门角色	行政经理	大区人力行政经理	职能模块经理	区域/城市经理	一线业务人员
文化建设	文化融入制度管理	培训赋能及制度宣贯	主导	主导	监督	参与	参与	执行
		文化建设总结评审						
		执行监督						
		常态化管理						

147

续表

2级业务架构	3级 核心功能/业务流程	4级关键任务描述	行政部/人事行政部（大区/工厂）					
^	^	^	部门角色	行政经理	大区人力行政经理	职能模块经理	区域/城市经理	一线业务人员
文化建设	文化荣誉认可（非物质激励）	建立制度	主导	主导	监督	参与	参与	执行
^	^	氛围营造	^	^	^	^	^	^
^	^	及时认可/荣誉表彰	^	^	^	^	^	^
^	^	文化传播（强化荣誉、比学赶帮超）	^	^	^	^	^	^
^	文化活动管理	文化融入活动的策划	^	^	^	^	^	^
^	^	评审	^	^	^	^	^	^
^	^	下发通知、组织活动 1.表彰活动/仪式感打造 2.日常文化活动（传统节日） 3.主题文化活动（认可日、双节、百日攻坚……）	^	^	^	^	^	^
^	^	策划活动宣传	^	^	^	^	^	^
^	^	满意度调研	^	^	^	^	^	^
^	^	活动复盘	^	^	^	^	^	^

续表

2级业务架构	3级 核心功能/业务流程	4级关键任务描述	行政部/人事行政部（大区/工厂）					
			部门角色	行政经理	大区人力行政经理	职能模块经理	区域/城市经理	一线业务人员
文化建设	新闻传播管理	制度建设	主导	主导	监督	参与	参与	执行
		通讯员团队建设						
		策划宣传						
		制作执行						
		建立文化传播渠道 1.内网（集团OA、通知通报栏、公众号） 2.外媒（外部企业公众号、楼宇、经销商）						

六、组织能力提升落地模型

（一）组织发展的内涵

组织发展能力并不是个人能力，而是一个团队所发挥的整体战斗力，是一个团队竞争力的DNA，是一个团队在某些方面能够明显超越竞争对手、为客户创造价值的能力。

组织发展具有以下三个特点：独特性，深植于组织内部，不依赖于个人，可持续性；为客户创造价值；超越竞争对手。

组织能力要坚实，三个支柱的打造必须符合两个原则：一是平衡；二是匹配。

（二）组织能力提升落地模型

帮助企业系统地建立和强化与组织能力匹配的员工能力，有系统地规划人才，确保战略的实施。

1. 能力厘定

这里，要重点解决这样几个问题：需要什么样的人才？需要多少人才？必须具备哪些能力？

2. 能力审核

明确未来发展所需要的能力后，企业针对现状和未来的差距设法弥补。

能力审核规划流程如下。

第一步：现有能力调查。

第二步：能力与需求差距比较。

第三步：弥补能力差距的战略。

举个例子，见表5-19所示。

表 5-19 能力审核规划表

能力类型	现有能力	能力差距	未来需求
专业能力	海外销售管理人员 发展中国家：3位符合2019年要求，8位可作为2020年储备人才 欧美市场：3位可作为2021年的人才储备	缺少3位2019年开拓发展中国家的海外销售管理人员	海外销售管理人员 2019年：发展中国家6位 2020年：发展中国家12位 2021年：发展中国家12位，欧洲2位，美国1位

3. 能力提升

（1）外购。

①外购人才的时机。战略转型，实施新的战略，进入新的领域新的海外市场或新客户群，现有人才不能满足战略需要高速增长。

②外购人才的原则。找"对"人才，提高人才命中率。高命中率就是招来的人既能在工作上有持续出色的表现，又能在公司工作一段合理的时间。

（2）内建。支撑企业可持续发展和战略转型，必须建立有效的人才培养机制，孕育重视人才培养的文化，以"造血"为主，"输血"为辅。

①人才培养的误区。将人才培养等同于培训课程，肯定课堂学习，只注重培训数量；将人才培养等同于做中学，否定课堂学习的有效性和价值，只相信实践锻炼和"赶鸭子上架，边做边学"；人才培养过度依靠人力资源部门，缺乏高管的全力参与和推动，人力资源部门能做的事情非常有限；人才培

养过度依靠个别主管的主观判断和方法，人才选拔过于依靠主管的主观判断和喜好，容易形成"拍马屁"的不良风气；人才培养的方法因个别主管而异。

②建立内部人才培养机制。

内部人才培养机制方法如下。

一是在职指导。上级主管或指定导师在工作中经常指导下属和对其工作状况进行反馈。

二是培训。参加在岗或脱岗的管理、技能培训，系统地学习。

三是轮岗。调换岗位，或是在部门内承担不同的工作，丰富知识和技能。

四是自我学习。通过自我学习提高知识和技能等。

五是项目参与。参与公司的重要项目，丰富员工知识和技能，锻炼员工技术和管理能力。

六是职责扩大。增加工作范围，承担更多的责任和工作，提高其在工作中的重要性。

示例：海底捞人才培养阶梯如图5-7所示。

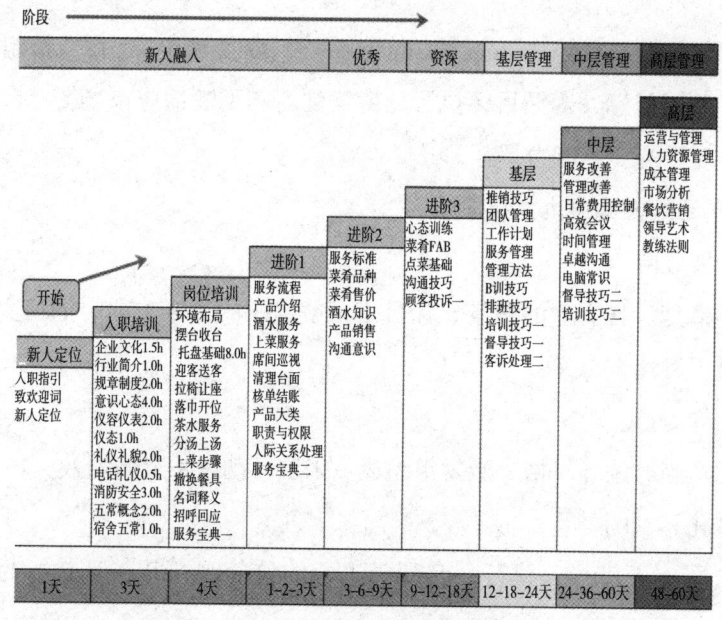

阶段	新人融入			优秀	资深	基层管理	中层管理	高层管理
	新人定位	入职培训	岗位培训	进阶1	进阶2	进阶3	基层	中层	高层
	入职指引 致欢迎词 新人定位	企业文化1.5h 行业简介1.0h 规章制度2.0h 意识心态4.0h 仪容仪表2.0h 仪态1.0h 礼仪礼貌2.0h 电话礼仪0.5h 消防安全3.0h 五常概念2.0h 宿舍五常1.0h	环境布局 摆台收台 托盘基础8.0h 迎客送客 拉椅让座 落巾开位 茶水服务 分汤上汤 上菜步骤 撤换餐具 名词释义 招呼回应 服务宝典一	服务流程 产品介绍 酒水服务 上菜服务 席间巡视 清理台面 单结账 产品大类 职责与权限 人际关系处理 服务宝典二	服务标准 菜肴品种 菜肴售价 产品销售 沟通意识	心态训练 菜肴FAB 点菜基础 沟通技巧 顾客投诉	推销技巧 团队管理 工作计划 服务管理 管理方法 B班技巧 排班技巧 培训技巧一 督导技巧一 客诉处理一	服务改善 管理改善 日常费用控制 高效会议 时间管理 卓越沟通 电脑常识 督导技巧二 培训技巧二	运营与管理 人力资源管理 成本管理 市场分析 餐饮营销 领导艺术 教练法则
	1天	3天	4天	1-2-3天	3-6-9天	9-12-18天	12-18-24天	24-36-60天	48-60天

图5-7　海底捞人才培养阶梯

（3）留才与淘汰。

留才与淘汰，要双管齐下。

①人才匮乏带来的恶性循环如图5-8所示。

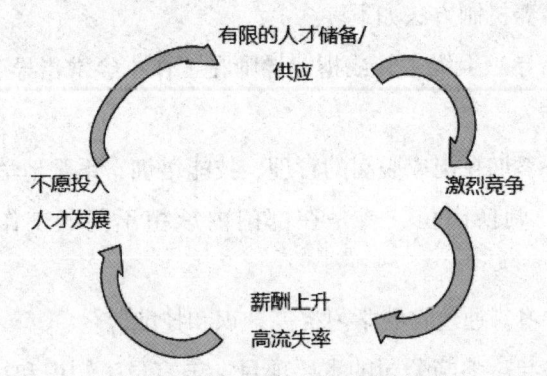

图5-8 人才匮乏带来的恶性循环

②应对竞争对手乱挖墙脚，降低企业损失；控制事态恶化，降低负面影响，进行沟通；和员工沟通企业的愿景和战略；与决定跳槽的员工做好离职沟通。

七、组织健康的37个管理实践

组织健康度（Organization Health Index），麦肯锡定义为："指组织上下同心追寻共同目标、遵循目标执行、持续创新和不断适应市场变动，并具备快于竞争对手的变革能力。"

（一）组织健康度九大要素

1. 发展方向

传递清楚、强有力的愿景，让员工了解组织的未来方向、如何实现目标及其对员工有什么意义。

2. 领导力

运用适当的领导风格，激发组织成员采取行动以达成高绩效。

3. 文化和氛围

在公司上下宣导、践行一套深入人心的价值观，并在日常行为中体现出来。

4.责任

确保每个人都了解公司对他们的期望，同时被赋予足够的工作权限并对结果负责。

5.协调与管控

一致地衡量并管理业务风险，同时在问题出现时能采取行动解决问题。

6.能力

确保组织具有执行战略与建立竞争优势的组织能力与人才。

7.动力

培养员工的忠诚度与热忱，鼓励员工尽力追求最佳绩效。

8.外部导向

重要的外部利益相关方（客户、供应商、合伙人或其他）密切高效互动，以更有效地实现价值。

9.创新与学习

鼓励并采纳源源不断的创意，使组织能不断学习与成长。

（二）组织健康度的三大属性

1.一致性

员工是否就组织的愿景、战略、文化、氛围和价值观达成一致，见表5-20所示。

表 5-20　组织健康度属性之一致性

要素	管理实践与描述
发展方向	1.共同愿景：通过创造并传递一个生动而令人向往的愿景来为组织指明方向 2.战略清晰：清晰地表达出组织成功的方向和战略并将其转化为具体的目标 3.员工参与：让员工参与有关组织方向的探讨并讨论方向如何实现
领导力	4.权威式领导：强调等级和管理上的压力去完成工作 5.咨询式领导：通过沟通、建议和授权促进员工参与 6.支持式领导：通过团队、支持和为员工谋福利建立积极的环境 7.挑战式领导：鼓励员工巩坚克难
文化与氛围	8.开放和信任：鼓励诚实、透明和开放的对话 9.内部竞争：强调结果和成就，通过健康的内部竞争来提高绩效 10.运营纪律：建立明确的行为和绩效标准，并严密监测这些标准的遵守情况 11.创意与开创性：支持创新、创造和积极主动性

要素	管理实践与描述
责任制度	12.角色清晰：通过确立清晰的组织架构、角色与职责来落实责任 13.绩效合同：通过明确的目的和正式、清晰的绩效目标落实责任 14.奖惩制度：通过将奖励和结果与个人绩效相关联来落实责任 15.个人责任感：激发强烈的个人归属感和个人责任感
协调与管控	16.个人绩效评审：利用正式的绩效分析方法、反馈、跟踪来协调和安置人才调配 17.运营管理：关注运营关键绩效指标、标准和目标以监督和管理经营绩效 18.财务管理：关注财务关键指标并有效支配和控制财务资源以监督和管理绩效 19.职业标准：使用清晰的标准、政策和规则来设定行为目标及强化执行 20.风险管理：识别和减少预期风险，当意外事件发生时能快速作出反应
能力发展	21.人才获取：雇用合适的人才 22.人才培养：开发员工的知识和技能 23.知识固化：通过成文的方法和程序(如培训手册、标准操作流程等)来实现能力和技术知识固化 24.外包专长：利用外部资源(如供应商、合作伙伴、咨询顾问)来弥补能力和不足
激励机制	25.价值观：用强有力的、对个人有意义的价值观来驱动员工 26.鼓舞人心的领导：通过鼓励、指导和表彰来激励员工 27.职业发展：提供职业和发展机会来激励员工 28.物质奖励：利用与绩效相关联的物质奖励来激励员工 29.非物质奖励：提供非物质奖励和表彰来激励员工
外部导向	30.顾客导向：了解顾客并对他们的需要作出响应 31.竞争意识：获取和利用竞争对手信息来作出商业决定 32.业务伙伴：建立和维护与外部业务伙伴的联系网络 33.政府和社区关系：发展强大的与公众、社会、政府、监管机构的关系
创新与学习	34.自上而下地创新：通过上层领导支持的举措来提升创新和学习 35.自上而下地创新：鼓励和奖励员工参与提出新创意和改进的举措 36.知识共享：在组织内部能够合作和共享知识 37.获取外部创意：从组织外部输入创意和最佳实践

如何利用这个"组织健康指标"去评估一个企业或组织，见表5-21所示。

表5-21 用"一致性"评估组织

要素	不佳的状况	正常的状况	出色的状况
发展方向	制定的战略并没有解决困难和问题	详细制定和传播引人注目的战略，通过系统和流程进行强化	围绕愿景提供目标并调动人们参与的积极性

续表

要素	不佳的状况	正常的状况	出色的状况
领导力	提供过度详细的指导方针和监督(高度控制)	表现出对下属的关心，感知他们的需求（高度支持）	制定不容易实现的目标，鼓励员工发挥出全部潜力(高度挑战)
文化与氛围	缺乏协调一致的共同价值观	创造出组员内部和贯穿组织各单位的价值底线	创造出强有力的和适应能力强的组织绩效文化
责任制度	制造出的角色过度复杂和模糊	制造出的角色清晰且富有责任感，把业绩和结果联系起来	鼓励所有员工建立发自内心的对公司的责任感
协调与管控	建立了不协调和不清晰的控制系统与流程	通过有效的流程管理将目标、标准等结合起来	衡量和获取跨越组织界限的合作价值
能力发展	不能管理好人才通道或者无法应对业绩差的员工	建立起实现战略所需的组织技能	能够建立起独特的、可以创造长期竞争优势的能力
激励机制	将低参与度作为常态	通过奖励、机遇和价值进行激励	挖掘员工对于超凡努力的认知和驾驭能力
外部导向	把能量引导到组织内部	为顾客创造价值是首要的目标	关注为所有利益相关者创造价值
创新和学习	缺乏掌握员工创意的结构性方法	有能力去掌握创意并能通过特殊的举措使其转化为价值	能够支撑内部和外界的联系网络来保持领导地位

2. 执行力

凭借目前的能力、流程和激励水平，员工是否能履行好自身的角色？

3. 革新力

对于自身情况和外部环境，企业如何理解、进行互动、回应并进行调整适应？

（三）组织健康的药方

1. 领导力驱动

通过辅导、正式培训和正确的成长机遇，发展一批强有力的各级领导，由他们推动绩效。

2. 市场塑造者

关注客户，对竞争状况进行洞察，并保持财务上的敏锐，以此来推动创新与学习，引领市场趋势。

3. 执行优势

通过知识分享和以创新为基础的流程及培训，实现各级员工参与，从而创造价值。

4. 人才/知识核心

通过发现、吸引和培养一流人才，为组织创造价值，取得成功。

（四）组织健康度（禾思 DREAM 模型）

禾思的组织健康度 DREAM 模型，如图 5-9 所示。

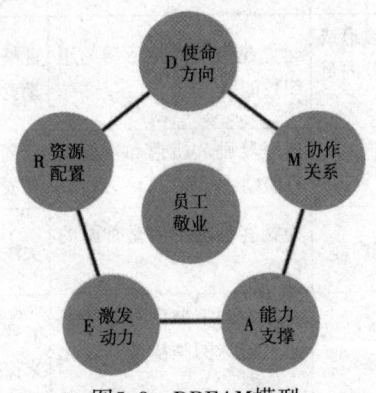

图5-9　DREAM模型

禾思认为，一个组织要维持健康就需要关注五个大的管理因素，一旦这些方面出现问题，就会导致组织不健康，出现各种严重后果。五种典型的组织疾病包括使命方向不清晰、资源配置不合理、员工动力未激发、能力欠缺不支撑、组织协作效率低。

1. Direction——使命方向

公司是否紧跟环境的变化，做出战略和战术的调整？

公司的产品和服务是否为客户创造了价值？

公司的文化和价值观/行为规范，是否明确且被大家所遵守？

公司的各个部门、团队和员工，是否清晰了解自己应该做什么？

2. Resource——资源配置

组织结构的设计是否合理，有无边界不清而导致的冲突？

流程制度是否已经最简，哪些方面会有冗余？

对外部资源的利用效率，相关方的合作有效性如何？

员工开展工作时是否面临"巧妇难为无米之炊"的情况？

3.Encourage——激发动力

公司的考核激励体系是否以绩效导向为主？

公司给予员工的总体薪酬回报的市场竞争力如何？

员工是否有足够自主的空间来开展工作？

公司内部得到晋升和奖励的员工，是不是真正做出成就的？

4.Ability——能力支撑

公司高层是否表现出了充足的能力，让员工充满信心？

员工的职业发展路径是否清晰？

上级对员工发展的投入精力如何？

员工是否有机会参加一些有助于能力成长的项目？

5.Match——协作关系

所有人的工作是否真做到了以客户为中心而不是以自我为中心？

不同部门之间是否会相互协作而不推诿？

组织内部沟通的氛围是否开放且坦诚？

管理者是否真正关心其员工的情况？

八、组织活力的优劣决定了组织的优劣

组织活力的优劣决定了组织的优劣。

组织活力并非指同事之间热热闹闹、说说笑笑，而是指组织的生命力和成长力。当一个新的机会来临时，常常不是做好准备的企业赢了，而是充满活力的组织赢了；当一个新的危机来临时，常常不是曾经成功的企业赢了，而是充满活力的组织赢了。

从竞争对手角度看，组织活力强的组织能做到竞争对手做不到的事情。从客户角度看，组织活力强的组织，客户感受好。从员工角度看，组织活力强的

组织，员工积极、成长进步快、工作有热情、不计较眼前得失。

（一）五力模型

组织活力评估的"五力模型"的评价维度见表5-22所示。

表5-22 "五力模型"的评价维度

评价维度	评价指标
生产力	净利润率，人均合同，人均营业收入
创新力	创新投入，创新成果数量和质量，创新成果市场转化成绩
成长力	业务增长速度，"四新"（新客户、新市场、新业务、新模式）的开拓，人才成长空间
领导力	核心骨干团队的梯队建设，组织结构的责权利统一，激励约束机制的有效性
凝聚力	骨干人才流失率，核心价值观认同度，业务内部协同度

（二）向华为学习

1.什么样的组织才算有活力

（1）干部能上能下。建立优胜劣汰的机制，让能者上、平者让、庸者下。

（2）工作能左能右。建立良性的内部活水和轮岗机制。

（3）人员能进能出。在实际的岗位上竞争，用业绩说话，让人才脱颖而出。

（4）工资能升能降。收入与"岗位"和"绩效"挂钩，有起有伏。

2.如何激发组织活力

抓手一：愿景。使命愿景驱动。

抓手二：利益分配。建立组织成员共同认可的价值评价标准。

抓手三：权力分配。合理授权，信任但不放任。

抓手四：选合适的人。这样的人要自驱、皮实、自省。

抓手五：氛围。营造积极、向上、公正、公平、协作、开放的氛围。下文附组织诊断调查表，见表5-23所示。

抓手六：流程。流程驱动，高效协作。

3.组织活力六要素

（1）一切为了前线，一切为了胜利。

（2）放大人才价值。

（3）激发干部的使命与担当。

（4）绩效对准战略、对准客户价值。

（5）激励是为了动力，给钱、给精神激励。

（6）文化是思想指挥权，思想权是不能下放和授权的。

表 5-23　组织诊断调查表

序号	调查问题	非常同意	同意	基本同意	中立	基本不同意	不同意	非常不同意
1	组织可以明确说明自己的目标	1	2	3	4	5	6	7
2	组织分工灵活	1	2	3	4	5	6	7
3	直接主管为我的努力提供了支持	1	2	3	4	5	6	7
4	我和我的主管关系和谐	1	2	3	4	5	6	7
5	我的工作为我提供了成长的机会	1	2	3	4	5	6	7
6	我的直接主管为我提供了对我和我的工作有帮助的建议	1	2	3	4	5	6	7
7	这个组织没有抵制变革	1	2	3	4	5	6	7
8	我个人认同我的部门和公司的既定目标	1	2	3	4	5	6	7
9	组织的分工旨在帮助其实现目标	1	2	3	4	5	6	7
10	组织的领导规范有助于组织进步	1	2	3	4	5	6	7
11	如果我遇到与工作有关的问题，我总是能获得他人的帮助	1	2	3	4	5	6	7
12	组织的薪酬和福利公平对待每位员工	1	2	3	4	5	6	7
13	我有做好工作所需要的信息	1	2	3	4	5	6	7
14	组织引入了足够的新政策和流程	1	2	3	4	5	6	7
15	我理解这个组织的目标	1	2	3	4	5	6	7
16	划分工作任务的方式是合乎逻辑的	1	2	3	4	5	6	7
17	组织的领导努力使组织实现其目标	1	2	3	4	5	6	7

续表

序号	调查问题	非常同意	同意	基本同意	中立	基本不同意	不同意	非常不同意
18	我与团队成员的关系既友好又专业	1	2	3	4	5	6	7
19	组织存在内部晋升机会	1	2	3	4	5	6	7
20	组织有足够的机制将组织与员工利益绑定在一起	1	2	3	4	5	6	7
21	组织倾向于不断寻求改变	1	2	3	4	5	6	7
22	组织的优先事项得到了员工的理解	1	2	3	4	5	6	7
23	我工作部门的结构设计得很好	1	2	3	4	5	6	7
24	每当我的领导指导完我的工作后，我都变得很清晰	1	2	3	4	5	6	7
25	我建立了正确完成工作所需的关系	1	2	3	4	5	6	7
26	我的薪资与我履行的工作是对等的	1	2	3	4	5	6	7
27	在需要帮助时，其他业务部门对我的业务部很有帮助	1	2	3	4	5	6	7
28	我偶尔喜欢改变我的工作	1	2	3	4	5	6	7
29	我有足够的收入来决定我的工作业务目标	1	2	3	4	5	6	7
30	组织的分工实际上有助于实现其目标	1	2	3	4	5	6	7
31	我理解领导为我和工作部门其他成员所做的努力	1	2	3	4	5	6	7
32	没有证据表明该组织存在未解决的冲突	1	2	3	4	5	6	7
33	组织要完成的所有任务都与激励相关	1	2	3	4	5	6	7
34	组织的规划和控制工作有助于其增长和发展	1	2	3	4	5	6	7
35	组织有能力进行改变	1	2	3	4	5	6	7

九、组织发展的要义：熵减

企业发展的自然法则是一个持续熵增的过程，从有序逐步走向无序，最终达到热平衡，没有温差不再做功，组织活力丧失殆尽，最后状态就是熵死。

诺贝尔奖获得者普利高津指出，避免熵死的方法就是建立耗散结构。耗散结构就是基于开放系统，通过不断与外界进行物质和能量交换，在耗散过程中产生负熵流。

（一）华为活力引擎模型

华为活力引擎模型如图5-10所示。

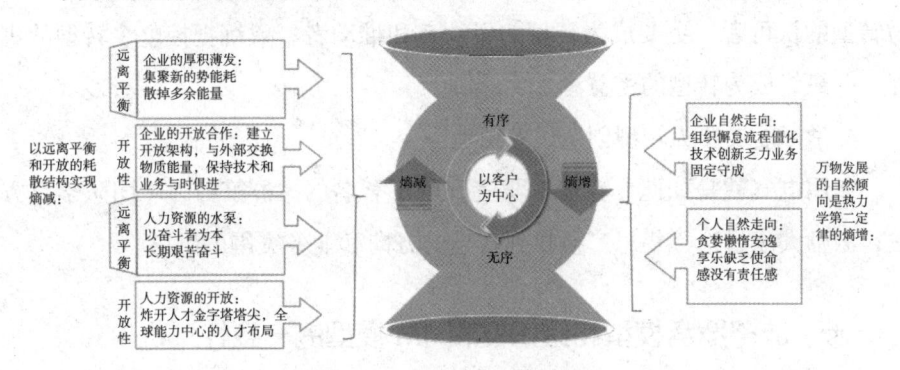

图5-10 华为活力引擎模型

通过华为在组织发展上的实践，那些推动熵减的组织发展带给我们如下启示。

（1）组织发展需要借助外力发起变革项目。为了解决组织懈怠、流程僵化等熵增问题，华为的方法就是广请外脑，以咨询项目推动变革。

（2）组织发展需要激活人才的奋斗激情。华为通过员工持股、领先薪酬等手段激活人才的奋斗激情，并在激励上向A类人才大力倾斜，"给火车头加满油"。

（3）没有TD（人才发展）的吐故纳新就没有OD（组织发展）的持续活力。人才发展上的吐故纳新、人才结构上的年轻化，保持了华为的组织活力。

（4）没有好的LD就没有好的OD。华为大学的校训是：用最优秀的人培养更优秀的人。华为制定了"降落伞"机制，使用循环导师制、华大讲师制、部门辅导顾问制等，让曾为公司做出突出贡献的人才去辅导新人、教育后人。

（二）以LD推动OD：平滑变革的真谛

1.学习发展要为转型创造"紧迫感"

通过设计一系列学习活动，激发全体员工转型的信心和勇气，减少变革阻力，为变革制造动力。

2.学习发展要推动转型"软着陆"

最常见的方法就是跟随转型的鼓点和进度，提供各种学习机会，让大家掌握未来组织需要的"新技能"和"新思维"，不因"本领恐慌"而抵制变革。

3.学习发展要让高管成为"领航员"

要为诸多高管赋能，让他们掌握转型管理的方法，推动管理层不仅仅成为转型的认可者，更要成为转型的引领者和推动者，熟练把控整个转型的进程，并最终成为转型的受益者。

4.学习发展要为转型创造"策源地"

通用电气就是如此，克劳顿学院开创了著名的"群策群力"团队学习方法，激励大家讨论，集思广益找到转型的方向和业务突围的出口。

十、战略罗盘模型和组织发展 4M 模型的一致性

战略是"想到和想不到"的问题，而组织能力则是"做到和做不到"以及"做好和做不好"的问题。战略很容易被模仿，但组织能力难以被模仿，更是真正的竞争优势。

（一）战略罗盘模型

战略罗盘模型，就是从"规划、定位、能力、学习"四个视角去看战略，如图 5-11 所示。

战略规划

战略罗盘：定位视角
组织发展M2：差异思维
战略差异化，组织也要差异化

战略罗盘：规划视角
组织发展M1：终局思维
从战略终局看组织发展布局

内部稳定性　　　　　外部适应性

战略罗盘：能力视角
组织发展M3：体系思维
缺的不是人才而是人才管理体系

战略罗盘：学习视角
组织发展M4：生态思维
业务多样化，人才体系也多样化

战略执行

图5-11　战略罗盘模型

1. 规划视角象限

主要解决"如何制定业务发展的战略目标"和"如何管理业务战略的执行过程"。这个视角主要的目的是让公司"有战略"。

2. 定位视角象限

主要解决"如何和竞争对手在战略上区别"和"为目标顾客创造什么样的价值"。这个视角主要的目的是让公司有"好战略"。

3. 能力视角象限

主要解决"如何围绕战略目标有效配置资源"和"如何提升组织能力支撑战略落地"。这个视角主要的目的是让公司有"实战略"。

4. 学习视角

主要解决"如何识别重塑管理者的心智模式"和"如何在快速变化环境中进化战略"。这个视角主要的目的是让公司有"快战略"。

（二）解读人才战略，从四个关键维度出发

1. 终局思维

企业在制定人才战略时需有长远眼光，构建人才梯队，持续投资和发展人才，为企业未来发展奠定坚实的基础。

2. 差异思维

企业要根据自身的特点和需求，制定人才策略，确保人才与企业的契合度。

3. 体系思维

企业要构建完整的人才管理体系，协同各部门共同参与，持续优化和改进，确保人才战略的连贯性和系统性。

4. 生态思维

企业要打造一个良好的人才生态，强调开放共享、共赢协作，促进人才与企业的共同发展。

这四个维度相互关联、相辅相成，共同构成了企业人才战略的核心框架。

第六章 绩效领导力——确保目标实现路径高效准确

绩效管理的本质是通过明确的目标、有效的反馈和适当的激励，促使员工提高工作绩效，从而对企业的整体业绩产生积极影响。因此，要想确保企业目标的实现，就要打造绩效领导力，努力提高企业竞争力。企业无法通过绩效管理来激发员工潜力，多半会面临人才流失、生产效率低下等问题，影响企业的竞争地位和市场份额。

在"企业成功＝战略（strategy）×路径（route）×人（person）"中，战略和路径是绩效领导力的核心，管理者只有具备战略目标承接力和绩效管理能力，才能驱动团队不断完成挑战和持续成长。目前，中国企业绩效管理的状况是，不是企业没有绩效，而是绩效管理能力太弱，对于绩效管理的本质洞察不足，绩效管理体系跑偏，绩效牵引力失效。要想改善这种状况，就要对绩效管理进行回归，将目标放到绩效对团队能力的成长和团队凝聚力塑造上来。

一、思考：传统绩效管理出了什么问题

随着绩效考核在企业管理过程中的广泛应用，其局限和不足日益凸显，因此了解绩效管理在企业中的管理现状对于企业发展具有非常重要的作用。

案例：

某公司团队中有两名员工：李明和韩梅梅。

李明很聪明，为了取得好成绩，一直都在努力。他不仅受到金钱奖励的驱使，还一直试图弄清楚如何赚更多的钱。

韩梅梅也很聪明，做事专注，她为自己取得的成就感到开心。她相信，

只要自己努力付出，钱就会随之而来。

李明主动与经理进行了几轮沟通后，成功降低了目标的难度和需要完成的任务量，最终实现了120%的目标完成率；韩梅梅是一个实干者，积极挑战部门分配下来的高难度任务，并经过努力实现了80%的目标完成率，成果已远超出公司其他人。

该组织使用简化的奖金公式，将目标与奖励联系起来，激励员工努力和奋斗。这种方法确实有效。那么，谁应该获得更多的奖金？是李明，还是韩梅梅？答案就是，以结果为导向的绩效管理在当今的VUCA时代已经难以为继，以过程为导向才是绩效管理的正确姿势。

（一）以结果为导向的绩效管理

以结果为导向的绩效管理，共有以下几个特点。

1. 强调数字

结果具有不确定性，目标高低合理性评估缺乏条件，长此以往，多半都会导向对目标的博弈、内部非理性竞争，员工自然就不愿挑战高目标；以结果为导向，还容易引发短期行为，员工寅吃卯粮，不注重产品价值，容易对客户、品牌和组织等造成伤害。

2. 被动执行

员工缺乏对"要执行的前因"的理解和认同，在实现目标数值的过程中，很容易偏离初衷，捞偏门、走邪路，对组织文化造成破坏；员工坚信工作是领导"要我做"，执行时就会僵硬而不懂变通，缺乏自发性思考和创新性的改进。

3. 过程懒政

目标分解后，管理者多半都会做甩手掌柜，缺乏对过程的管理和对团队成员的辅导，往往只能事后纠偏，继而对组织造成难以挽回的伤害。

过度精细化的绩效主义，都是精致的利己主义，是为了确保自己的绩效，让一线员工和组织成为最终受害者，只能培育短期业绩，搞砸长期规划，滋生出不安，摧毁团队合作。

（二）以过程为导向的绩效管理

以过程为导向的绩效管理共关注四个方面的内容：一是以员工为组织目标而付出的努力（关键行动）；二是问题的解决；三是过程的改善与进步；四是创新。这四个方面都很难进行量化评估，却能够被直线经理感知。因此，以过程为导向的绩效管理会将评估权限授予直线经理，这就对直线经理的成熟度提出了较高的要求。

直线经理应该做到：准确理解组织的目标和方向；将组织目标分解成阶段性目标与员工行动计划；建立团队执行文化，发现并解决问题，每天进步一点点，鼓励创新、包容错误；实时进行绩效沟通与反馈；实时修正阶段性目标和员工行动计划。同时，还要将绩效评估与薪酬决策分开，减轻管理者与员工的焦虑和心理压力，将激励从金钱、物质转为敬业、协作、认同感和进步感。

二、绩效管理的定义和三效追求

（一）绩效管理的概念

1.定义

绩效管理的目标是实现管理者与员工的双赢，就目标及如何达到目标而达成共识，促进员工成功达到目标。它不是简单的任务管理，强调沟通、辅导及员工能力的提高。绩效管理不仅强调结果导向，且重视达到目标的过程。

影响绩效管理成败的主要原因包括：对绩效管理工作的定位与操作指导思想；企业高层的重视程度；有无可靠的组织保证体系；企业各级主管是否真正支持和参与；培训宣导工作是否到位已形成共识；与各级人员的沟通反馈是否充分到位；考核指标体系的设计是否合理、可操作；是否注重了绩效的过程管理与辅导跟进；是否对绩效考核结果进行了有效的运用；是否进行了先行试点与制度完善；是否及时进行绩效系统的评审和优化。

2.绩效管理的满意形态

绩效管理的满意形态与一般形态的绩效管理，两者的差别见表6-1所示。

表 6-1 绩效管理满意形态与一般形态的差别

一般形态的绩效管理	满意形态的绩效管理
每年固定地从上到下进行目标分解	目标是透明的，员工参与度高，双方对目标有责任感
每年一次或半年一次绩效考核	持续对话、交流和反馈，侧重发展
依赖打分和强制分布	侧重员工对组织、业务和团队的实际影响力
绩效考核是一个活动，而非流程	绩效管理与每天运营联系起来
静态地预设好的方法	有活力的、持续的、敏捷的流程
竞争和比较	基于开放信任和诚实，侧重于提升和发展

（二）绩效管理的三效追求

1. 效率

资源利用最小化。

随着社会的不断进步和技术的飞速发展，各个行业都在追求更高的工作效率，以便在激烈的竞争中保持竞争优势。如何提高工作效率呢？这里有一个有效的方法，那就是恰当地分配资源。

第一，了解项目需求和目标。在开始分配资源之前，必须了解项目需求和目标。因为只有明确了需求和目标，才能制订出更有效的资源分配计划。

第二，识别关键任务。在资源分配中，不是所有任务都是平等的，有些任务比其他任务更重要，需要更多的时间和精力来完成。因此，识别关键任务对于成功完成项目至关重要。

第三，确定资源可用性。在分配资源之前，需要知道可用资源的数量和类型，包括人员、设备和资金等资源。

第四，把任务分配给最合适的人员。要将任务分配给最合适的人员和团队，并确保他们拥有必要的技能和经验来完成这些任务。

第五，定期监测项目的进展情况。为了确保资源被用在正确的地方，并及时进行调整，就要定期监测项目的进展情况，保障资源的有效利用，最大限度地提高工作效率。

2. 效果

在满足效率的前提下，追求结果的最大化。

员工是经营单元中最活跃的因素，是组织的一分子，组织效能的提升离不开员工效能的提升。员工效能和组织效能是互相依赖的，员工效能提升计划包括以下两个方面。

（1）营造团队组织的氛围。提高员工积极性和创造性是实现员工自主经营的基础，而团队氛围会直接影响到员工的积极性和创造性。如何激发员工潜能、提高员工的效能是保障员工自主经营的原动力，这涉及员工愿不愿意做的问题。

（2）制订员工能力提升计划。在企业不同的发展阶段需要不同能力的员工，因此要提高与发展阶段相匹配的员工能力，制订员工能力提升计划。这涉及员工能不能做的问题。

3. 笑容

良好的组织氛围。

积极、高效的工作氛围，不仅可以激发员工的工作热情，提高工作效率，还可以促进团队合作，提升整体工作质量。那究竟该如何营造积极向上的工作氛围呢？主要包括以下几个方面。

（1）员工有清晰的工作目标。要让员工时时刻刻知道自己的长期目标和短期目标。

（2）管理者心中有爱。管理者要引导员工，激励员工，辅导员工，要有仁慈之心，要心胸宽广，求同存异。

（3）从细节处关注员工。管理者要从细节处关注员工，严厉时要让员工感到敬畏，关怀时要让员工感到你值得追随。

（三）绩效管理的四大领域

绩效管理的领域主要包括活动领域、绩效领域、职业领域和生活领域。

1. 活动领域

（1）管理者的作用。如保证员工有任务、按标准做工作、在规定的时间内完成、使工作趋于熟练化。

（2）管理者的能力。如分析任务的要求和员工的能力；分析个人能力是否达到工作要求；向员工阐明任务的要求，必要时传授具体的知识和技能；检查工作过程，给予员工支持，评价最后结果。

2. 绩效领域

（1）管理者的作用。如保证目前的绩效令人满意；分析绩效下降的原因；激发员工提高自身技能和水平；为员工的学习和发展创造更多的机会。

（2）管理者的能力。如明确规定企业期望员工应达到的绩效水平；诊断员工在绩效上出现问题的原因；为员工提供支持与适度的挑战，使他们得到学习；和员工一起总结经验，使其获得最大收益。

3. 职业领域

（1）管理者的作用。如挖掘员工个人职业发展的潜力；对员工职业生涯的抉择提出建议；帮助员工做出最适当的选择；支持员工达到预期目的。

（2）管理者的能力。如了解员工内在的需求和动机；现实地评价其职业发展愿望与自身能力是否相称；在组织内和广阔的就业市场中，为他们的职业生涯发展设计最佳途径和制定实现谋略。

4. 生活领域

（1）管理者的作用。如弄清楚问题的实质及其对员工个人和组织绩效的影响；协调员工个人与组织的利益；策划如何帮助员工达到预期生活目标和方案；在适当时，用感情表达方式，表明自己对员工的支持。

（2）管理者的能力。如倾听和了解员工的需求；弄清楚自己所能提供帮助的边界；让员工思考他们所面临的问题；帮助员工找出自认为处理问题的最佳方法。

三、绩效管理的功能定位

绩效管理的功能主要体现在以下几个方面。

1. 促进组织和个人绩效的提升

绩效管理通过设定科学、合理的组织目标、部门目标和个人目标，为企业员工指明了工作方向。

（1）通过绩效辅导沟通，管理者就能及时发现下属工作中存在的问题，然后给下属提供必要的工作指导和资源支持；下属通过工作态度和工作方法的改进，就能保证绩效目标的实现。

（2）在绩效考核评价环节，对个人和部门的阶段工作进行客观、公正的评价，明确个人和部门对组织的贡献，通过多种方式激励高绩效部门和员工继续努力提升绩效，督促低绩效部门和员工找出差距、改善绩效。

（3）在绩效反馈面谈过程中，与员工进行面对面的交流沟通，帮助他们分析工作中的长处和不足，鼓励他们扬长避短，促进个人得到发展。

总之，绩效管理能使内部优秀人才得到成长，同时吸引外部优秀人才，使人力资源能满足组织发展的需要，促进组织绩效和个人绩效的提升。

2. 推进管理工作的工具

企业管理涉及对人、对事的管理，对人的管理主要是激励约束问题，对事的管理就是流程问题。

所谓流程，就是一件事情或一项业务如何运作，涉及因何而做、由谁来做、如何去做、做完了传递给谁等几个方面的问题。上述四个环节的不同安排都会对产出结果造成很大影响，极大地影响着组织效率。

在绩效管理过程中，各级管理者都应从公司整体利益以及工作效率出发，提高业务处理效率，不断进行调整优化，促进组织运行效率的逐渐提高。在提升组织运行效率的同时，逐步优化公司管理流程和业务流程。

3. 发挥竞争和推动功能

绩效管理与企业薪酬管理（如奖励、晋升、调配）等制度相连，绩效优秀的员工不但会受到奖励，还可能得到一定的晋级和提升。落后的、绩效不佳的员工，就可能受到一定的批评和处罚。无论是奖励还是处罚，都会对员工产生鞭策和触动，在组织中形成相互竞争的局面，促进企业发展和组织目标的实现，使企业和员工产生双赢效果。

4. 发挥导向功能，提高员工素质

绩效管理的基本目标是不断地改善组织氛围，促进员工与企业的共同发展，提高企业整体效率和经济效益。要达到和实现这一目标，管理者就应充分发挥绩效管理的导向功能，积极主动地与员工进行绩效沟通和面谈；要采用科学的方法，从不同需求出发，激励和诱导员工朝着共同目标奋进，积极工作，提高素质。

四、成功绩效的六大条件

成功绩效的条件如下。

1. 组织战略目标与绩效指标清晰

在制定绩效考核指标之前，必须明确组织的目标和战略，包括了解组织的使命、愿景和价值观，分析组织的核心竞争力和市场定位，以及确定组织在未来一段时间内的发展目标和重点任务。

（1）战略目标决定着组织的主要行动方向。组织战略目标是多元化的，既包括经济性目标和非经济性目标，也包括定量目标和定性目标。制定战略目标时，要明确对象和时间范围，将定量和定性相结合，并将短、中、长期目标衔接并协调好。不同类型的组织，其战略目标的组成和覆盖领域不同。

（2）制定绩效考核指标是组织实现战略目标的重要手段。通过明确的、具体的指标，组织可以将战略目标转化为员工的日常工作任务，使员工的工作方向与组织目标保持一致。同时，绩效考核指标还能为员工提供明确的工作指引和评价标准，帮助他们了解自己的工作重点和努力方向。

2. 以目标为导向的管理模式

面对困难和具有挑战性的任务时，以目标为导向的管理模式通常会出现以下三种反应模式。

（1）以情绪为导向。以情绪为导向的管理者，遇到问题时，第一反应不是思考如何解决问题，而是被情绪控制，限制了自己解决问题的能力。

（2）以判断为导向。以判断为导向的管理者，遇到问题时，第一反应不是探索解决的可能性，而是从过往的经验和教条里找证据，为自己"不想做""做不到"找一个合理的理由。

（3）以目标为导向。以目标为导向的管理者，遇到困难或具备挑战的任务时，第一反应不是爆发情绪，也不会被过往的经验和教条所束缚，而是把焦点放在如何解决困难、如何创造性地达成目标上。

事实证明，只有真正做到"以目标为导向"，将焦点放在如何解决问题、实现目标上，才能成长为一个成熟的、优秀的管理者。

3. 岗位职责明确

只有明确自身的岗位职责，才能充分发挥自身的岗位职能，提高工作效率。那如何做到这一点呢？

（1）编制岗位职责说明书。编制岗位职责说明书，让员工学习与明确自身的工作岗位职责内容，了解自身工作内容在整个公司的工作环节中的位置及作用，从而更好地完成工作任务。

（2）完善规章制度。完善规章制度，让员工遵守公司的规章细则，明白什么可以做、什么不能做，有秩序地抓好管理。

（3）对员工进行培训。对员工进行培训，使他们明确自身的岗位职责，提升岗位职责胜任能力，培养员工工作协调能力，在完成自己工作的同时也能与其他同事相互配合做好工作。

4. 目标一致、上下同欲

当团队成员共同追求一个明确、一致的目标时，就能凝聚力量，发挥出最大的潜力。具体方法如下。

（1）为团队设定清晰的目标。目标不明确，团队就会在日常运营的纷繁复杂中迷失方向，因此要为团队设定清晰的目标。在目标设定的过程中，要经常性地检查设定的目标是否符合 SMART 原则，即明确的、可衡量的、可实现的、相关性和时限性。重要的是，要让团队成员参与进来。

（2）定期与团队沟通与联系。要进行能够保持目标一致性的沟通循环，具体方式为：①召开季度会议，回顾组织、团队和个人目标之间的联系和进展情况。②抽时间与个别团队成员一对一沟通和讨论。③每周进行定量和定性问题的收集。

5. 重视过程辅导与改善

如何对员工进行过程辅导呢？核心有以下几个。

（1）把握一个关键。这个关键，就是绩效临近。要想提高辅导效果，就要在绩效临近的那个时刻发起辅导，为主动发起辅导的下属提供帮助，同时为高绩效的下属提供支持。

（2）辅导方法要精准。进行过程辅导前，要先确定下属的能力处在哪个水平阶段，然后跟员工进行针对性的沟通，提高下属的工作能力。

（3）及时总结经验。完成任务后，要通过萃取经验形成一个闭环，沉淀经验，大力推广。

6. 正激励大于负激励

正激励是指根据不同激励对象的需求，使用奖励、表扬、晋升等手段，促进或诱导下属形成动机，并引导行为指向目标。而负激励是指人们在工作中因为工作业绩或表现不好而受到的惩罚，包括精神上的、物质上的或其他方面的惩罚。

在管理过程中，应以正激励为主，少用或慎用负激励。

（1）奖励制度。当团队或个人达到预设目标时，可以给予额外的奖励。评选最佳销售员，给予物质或非物质奖励。

（2）晋升机会。根据员工能力和兴趣调整岗位，提供更广阔的发展空间。为有潜力的员工提供晋升培训和发展计划。

（3）肯定和鼓励。在会议、内部通信等场合公开表扬表现优秀的员工。颁发奖励证书或荣誉证书，激发员工的荣誉感和归属感。

（4）关心和支持。关心员工的生活状况，如家庭、健康等，提供必要的支持。为员工提供培训、学习新技能的机会，促进个人成长。

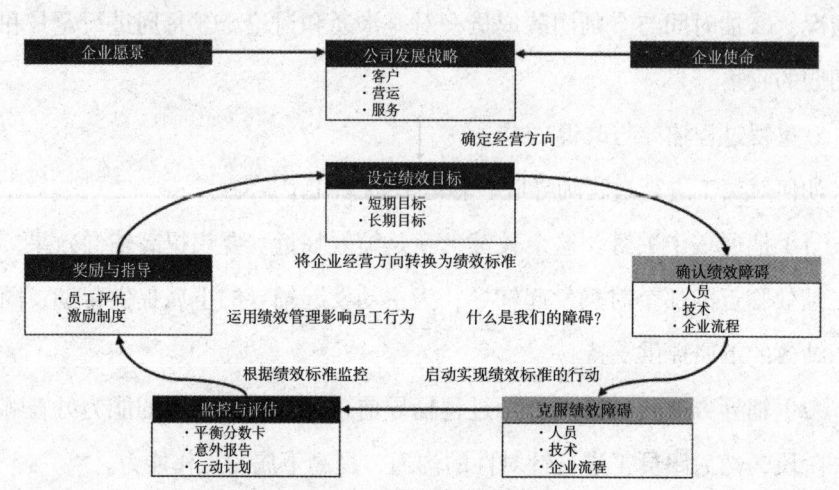

五、绩效管理循环模型

图6-1 绩效管理循环模型

由图6-1可知，绩效管理循环模型如下。

1. 设定绩效目标

绩效目标是组织或个人在绩效管理中设定的明确、可衡量的目标或结果，可以用来衡量绩效的达成程度。同时，它还是对组织或个人期望实现的具体成果或表现的描述，通常与组织的战略目标、部门目标或个人的职责和职业发展目标相一致。

制定绩效目标是有效绩效管理的基础，需要投入足够的时间和精力进行细致的规划和执行。制定绩效目标需要遵循以下几个步骤。

（1）明确组织战略目标。明确战略目标是制定绩效目标的基础，可以确保员工的绩效目标与组织目标保持一致，因此首先要明确组织的战略目标，通常包括长期目标和短期目标。

（2）任务分析。对组织或个人的工作任务进行详细分析，确定必须完成的关键职责和任务，识别员工在达成目标过程中需要关注的领域。

（3）设定绩效目标。基于战略目标和任务分析结果，为员工或组织设定具体的绩效目标。

（4）沟通与共识。与员工进行充分沟通，确保他们理解并认同所设定的绩效目标。

（5）审查和调整。定期审查绩效目标的实现情况，并根据实际情况进行必要的调整。

（6）反馈与改进。在绩效实施过程中，提供定期的反馈，让员工了解自己的具体表现以及如何改进，指导员工的工作方向和职业发展，促使他们持续改进。

（7）制订行动计划。为了实现绩效目标，制订具体的行动计划，包括确定所需的资源、时间表、里程碑和其他相关事项。

（8）激励与奖励机制。设计合理的奖励与激励机制，使员工感受到重视和支持，激励他们努力实现绩效目标。

（9）培训与发展。为员工提供必要的培训和发展机会，帮助他们提升技能和能力，以更好地实现绩效目标。

（10）持续改进。员工和管理者要不断寻求改进的机会，努力提高绩效和实现绩效目标。

2.确认绩效障碍

在企业里，绩效管理容易遇到以下四大方面的障碍，导致绩效管理难见成效。

（1）公司目标、部门目标与个人目标不能很好地结合。绩效管理是以企业战略为导向的管理体系，在经营与管理过程中，企业目标能否有效分解为部门目标，部门目标能否有效分解为个人目标，企业目标及分解后的部门目标与个人目标是否协调一致，直接关系到绩效管理实施的执行力度与效果。

（2）职能缺位。有些管理者没有意识到绩效管理是一个系统的管理工作，企业内人力资源经理地位尴尬，主要职能停留在操作层面，人力资源经理只做招聘、人事档案与薪资管理，人力资源管理职能不完善。此外，HR部门很少参与到业务部门绩效考核，考核缺乏公正且流于形式，对绩效管理的整个流程缺乏全面了解，绩效管理无法得到有效的实施。

（3）考核指标不合理。考核指标不合理主要表现在四个方面：一是指标过高，员工觉得完成概率很低，干脆放弃；二是指标过低，容易实现，起不到激励的作用；三是指标有冲突，工作很难开展；四是指标"一刀切"，考核缺乏公正性。

（4）重结果、轻过程。重结果、轻过程的绩效管理方式，会导致两个弊端：一方面，销售人员为了完成财务指标，彰显业绩，只看重眼前利益，不顾以后的发展，销售业绩刚开始很高，但随着市场资源与政策资源的过度透支，业绩就会慢慢下滑；另一方面，管理者不重视关键业务过程，员工的行为方式千差万别，没有统一性和约束性，工作水平仅靠个人发挥，公司缺乏整体引导与过程，使企业的市场运作不可控，员工素质得不到提升。

3. 克服绩效障碍

如何避免和克服在绩效管理发展道路上的障碍？答案就是，将绩效管理带来的益处发挥到最大。

（1）企业与员工目标一致。要想使企业目标与员工目标趋同，可以采取以下方法：通过各种形式，采取各种手段，在员工中宣传组织的战略宗旨和企业文化，使之得到大家的认同；制订团队工作计划时，真诚地邀请员工参与；使员工看到发展的美好前景；帮助和指导员工制订并实施工作计划和员工职业生涯计划。

（2）坚持"以人为本"。绩效管理之所以会优于其他形式的管理，一个重要原因就是它将"以人为本"的理念渗透到具体操作的每一步中，并赋予了新的含义。具体方法如下：让员工自己制订计划，进行自我考评等；管理者在用人时，会充分考虑每个员工的个性、特长、价值观和目标等，有的放矢，善加利用，发挥员工的无限潜能。

（3）让员工积极参与。所谓的员工参与，不仅是请员工开个座谈会，填张调查表，应给员工提供真正做主的机会和权利，让他们从参与的过程中得到尊重，获得满足。参与的实现可以通过下列途径：让员工参与企业目标、团队计划等的制订；设立开放的接纳建议的渠道；管理者进行适度授权；建立快捷的信息沟通反馈机制；实行员工自我管理等。

4. 监控与评估

（1）绩效监控。绩效监控是指在绩效计划实施的过程中，管理者通过持续的绩效沟通，采取有效的监控方式，对员工的行为及绩效目标的实施情况进行监控，并为他们提供必要的工作指导与工作支持，确保组织、部门及个人绩效目标的达成。

绩效监控的内容包括以下几个方面。

①组织系统协同监控。组织协同是一个系统性工作，也是组织获得高绩效的重要条件，可以创造各部分之和大于整体的综合效应。

②关键业务流程监控。对关键业务流程进行全面、系统、动态的监控和改进，有利于改善运营短板和提升资源配置效果，持续提升组织绩效和达成组织战略目标。

③个人绩效的监控。组织协同性和关键业务流程监控，在很大程度上也是通过对个人绩效的有效监控来实现的。

（2）绩效评估。出色的绩效评估可以为员工提供有价值的反馈，认可成就并为即将到来的时期设定目标。技巧如下。

①讨论绩效。详细讨论员工的表现，突出他们的成就和需要改进的领域，提供有关其工作的具体示例和反馈，并鼓励他们提出问题并提供自己的见解。

②应对挑战和错误。在讨论需要改进的领域时，关注解决方案和学习机会，以建设性和支持性的方式解决任何挑战或错误，并与员工一起制订改进计划。

③制订绩效改进计划。制订绩效改进计划，其中包括明确、可实现的目标和行动步骤，帮助员工提高绩效。

④处理困难的对话。在处理敏感话题时，如表现不佳或行为偏差，以敏感和同理心进行对话，积极倾听员工的观点，并努力理解他们的行为。

⑤有效沟通。使用有效的沟通技巧，如积极倾听、提出开放式问题以及提供清晰具体的反馈，使用易于理解的语言，避免使用可能使员工感到困惑的行话或专业术语。

⑥鼓励公开对话。鼓励员工在整个绩效评估过程中分享他们的反馈和见解，建立协作和开放的对话，并确保员工能够自主地表达他们的想法和担忧。

⑦使用指标和数据。将指标和数据纳入审核流程，提供客观且可衡量的反馈；使用数据跟踪目标的进度，确定需要改进的领域。

⑧认可员工。认可员工的成就和对组织的贡献，承认他们的辛勤工作和奉献精神，促使他们积极强化，努力工作。

⑨不断跟进。安排定期沟通，为员工提供持续的支持和反馈，积极跟进绩效评估，跟踪实现目标的进度，同时提供额外的指导和支持。

⑩建设性反馈。提供建设性的反馈，重点关注员工的成长和发展；使用支持和鼓励的语言，并提供具体的例子，帮助员工了解如何改进。

⑪持续学习和改进。强调持续学习和改进的重要性，在组织内打造成长和发展的文化，为员工提供学习和成长的机会，并鼓励他们寻求新的挑战和发展机会。

5. 奖励与指导

（1）奖励。正面的反馈可以增强员工的士气和动力，鼓励其继续取得良好的绩效，因此在评估绩效后，管理者要给予员工及时的反馈和认可。同时，如果存在低绩效或不达标的情况，也要进行适当的纠正和惩罚，促使员工改进和提升。

（2）指导。绩效辅导是绩效管理中很重要的环节，不进行有效推动，就无法取得"成事达人"的效果。辅导的形式有多种，比如技能指导、资源支持、情感疏导等。绩效辅导过程中的记录，是管理层了解员工的最快方式，因此要重视辅导、及时跟进，保持一定的频率，不能到绩效考核出成绩时，才去关心员工的绩效。辅导时，要侧重未来，出现了问题找原因，重点在于未来如何改善调整与提升。

六、绩效管理 VS 绩效考核

给绩效考核和绩效管理画等号，甚至盲目地把绩效考核当作绩效管理，不仅会使绩效考核的作用大打折扣，也会让员工对绩效管理产生抵触情绪，无法体现绩效管理的价值。

绩效管理与绩效考核相比较，其区别具体表现在以下几个方面。

1. 人性观不同

绩效考核的出发点是把人当作实现企业目标的一种手段。其人性观是"人之初，性本善"，考核就是"鞭策"之鞭，即通过考核促使员工达到绩效要求。

绩效管理的人性观是现代的"以人为本"的人性理念，而所谓的"以人为本"就是把人当作人，而不是任何形式的工具。当企业利益和人自身的利益趋于一致时，为了实现自身的价值，人们能在被信任、授权、激励的条件下自觉地发挥积极性和创造性。

2. 作用不同

绩效考核的作用主要是通过对员工工作绩效的评估，掌握他们的工作情况，作出人力资源管理决策，如确定绩效工资、确定晋升资格等。

绩效管理除了有绩效考核以上的作用外，其更深层的目的是推动员工的行为表现，引导员工朝着企业整体战略目标迈进。

3. 涵盖的内容不同

绩效考核只是管理过程中的一个局部环节，且只在特定的时间进行，强调事后评价。

绩效管理是一个完整的管理过程，并且是持续不断地进行着，伴随着管理的全过程，强调的是全程的沟通和事后的反馈。

4. 输出结果的使用目的不同

绩效考核输出结果主要用于薪酬的调整与分配。

在绩效管理中，考核结果最重要的用途是用于员工培训与发展的绩效改进计划，即通过绩效管理过程，员工在绩效考核结果中知道并认可自己的成功之处和不足之处，然后在管理者的帮助下制订出个人发展计划，制定职业生涯发展规划。

5. 侧重点不同

绩效考核侧重于考核过程的执行和考核结果的判断，考核往往以下达命令的方式进行。

绩效管理侧重于持续地沟通和反馈，尤其强调双向沟通。在绩效管理过程中，一方面，管理者需要了解员工的工作进展情况，找出潜在的问题以便尽快解决，掌握年终的绩效反馈信息；另一方面，员工也需要收到与绩效反馈有关的信息，如工作的重要程度、提高绩效的方法等。在沟通过程中管理者和员工的地位不断变换，既是信息发送者，又是信息接收者，通过交谈、协商等方式达到有效沟通。

6. 参与方式不同

虽然绩效考核和绩效管理的参与者都是管理者和员工，但参与的方式不一样。

绩效考核过程通常由管理层或人力资源部门制订绩效计划和考核标准，员工对设定的目标不承担任何责任，他们不知道上级主管对他们的期望是什么，也不知道自己将如何被考核。所以，人力资源管理部门需要花大量的时间去追踪管理者，监督他们绩效考核表的完成。管理者考核只是人力资源管理部门的工作，在整个过程中只是被动地参与。

在绩效管理过程中，员工可以亲自参与绩效管理的各个过程，如制定指标、绩效沟通和绩效反馈等，充分体会到绩效管理对自己的近期和长远发展的作用，增加参与的主动性和积极性。

7. 达到的效果不同

绩效考核目的是，通过考核得到一个关于员工工作情况和工作效果的结论，便于对员工按照其绩效进行奖励和惩罚，因而考核过程会让员工感到紧张、焦虑和压抑，很容易引起员工的反感。而且，员工往往不愿意提供真实的信息，使绩效考核结果无法全面、客观地反映真实情况。

绩效管理考核的主要目的不是奖励和惩罚，而是用于员工的绩效改进计划和员工职业生涯规划，使员工打消绩效不好就要受惩罚的顾虑，从而客观、公正地填写绩效信息。考核完后，还要对员工的考核结果进行诊断和反馈，帮助员工认识和改进自己，真正达到提高和改进绩效的目的。

七、绩效目标分解逻辑与工具

（一）岗位绩效指标分解

表6-2 岗位绩效指标分解

	财务指标					客户指标及市场			内部指标	行动指标	
	销售额	毛利	销售费用	营业利润	应收账款	市场份额	集团增长	客户满意度	对内服务质量	团队精神	队伍培养
	√						√	√		√	√
	√	√		√	√					√	√
	√			√	√					√	√
产品经理	√									√	
营销服务经理			√（营销费用）						√	√	
品牌管理经理			√			√			√	√	
客户服务经理								√	√		
业务计划经理											
销售部			√	√	√					√	
销售总监	√	√	√	√	√					√	√
全国大客户主管	√										
全国渠道主管	√										
分公司总经理	√		√	√	√					√	√
销售人员	√										

表6-3 销售部岗位绩效指标分解

市场部经理

部门	KPI指标	计算方式	考核标准	权重	考核周期	信息来源	考核目的	备注

销售部总经理

部门	KPI指标	计算方式	考核标准 基本 优异	权重	考核周期	信息来源	考核目的	备注

连锁店经理

部门	KPI指标	计算方式	考核标准 基本	考核标准 优异	权重	考核周期	信息来源	考核目的	备注
销售、形势、市场阶段、培训、其他临时交代的工作、新产品的开发及推广数量	销售计划完成率	当期销售额/销售计划	>90%	>95%		季度	销售报表	保证销售额稳步增长	销售计划的完成是保证公司获得持续发展的源泉。
	店面规范达标率	抽检达标率	>80%	>90%		季度	店铺评估记录	保证店面达到公司标准，维护品牌形象，发现不合格店，督促其整改或取消其经销资格	是提升品牌价值的一个有效的途径。
	部门费用支出率	实际费用/目标计划费用	<100%	<85%	15%	半年	部门成本中心报表	提高部门管理质量	降低销售成本
	合理化建议数量	数量	6次	>4次	15%	半年	总经理确认	加强公司财务管理与控制	合理化建议是指能够提高公司经营业绩、部门经营效率的建议
	市场销售分析报告	评分				季度	本岗位提交报告	分析现有市场、客户和经销网络状况	

181

（二）组织绩效目标责任书模板

表 6-4 组织绩效目标责任书

××股份 _____ 部门2020年度组织绩效目标责任书											
绩效目标责任书签署　被考核单位负责人（签字）：　　　　绩效评价者（签字）：											
绩效周期：2020年12月											
第一部分：关键绩效指标（KPI）										本部分权重	
序号	实际名称	指标描述/计算公式	指标值			权重	实际达成值	数据来源	自评得分	评价者评分	加权得分	备注
^	^	^	门槛值	目标值	持续值	^	^	^	^	^	^	^
1												
2												
3												
4												
第一部分加权总分											
第二部分：关键任务指标（KO）								本部分权重			
序号	关键任务	目标与任务描述	评分标准	权重	实际达成情况描述	数据来源	自评得分	评价者评分	加权得分	备注	
1											
2											
第二部分加权总分											
第一、第二部分合计得分											
第三部分：加减分指标（减少合计不超过10分）											
序号	关键事项描述								评价者评分	备注		
1												
2												
3												
4												

续表

	加减分指标总分		
	第一、第二部分合计得分+加减分指标总分+绩效总得分		
本期绩效评定	□卓越（S） □优秀（A） □良好（B） □待改进（C） □不合格（D）		
本期绩效评定结果输认	被考核单位负责人签字/日期： 绩效评价者签字/日期：		
	绩效复核者签字/日期：		

备注：
1.本责任书第一、二部分所有者权重之和为100%；
2.第三部分指标不占权重，一旦发生，则可在第一、二部分合计得分基础上直接加减分，且加分、减分各累计不超过10分

（三）个人绩效指标（干部PBC）类别

业务目标
符合企业战略发展目标要求、所在部门业务策略要求的经营业务类目标
■包括关键绩效指标 KPI 和关健任务 KO，突出业务重点
■员工分管部门制定了组织绩效的：完全对应承接组织绩效的 KPI/KO，各副部门特殊情况以分管副总裁审批确定为准
■员工分管部门未制定组织绩效的：承接部上一级组织绩效 KPI/KO，同时承接部门工作计划指标
■同时兼任管理其他部门的，分开制定 PBC 并分别设置每个 PBC 的计分权重，最终个人年度 PBC 结果加权求和计分
■KPI/KO 指标总数 6~8 项为宜，每项个数根据实际自行调节

团队管理目标
反映管理人员有效领导员工，并创造一个让人才脱颖而出的管理氛围的目标
■只针对管理人员设置，引导管理人员关注团队建设、下属培育，培养管理人员的领导能力
■公司制定了部分通用型指标，直接复制指标，补充相应措施即可
■指标总数 2~4 个为宜(含通用性指标)

个人发展目标
增强实现业务目标和管理目标的能力，同时实现个人发展计划或其他发展要求的目标
■指管理人员未来一年的个人能力发展目标，通过能力提升推动个人和组织绩效提高
■指标总数 2~4 个为宜

加减分项
根据公司统一的标准或现有制度列出
■基于关键事件，由评价者进行加减分

一票否决项
以公司红线中所规定的要求内容为准，如发生重要安全事故行为、违反商业道德等行为：一般与工作强相关或公司有明确相关红线规定的，如一般安全事故、A级安全事故、违反价值观行为、违禁违规行为等

图6-2 个人绩效指标（干部PBC）类别

注：
将公司核心价值观践行和自我批判纳入年度干部述职。工作计划在业务线内部具体列到哪个层级以分管副总裁批复为准。

（四）个人绩效目标责任书（员工PBC）模板

表 6-5 个人绩效目标责任书（员工PBC）

2020年度个人绩效目标责任书（PBC）		
绩效基因	被考核者（签字）：_____ 被考核者岗位：_____ 所属部门：_____	
	绩效评价者（签字）：_____ 承诺周期：2020年1月—2020年12月	

第一部分　业务目标
1. 业务目标应承接公司和部门年度目标；个别部门特殊情况以分管副总审批确定为准；
2. 本部分包括关键绩效指标和关键任务，原则上指标总数在6~8个为宜；
3. 第一部分各项权重之和为100%

序号	关键绩效指标KPI	指标描述/计算公式	门槛值	目标值	挑战值	权重	实际值	数据来源	目标得分	绩效评价者评分	实际得分	加权得分	备注

序号	关键任务KO	目标与任务描述	评分标准	权重	实际完结情况描述	数据来源	目标得分	绩效评价者评分	实际得分	加权得分	备注

业务目标加权总分											

第二部分　加减分
1. 基于关键事件，由评价者进行加减分，本部分加减分合计最高不超10分；
2. 关键事件是指对公司、部门有重大贡献或影响的事件

序号	关键事件描述	目标得分	绩效评价者评分	实际得分	备注
1					
2					

个人绩效总得分=业务目标加权总分±加减分	
本期个人绩效评定等级	□卓越（S）□优秀（A）□良好（B）□待改进（C）□不合格（D）
本期个人绩效评定结果确认	被考核者签字：　　　　　绩效评价者签字： 日期：　年　月　日　　日期：　年　月　日

（五）目标分解工具——关键因素分析法

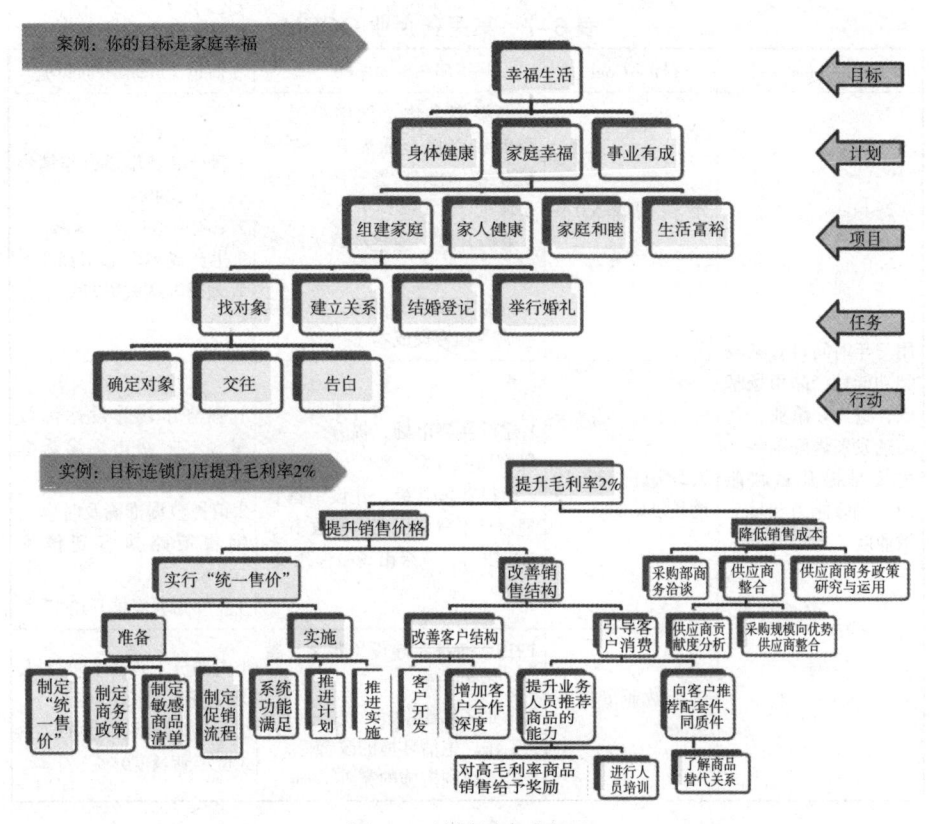

图6-3 关键因素分析法

（六）绩效目标制定分解工具——OGSMA

表6-6 OGSMA

Objective	Goal	Strategy	Measures	Action Plan
目的	目标	策略	衡量标准	工作主计划
做什么，从公司中长期战略落实到年度目标	做什么，更具体细分，四个关键目标（BSC）	怎么做，方法和措施	具体怎么做，做到什么程度（KPI）	怎么做（具体项目，6W2H）
文字	数据	文字	数据	数据
		对应O	对应G	对应S

185

某医药企业 OGSM 举例见表 6-7。

表 6-7　某医药企业 OGSM

目的（Objective）	目标（Goal）	策略（Strategy）	衡量（Measurement）
用三年时间打好某减肥功能性产品市场基础，进入新事业，为高速发展做好准备；主要是提升赢利能力、综合能力和员工敬业度	年利润率50%	1.多渠道合作，网络渠道、微商、直播全面展开，专注B2B2C，C2C2F提升产品市场份额 2.采购升级，通过战略采购实现成本精进 3.后台支撑系统升级，降低运维成本和管理成本	1.新产品新渠道合作销售收入占比45% 2.采购成本达成率95% 3.生产成本降低率15%、管理成本达成率95%
	人均销售额年均增长25%	1.建设强势市场，提升二、三级市场占有率 2.销售管理升级，建设销售管理信息平台，提高销售效率 3.加快二、三级市场品牌建设	1.强势市场建设达标数量、二三级市场渗透率90% 2.销售数据准确及时率、销售策略执行到位率100% 3.品牌知名度提升12%
	员工敬业度提升至90%	1.HR管理体系建设（薪酬、激励、晋升机制） 2.企业文化建设 3.工作、生活环境的改善 4.员工福利措施的完善	1.内部员工晋升率5%、人均工资年增长率8% 2.企业文化认知度90% 3.员工满意度95%

（七）OKR 分解法

表 6-8　OKR 分解法

项目	O	KR
设置要求	需表达实现什么价值（有一定挑战性） 总体要求：OKR的内容基于岗位、职责、对组织目标的支撑三者共同确定，但不是常规的职责或任务项，需基于重要性、价值性确定个人周期内重点要解决的几件事、要达成的样子	1.需要实现O的工作思路 2.要有衡量标准：产出要量化、具体明确、有完成截止时间（这点易忽视）
设定方法	我的O怎么来： 1.分解上级的O（分解的含义非完全照搬，需理解后做职责承接） 2.直接承接上级的KR（当上级的KR职责定义相对清晰时）	有了O，KR如何制定： 1.说明完成目标的方法和结果衡量，即怎么做，做的结果 2.说明完成目标的不同维度的结果衡量

续表

项目	O	KR
设定举例	例1：当上级OKR非单个部门/个人能完成，需理解后做职责承接 O：做一款在行业内有足够影响力的产品 KR1：产品的市场占有率在同类产品中处于行业前三 KR2：产品在新用户群体中30日留存率提高至50% 这个OKR责任分解到各部门 产品部的O可以为"提升产品整体可用性，优化用户体验" 市场部的O可以为"提升产品的市场影响力" 销售部的O可以为"销售额提升到×××"	例1：O是价值衡量，KR是说明目标完成的方法和结果衡量 O：提升首次用户的使用体验 KR1：5月15日前找出并实施衡量新用户使用成功的核心指标（怎么做） KR2：5月25日启动首次登录体验的三项用研，符合预期比例达到50%（怎么做） KR3：6月20日前发布两个迭代版本，核心功能的产品采用率提升5%（衡量结果）
	例2：当上级的KR定义相对清晰时，个人的O可以为直接上级的KR O：优化产品体验，二季度新客户数量增大50% KR1：加快产品迭代速度，期末优化5个以上核心点（产品部） KR2：本季度新客户签约成功率达到60%以上（销售部） KR3：5月20日前招聘5名金牌销售（人力资源部）	例2：O是价值衡量，KR是完成目标的不同维度的衡量结果 O：客户可以持续地使用我们的产品 KR1：80%的新客户在两个月后可以和我们续约（续约率） KR2：50%的新用户可以在两周内确定使用意向（签单率） KR3：本季度客户流失率控制在2%以内（流失率）

举例：

```
O：成为行业内领先的专家
KR1：30天滚动期内的客户平均采用率增加10%
KR2：与上级度比媒体报道量增加10%
KR3：参加3次相关主题的行业会议
```

产品部
O：提升整体产品的可用性
KR1：发布两个迭代版本，核心功能的产品采用率提升5%
KR2：X特征下的客户留存率增加超过50%

研发部
O：提高开发速度
KR1：没有交付点完成量增加10%
KR2：部署OA流程，降低新产品开发障碍

销售部
O：最后一季度的销售收入增加10%
KR1：有效线索增加5%
KR2：成单率增加2.5%
KR3：新销售额完成6000万

人力资源中心
O：组建高质量的人才队伍
KR1：候选人面试比例70%以上
KR2：5月30日前具有竞争力的待遇结构
KR3：关键人才离职率10%以下

某产品经理
O：提升首次用户的使用体验
KR1：找出并实施衡量新用户使用成功的核心指标
KR2：启动首次登录体验的3项用研，符合预期大于50%

某工程师
O：提升产品性能
KR1：提高10个最慢、最常用的前端页面性能
KR2：提高最慢的前端页面性能

某销售经理
O：像一个摇滚明星一样主导销售
KR1：销售收入提高5%
KR2：成为演示冠军（达到100次/月）
KR3：6月3日前定义销售成功的客户旅程画像

某招聘经理
O：为各部门输送高质量的候选人
KR1：确保每个职位的面试比例不低于5:1
KR2：5月1日前完善内推机制，确保每个招聘岗位都有内推候选人

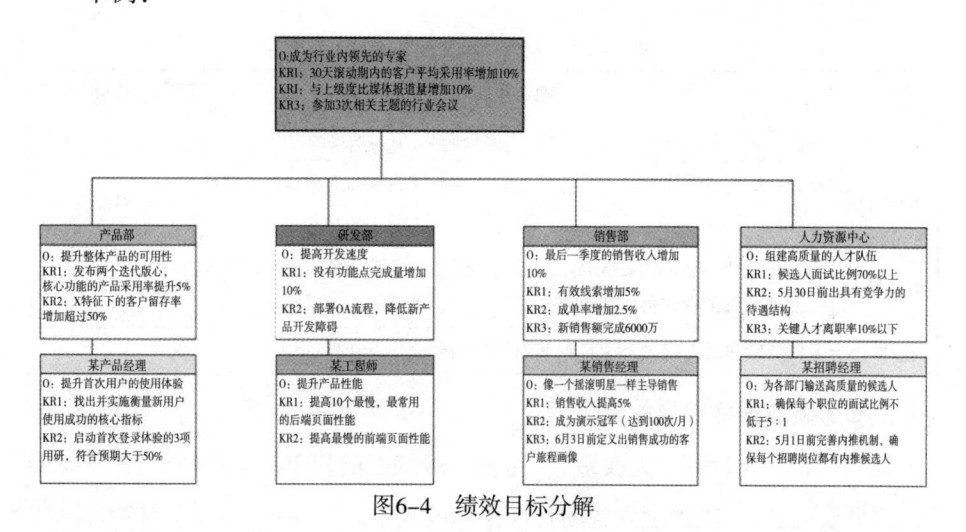

图6-4　绩效目标分解

八、绩效考核的指标确定和权重分配

管理者要将绩效管控的重点放在管理工作和关键任务上,然后控制节奏,而不是单纯去管人、时间和一时的得失。

(一)绩效考核项目种类

见表6-9所示。

表6-9 绩效考核的不同种类

类型	举例	优点	缺点
比例型	销售额达成率= 实际销售额÷计划销售额×100%	准确性高; 相对客观; 量化程度高	考核成本高,对数据化管理较差的职能的考核项目,其数据来源困难
统计型	可行性建议被采纳个数: 1个,得2分; 2个,得5分……	可操作性强; 相对准确	评价不客观,绝对值大但概率更低——目标值越小越好的项目 需要全部统计,使得统计难度增加
倒扣型	出现1次不及时扣2分; 扣完本项的配分为止	可操作性强; 可行性强; 考核成本低	准确性低,仅考虑所发现的而不是实际发生 评价不够客观,绝对值大但概率可能更低 扣完分数后,员工容易放弃在该项目上的努力

(二)绩效考核指标确定原则

见表6-10。

表6-10 绩效考核指标的确定原则

指标级别	确定原则	得分
最高目标	在实际上(注意:不是理论上)可能会出现的业绩,并且通过努力可以达成	项目配分×1.2
考核目标	在过往(过去3个月或去年同期)的实际达成业绩的基础上稍加努力即可达成的目标值	项目配分
最低目标	确保企业业绩达成的底线,一旦实绩低于这一底线,部门或岗位在这一职能职责的存在价值就消失	0分
当数据介于考核指标和最高/低指标之间时将有不同的公式加以计算		

(三)绩效指标权重的分配

1.不同的"权重""大权重"。指标一级维度的权重。

"小权重。"一级维度内各项具体指标的权重。

"视角权重。"如果某些绩效指标是由两个或以上主体评估的,那么评估主体之间也可分配权重。

需要说明的是:权重设计没有所谓"最佳"标准,是一个可调节的工具,用来体现不同指标的重要性程度,用来传导战略要求,或管理者的重点要求;权重的确定可以由管理者和员工共同协定,也可以请专家或专业人员进行评估确定。

2. 权重分配原则

(1)所有项的和是100%,不能超过,也不能少了。

(2)一个岗位的考核指标5~8个比较合适,指标权重一般为5%的倍数。

(3)越是高层的岗位,他所承担的财务性经营指标和业绩指标的权重就越大;低层的岗位,则相反。

(4)定量为主,定性为辅,先定量后定性。

(5)最重要的指标往往只有两三个,如果有一个,其权重一般要超50%;如果有两个,一般每个指标权重在30%以上;如果有三个,每个指标权重一般在20%以上。

3. 绩效考核指标的确定

(1)越是高层管理的KPI数目越少,结果性越强,量化性越高。

(2)越是基层管理的KPI数目越多,过程性越强,数量与质量性皆有。

(3)下属的KPI应和上司的KPI有因果关系。

(4)每个人的KPI不多于6个。

(5)每个KPI必须设定衡量标准。

(6)6个KPI的比重之和为100%,应有主次之分,最少的权重不少于10%。

(7)KPI主要衡量与当年营业计划相关的重要成功因素,而不是记流水账。

(8)KPI的目标值应每年水涨船高,反映了企业发展的脚步,高层领导共同分享与承担总业绩的成败。

(9)建议年度设定,可季度更新。

(四)绩效考核指标权重设计

绩效考核指标权重设计要遵循以下几个原则。

1. 战略相关性

越相关,占比越要大。

2. 部门可控性

越可控,越不容有失。

3. 考核周期性

考核周期越长越重要,占比越大。

4. 业务成熟度

越成熟,越适中。

(五)绩效等级标准设计

评价等级和比例控制要求如图6-5所示。

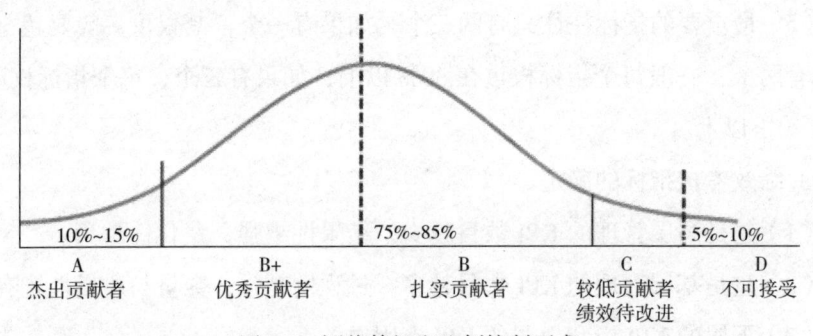

10%~15%		75%~85%		5%~10%
A	B+	B	C	D
杰出贡献者	优秀贡献者	扎实贡献者	较低贡献者 绩效待改进	不可接受

图6-5 评价等级和比例控制要求

1. 总体分布

一个人数较多的团队其绩效等级分布符合正态分布规律,公司确定的总体比例分布为:A(10%~15%),B/B+(75%~85%),C/D(5%~10%)。

2. 团队绩效影响个人绩效比例

组织绩效好的团队,A的比例可适当增加,C/D的比例可适当减少。由各级管理团队根据组织绩效确定下属团队的等级比例分布,并保证总体比例符合公司要求。

3. 虚线的含义

B+和B之间是虚线,它们之间的比例由各级管理团队根据组织绩效确定下属团队的具体等级比例分配;C和D之间是虚线,意味着D的比例不作强制要求。

附:部门或岗位绩效考核结果分析工具

(一)部门或岗位绩效考核结果系统分析(基础数据表)

见表6-11所示。

说明:本表格为本绩效分析系统工具的基础数据表。请先填好员工绩效考核基本信息(人数及分数为自动生成),然后设置好指标内容及其权重值(表格中以售后服务部为例,所列仅供参考)、评分等级标准,最后填入目标值以及评分值即可,其他数据为自动生成(包括均值、差距分析、达标率、合计、排名、等级等)。

注:可以根据需要增减指标项目或者员工数量(自动分析表格中已经预留10行及10列),但要求填写规范,并注意添加行列的位置,以确保分析表格中设置的自动函数查询范围有效,详见表格右侧说明。

另:表中与目标值对比分析的数值若为负数,自动以红色醒目提示,正值则显示为绿色。

表6-11 部门或岗位绩效考核结果系统分析(基础数据表)

部门/岗位名称		部门经理		人员数量	考核周期	总均分	目标值	达标率	差距值				
售后服务部		美人鱼		10	2016年3月	82.29	90.00	91.43%	-7.71				
指标类别	权重值	指标序号	指标明细	权重值	目标值	美人鱼1	美人鱼2	美人鱼3	美人鱼4	美人鱼5	美人鱼6	美人鱼7	美人鱼8	美人鱼9	美人鱼10	均值	与目标值差距(超出)	超出目标比例	达标率	达标率排名
售后服务工作实施		指标1	订单处理及时性及准确性	5%	4.50	5.00	5.00	2.00	4.00	3.00	5.00	5.00	2.00	3.00	4.00	3.80	-0.70	-15.56%	84.44%	9
售后服务工作实施		指标2	客户回访数量及频率	10%	9.00	10.00	9.00	9.00	9.60	9.50	9.50	9.60	9.50	9.50	9.60	9.48	0.48	5.33%	105.33%	4
售后服务工作实施	35%	指标3	客户咨询、投诉处理及时性及有效性(投诉满意率)	5%	4.50	4.00	3.00	4.00	3.00	4.00	4.00	4.00	4.00	4.00	3.80	-0.70	-15.56%	84.44%	9
售后服务工作实施		指标4	售后维修服务跟踪及反馈	5%	4.50	4.00	4.00	4.00	4.00	4.50	4.00	4.00	4.00	4.50	4.00	3.90	-0.60	-13.33%	86.67%	8
售后服务工作实施		指标5	服务态度	5%	4.50	4.00	3.00	2.00	5.00	5.00	3.00	5.00	5.00	4.00	-0.50	-11.11%	88.89%	7

重新定义管理

续表

部门/岗位名称		部门经理	人员数量	考核周期	总均分	目标值	达标率	差距值					
售后服务部		美人鱼	10	2016年3月	82.29	90.00	91.43%	-7.71					

指标类别	权重值	指标序号	指标明细	权重分值	目标值	美人鱼1	美人鱼2	美人鱼3	美人鱼4	美人鱼5	美人鱼6	美人鱼7	美人鱼8	美人鱼9	美人鱼10	均值	与目标值差距(超出)	超出目标比例	达标率	达标率排名
售后服务工作实施	35%	指标6	工作总结与汇报	5%	4.50	5.00	5.00	4.50	5.00	4.50	5.00	4.50	5.00	4.50	4.80	0.30	6.67%	106.67%	3
售后服务目标实现	40%	指标7	客户二次开发销售额目标达成率	10%	9.00	8.00	6.00	7.00	8.00	8.00	9.00	7.00	4.00	6.00	8.00	7.10	-1.90	-21.11%	78.89%	14
售后服务目标实现		指标8	客户二次开发成功率	5%	4.50	5.00	5.00	4.00	5.00	5.00	5.00	4.00	5.00	5.00	4.90	0.40	8.89%	108.89%	1
售后服务目标实现		指标9	重点客户流失量的控制	10%	9.00	9.60	9.00	7.00	9.00	9.00	10.00	9.00	9.00	9.00	9.50	9.01	0.01	0.11%	100.11%	6
售后服务目标实现		指标10	客户服务满意度	15%	13.50	13.00	12.00	9.00	12.00	10.00	15.00	12.00	7.00	9.00	12.00	10.80	-2.70	-20.00%	80.00%	13
日常工作管理	10%	指标11	销售数据信息管理	5%	4.50	5.00	4.00	5.00	4.00	5.00	5.00	4.00	5.00	4.00	4.70	0.20	4.44%	104.44%	5
日常工作管理		指标12	其他日常工作	5%	4.50	5.00	3.00	4.00	4.00	3.00	4.00	5.00	1.00	5.00	3.80	-0.70	-15.56%	84.44%	9
知识、技能与品质	15%	指标13	知识与技能	10%	9.00	9.00	4.00	8.00	8.00	8.00	10.00	9.00	4.00	8.00	8.00	7.30	-1.70	-18.89%	81.11%	12
知识、技能与品质		指标14	愿望与态度	5%	4.50	4.50	5.00	5.00	5.00	5.00	5.00	5.00	5.00	5.00	4.90	0.40	8.89%	108.89%	1
合计				100%	90.00	92.60	78.00	69.50	87.60	78.00	96.00	86.60	66.00	82.50	86.10	82.29	-7.71	-8.57%	91.43%	
排名						2	7	9	3	7	1	4	10	6	5					
等级						A	C	D	B	C	A	B	D	B	B					

注：1. 目前标杆值/目标值是统一按照权重值的90%计算的，在本表格中已设置。不过，也可以直接输入适合企业自身的标杆值。

2. 若需增添指标项目及相应的数据，请在此基础数据表格中间位置（即7~20行）插入式添加行数并录入数据，以确保表格中设置的自动计算公式查询范围有效，建议在13行之上的位置添加，以免影响评分等级标准单元格；若增添员工名单及数据，也请在G列与P列之间插入列并添加数据，建议在P列与O列之间添加，以免影响其他单元格。另，删除单元格时，请注意别影响其他数据单元格。

3. 最终评分等级标准设置如图6-6所示。

区间数值（自动显示）		标准值	等级
0	59.99	0	E
60	69.99	60	D
70	79.99	70	C
80	89.99	80	B
90	100	90	A

图6-6　区间图

（二）部门或岗位绩效指标（KPI）达标分析

见表6-11所示。

说明：本工具为部门或者岗位KPI达标情况详细分析。具体分析包括两个方面：一是各项指标详细分析，即未达标指标项及已达标指标项明细；二是综合分析，即各指标类别与目标值对比分析及总体达标率。

注：除了综合分析表中指标类别需要录入外，本表格中所有数据为自动生成，请不要随意改动本表格（包括不要增减行列）。尤其是部分没有数据或者显示出错的单元格，不要删除或者更改，此为预留单元格，方便用户在基础数据表中添加数据。

表6-11　部门或岗位绩效指标（KPI）达标分析

未达标指标明细					已达标指标明细			
指标序号	指标明细	达标率	达标率排名	指标名称	指标明细	达标率	达标率排名
指标1	订单处理及时性及准确性	84.44%	9	指标2	客户回访数量及频率	105.33%	4
指标3	客户咨询、投诉处理及时性及有效性（投诉满意率）	84.44%	9	指标6	工作总结与汇报	106.67%	3
指标4	售后维修服务跟踪及反馈	86.67%	8	指标8	客户二次开发成功率	108.89%	1
指标5	服务态度	88.89%	7	指标9	重点客户流失量的控制	100.11%	6
指标7	客户二次开发销售额目标达成率	78.89%	14	指标11	销售数据信息管理	104.44%	5
指标10	客户服务满意度	80.00%	13	指标14	愿望与态度	108.89%	1

续表

未达标指标明细					已达标指标明细			
指标序号	指标明细	达标率	达标率排名	指标名称	指标明细	达标率	达标率排名
指标12	其他日常工作	84.44%	9		#N/A	#N/A	#N/A
指标13	知识与技能	81.11%	12		#N/A	#N/A	#N/A
	#N/A	#N/A	#N/A		#N/A	#N/A	#N/A
	#N/A	#N/A	#N/A		#N/A	#N/A	#N/A
	#N/A	#N/A	#N/A		#N/A	#N/A	#N/A
	#N/A	#N/A	#N/A		#N/A	#N/A	#N/A
	#N/A	#N/A	#N/A		#N/A	#N/A	#N/A
#NUM!	#NUM!	#NUM!	#NUM!	#NUM!	#NUM!	#NUM!	#NUM!
#NUM!	#NUM!	#NUM!	#NUM!	#NUM!	#NUM!	#NUM!	#NUM!
#NUM!	#NUM!	#NUM!	#NUM!	#NUM!	#NUM!	#NUM!	#NUM!
#NUM!	#NUM!	#NUM!	#NUM!	#NUM!	#NUM!	#NUM!	#NUM!
#NUM!	#NUM!	#NUM!	#NUM!	#NUM!	#NUM!	#NUM!	#NUM!
#NUM!	#NUM!	#NUM!	#NUM!	#NUM!	#NUM!	#NUM!	#NUM!
#NUM!	#NUM!	#NUM!	#NUM!	#NUM!	#NUM!	#NUM!	#NUM!
#NUM!	#NUM!	#NUM!	#NUM!	#NUM!	#NUM!	#NUM!	#NUM!

注：1. 标杆值是公司设定的各项指标标杆值。目前标杆值是统一按照权重值的90%计算的，在基础数据表格中已设置。不过，也可以在基础数据表中直接输入适合企业自身需要的标杆值。

2. 左侧表格中所有信息与数据为自动生成，其中无数据单元格请予以忽略，不要删除或者录入数据，更不要随意删除行数据。若有更多符合条件数据，这些单元格将自动显示相关数据。

3. 左侧最后9行开始的单元格为预留的带自动函数的单元格，以用于在基础数据表增添考核指标项。如果数量不够，请选中带函数的数据单元格，向下拖动填充序列即可。

图6-7 区间图

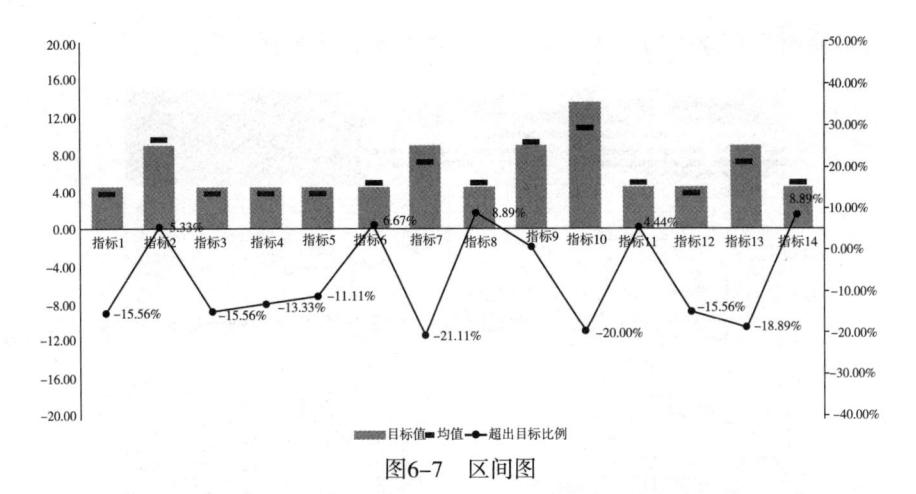

注：若比例值超出了坐标轴值的范围，则有必要手工调整坐标轴值的最大值及最小值。

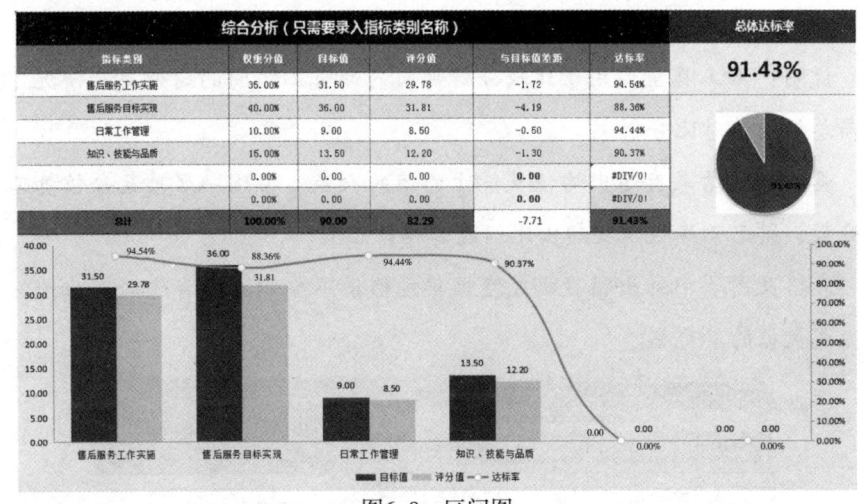

图6-8 区间图

注：表格中零值为预留单元格，请不要删除或者修改单元格中函数公式。输入指标类别名称，即会自动生成数据。（图表亦同）

（三）部门或岗位员工绩效达标分析（依据KPI考核）

说明：本工具主要用于分析部门各位员工的KPI考核达标情况。具体分析结果有：已达标及未达标的人数、占比、名单及每位员工具体分数、排名、等级以及超出比例或者相差比例。表格及图表中的出错数据或空格单元格请不要删除或者改动，为预留自动生成数据的单元格。

图6-9　区间图

（四）部门或岗位员工绩效横向比较分析

说明：本工具主要用于比较分析部门内部员工之间的绩效差距情况（主要与总体均值对比分析）。

具体分析结果有超出均值及低于均值的人数、占比、名单及每位员工具体分数、排名、等级以及超出比例或者相差比例。

表格及图表中的出错数据或空格单元格请不要删除或者改动，为预留自动生成数据的单元格。

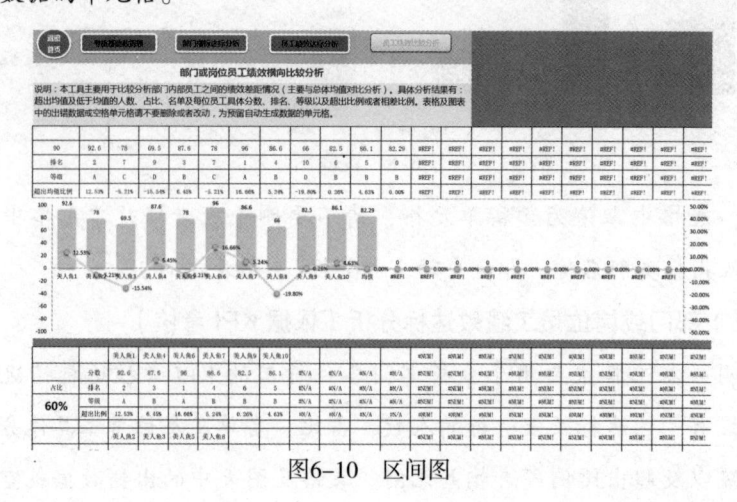

图6-10　区间图

九、绩效辅导和绩效改进

（一）绩效辅导

1. 绩效辅导工具——GROWS 模型

GROWS 模型是五个步骤的首字母。

（1）G——Goal：自我审视，设定目标。为员工设定长期的目标和方向，找到每一个阶段性目标的可量化指标，不能泛泛而谈。例如：你想在哪些方面达到哪些目标？你未来半年的规划是什么？

（2）R——Reality：认清现实，切合实际。从多维度对当前现状进行了解与分析，结合目前的资源和能力，找出员工在目标达成过程中可能遇到的困难和障碍。例如：目前工作开展顺利吗？计划进展到哪一阶段？现有的支持和帮助有哪些？目前你最大的担忧是什么？

（3）O——Option：启动思考，扩展选项。在这个阶段，通过提问和反馈、头脑风暴等方式引导员工进行全方位思考，并提出两种以上的解决方案。例如：你觉得用何种方法可以达到目标？这个方法的优点与缺点在哪里？

（4）W——Will：下定决心，落实承诺。规定分工角色、建立自我责任。例如：下一步计划是什么？你需要什么支持？实现目标对你有什么意义？

（5）S——Support：整合资源，获取支持，给员工提供支持。

案例：

小李是你部门业务人员，他入职已经一年多。在这一年中，你给他定的绩效业绩指标是 120 万元，他完成了这个业绩指标，实际完成 121.9 万元。但是，像小李这样的销售员平均业绩是 180 万元。小李距离这个目标还有很大的差距，而且，由于以前小李不在互联网行业工作，对行业知识了解并不全面，进一步分析，你发现：小李具备较强的逻辑思路及积极心态，愿意学习和承担责任，但沟通协调及表达能力较弱，沟通协调时常常碰壁，自己的思路和想法不能被别人理解，说服力较差。小李告诉你，他希望三年内升任主管，希望你协助他规划三年的发展成长计划，并对他持续地进行教练。当然，在培养能力的同时，他也需优异地完成工作任务，达成业绩指标。

解析：

（1）明确各关键项。

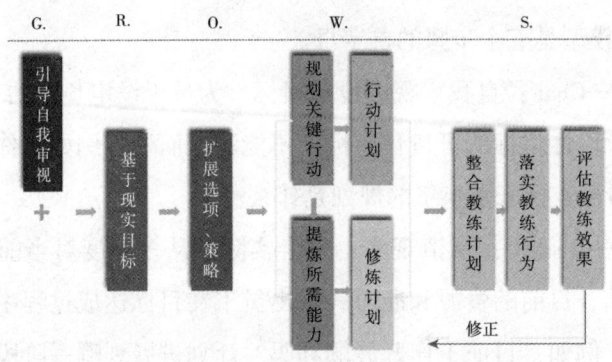

图6-11 各关键项

（2）环节梳理。

①设定基于现实的目标和策略。

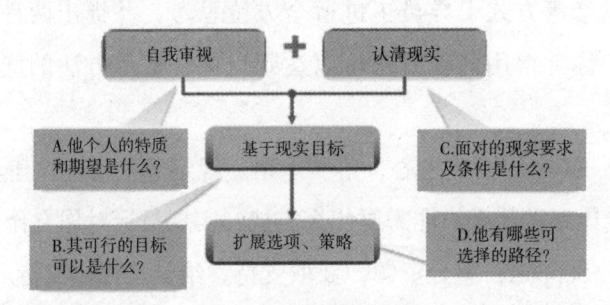

图6-12 关键环节梳理

②制订个人成长计划（W演练）。

在扩展选项后，必须选定最适路径，下定决心，规划行动及提炼所需能力。

第一步：选定路径，规划关键行动。

第二步：提炼所需关键技能。

第三步：自我承诺，拟订行动及修炼计划。

第四步：依个人计划，拟订教练计划。

③寻求支持，落实教练行为（S演练）。

依据小李的能力需求，整合多方面资源，寻求支持，以落实教练行为。针对每次重要的教练安排，做好教练前、中、后的规划，做好记录及追踪。

教练前。解析特质，明确需求，设定目标。

教练过程。时机场合，养成内容，教练模式。

教练后。总结行动，技能修炼，检验方式。

2. 常见的辅导方式

（1）正式沟通。

①书面报告。内容严谨准确，一则便于保存，二则可以突破时间、空间的限制。

②工作例会。提供一个面对面直接沟通的机会，弥补书面沟通的缺陷。

③一对一面谈。讨论深入，因材施教，建立融洽的上下属关系。

（2）非正式沟通。

工作中经常性肯定、鼓励、指导他。具体路径有：电话/电子邮件/网络通信；简短的碰头会；经常走动式地同员工聊天；工作之余的各种交流活动。

3. 绩效辅导的环节

（1）准备。选择并确定合适的绩效辅导方式、时间、地点；收集相关信息，预测可能出现的问题及相应的处理方法；正式通知员工。

①信息的准备。准备员工过往绩效考评结果；准备员工过往工作表现不佳的事实证据，比如业绩数据分析图、缺勤天数、内外部相关影响绩效表现的事实，采用数据呈现；准备辅导面谈记录表、行动计划等表格；设计面谈流程、面谈地点、时间和形式。

②答疑的准备。比如：公司给我的资源与支持够不够？公司规定不灵活，是否影响了我的绩效？市场大环境不太好，我无能为力？绩效考核是否不公平、不合理？领导都很忙，没给我更多的帮助？我不太认可对我的绩效评价，觉得工作干得还不错等。

③其他准备。

思想准备。面谈要聚焦于对过往绩效的分析和对未来绩效提升的计划。

心态准备。不能急于求成,如果想达成共识,可以总结后再进行面谈。

环境准备。创造一个相对不受干扰的环境,避免中途被打扰或中断。

时间准备。将面谈时间控制在 60 分钟以内等。

(2)沟通。

①与员工讨论,共同找出问题所在。

②制订具体有效的行动计划。

(3)追踪。

①关注执行情况。

②提供员工所需要的资源支持和相关培训。

4.辅导实施流程。

(1)辅导面谈七步法见表 6-12 所示。

表 6-12　辅导面谈的步骤

步骤	内容	注意事项
一 明确目的	暖场;让下属明确面谈目的	创造轻松、融洽的氛围;慰劳下属的辛劳,使下属心情放松;面谈对事不对"人"
二 员工自评	陈述绩效考核目标;自评目标实施状态及说明哪些方面需要改善与提升	注意倾听,不要插嘴;要引导不要离题;过程中可通过有效的问题引导自评;运用5W法追根溯源,找到导致低绩效的关键因素
三 积极反馈	对于取得的成绩给予肯定和表扬;对于不足方面,要呈现事实或数据	定性与定量相结合;不要对达成一致的方面过多地解释和说明;利用事先设定的目标和绩效标准评价;将引导员工自评的结果做以总结归纳,在此基础上进行指导和评价
四 建立共识	沟通确认员工需改善的工作内容;将不同意见转化为问题,再转化为解决方案;确认需给予的资源和支持;针对建立共识的内容进行总结与确认	先从共识谈起;不要与下属形成对峙;关注绩效标准及相关事实;掌握负面反馈技术;在理解员工工作状态的前提下,面向未来,提出建设性、指导性的反馈
五 制订计划	针对建立共识的内容(包括不限于工作技能提升、工作状态调整等)制订改善计划;确认下一阶段工作目标、绩效考核目标、行动计划以及辅导支持计划	改善计划须过程反馈;明确能够给予的资源与支持内容;行动计划须遵循SMART原则

续表

步骤	内容	注意事项
六 确认共识	双方签字；以鼓励的话语结束谈话；整理面谈记录	鼓励的话语建立员工信心；资料整理要及时
七 跟进辅导	跟进行动计划的实施；阶段性汇报与辅导	过程跟进须及时；辅导支持要有效

（2）注意事项。真诚与开放是成功辅导的基本态度；倾听与教练是绩效辅导的重要技能；随时抓住沟通机会，善用不同的辅导方式；不要忽视记录员工的工作表现；关注那些通过辅导，员工能解决改进的事；管理者不要逃避辅导责任。

5.TOPSA 对话工具

有效对话技术落实清单如下。

步骤一：创造良性氛围。选择最合适的场合，让员工觉得安全，不需戒备；当员工排斥或对立时，以认同或幽默化解；适当肯定其努力，保持尊重，不轻易评价或批判。

步骤二：引导自我判断与评价。以中性开放提问，给予员工自我判断空间；以专业思路引导员工思考，学会现场自我检验；邀请员工参与讨论，融合双方智慧。

步骤三：引导深度分析问题，并适当提示。先引导员工自掘问题，刨根问底找出原因；如果员工没想法，就以提示的口吻提出自己的观察；征询员工的意见，相互验证是否找到问题真相。

步骤四：引导思考解决之道，并提供建议。先引导员工自寻答案，训练员工解决问题能力；适当地赞美，让员工享受成就感并建立主人翁意识；待员工没想法时，再提出自己的建议；对双方同意的做法，做到现场演练，确保做到位。

步骤五：总结共识行动并获取承诺。引导员工总结后续行动计划，并设定控制点；引导员工提炼未来需改善的技能，并设定检验点；鼓励员工，强化其自信，并要求承担起责任。

6.因人而异的绩效辅导

（1）优秀的下属。鼓励下属的上进心，为其制订个人发展计划；不要急于许愿（提拔或给予特殊的物质奖励）。

（2）绩效差的下属。具体分析，找出真正的病因并采取相应措施。切忌不问青红皂白，认定是下属的错误。

（3）没有显著进步的下属。开诚布公地跟员工讨论现职是不是不太适合、是否需换岗位，让他们意识到不足。

（4）发火的下属。耐心倾听下属的意见，不要马上跟他争辩和反驳；仔细分析使下属发火的原因，共同分析，冷静地、建设性地找出解决问题的办法。

（5）年龄大的、工龄长的下属。对下属要特别尊重；肯定他们过去的贡献；耐心而关切地为他们出主意。

（6）过分雄心勃勃的下属。耐心开导，用事实说明他们还有一定差距；不能泼冷水，与他们一起讨论未来的可能性与计划；不要让其产生错觉，觉得只要达到某一目标就能获奖或晋升；鼓励他们继续努力。

（7）沉默内向的下属。对不爱开口的人应耐心启发，用提出非训导性问题或征询意见的方式，促使其作出反应。

7.低绩效人员的行为表现与培养方式

见表6-13所示。

表6-13 低绩效人员的表现和培养

层次	行为表现	培养方式
一	这类员工既有很高的工作意愿，也有很强的工作能力，是管理层最喜欢的员工类型，是企业的核心资产 1.自动自发地工作，不需要监督和督促 2.不辞劳苦、工作认真，同时对所从事的工作具有很强的技能和很专业的水平 3.以结果为导向，对上级安排的工作完成得既有效率又有效果 4.能不断地总结、创新，不断改善工作流程和提升工作绩效。	1.管理时，不要太多地关注和干涉。明确他们的工作任务和职权范围，使工作顺利有效地开展 2.要给予尽可能多的关心和理解，给予明确的物质利益回报，同时还要投入更多的感情 3.用人时要有足够的胸襟，去接纳和包容各式的人才，让各类人才得以在企业施展才华

续表

层次	行为表现	培养方式
二	这类员工工作很努力，对于自己的每项工作任务都认真对待。但是由于缺乏专业的训练、必要的知识或者特殊的技能，总是不能很好地完成工作，达不到设定该工作所要达到的目的。出现这种现象的原因有很多种 1.刚入职员工，充满工作激情。由于缺乏对公司组织架构、流程的全面了解，不能够合理地运用公司资源，有效地完成工作任务 2.应届毕业生员工，缺乏工作经验和社会阅历 3.工作内容与个人专业特长不匹配，所安排的岗位不能发挥所长 4.员工年纪比较大，缺乏学习新知识、掌握新技能的动力和能力等	1.这类员工都是好员工，如果可以正确地培养、使用和管理，忠诚度会非常高2.对于缺乏技能但有潜力的员工，要建立科学的培训培养机制。定期举行专业技能培训、优秀员工经验分享等活动，建立老带新、传帮带等机制，同时直接经理担负起提升下属能力的责任 3.根据员工的个性特长、专业背景、技术特点、性格兴趣等特质安排其工作。不要出现马拉磨、驴拉车的情况 4.老员工是企业的元老级人物，是企业的骨干，除了要督促成长之外，还要安排适当的岗位
三	这类员工有丰富的工作经验与工作能力，但缺乏一个良好的心态去主动完成工作 1.可以很轻松地将一件工作做好2.但是总是懒懒散散，拈轻怕重，不愿意对工作投入精力和热情 3.缺乏责任感，工作敷衍，找理由去推托、讲条件4.上级临时安排工作，或同事请求协助，总说自己很忙5.常常抱怨公司、抱怨同事	1.设定明确的考核标准，赏罚分明、具体。做得好、做得多，就有更高的回报，包括物质回报、精神回报 2.评估员工能力，是否该工作任务已经不能让其获得成就感。适当增加工作量和工作难度，或适当调整工作岗位，让其承担更多的责任 3.调整激励措施，做到科学、合理、符合人性 4.加强企业归属感的培养和感情的投入，营造愉悦的工作氛围
四	这类员工既不能很好地完成工作任务，又没有工作意愿。 1.完成不了工作目标，或上级交代的工作任务 2.通过培训和工作指导，也无法得到工作绩效的改善 3.常常抱怨公司、抱怨同事 4.在团队中传播负面能量	最好找更合适的人来取代他
总结	作为管理者，要谨慎细致地观察和考量员工，并将他们分类。根据每类员工不同的特点进行管理 作为员工，要积极主动地去解决自己面临的问题，提升个人的能力和职业素质。	

（二）绩效改进

所谓绩效改进，就是根据事实证据判断当前的绩效现状，设定能够达到的绩效目标，找出两者之间产生差距的系统化过程。

1. 差距分析

战略是由不满意激发的，而不满意是对现状和期望业绩之间差距的一种感知。业绩差距是现有经营结果和期望值之间差距的一种量化的陈述，机会差距是现有经营结果和新的业务设计所能带来的经营结果之间差距的一种量化的评估。业绩差距可以通过高效的执行填补，且不需要改变业务设计。填补一个机会差距，却需要有新的业务设计。

举例：

业绩差距：过去五年业务急剧增长，产品质量有所下降。我们引进六西格玛的尝试失败了，在过去12个月里我们失去了5%的市场份额。每个百分点代表着约5亿美元收入损失。我们要在未来24个月收复损失掉的市场份额。

机会差距：我们研发小组开发出了新的技术平台，这在国内业界是一个潜在的颠覆性技术。目前，我们预期第一个先行者的机会在12~18个月内，如果在6个月内推出此技术。但我们目前的产品开发周期是18~24个月，要取得成功，必须把周期缩短到6个月。

2. 引导工具

有哪些业绩差距？哪些差距最重要，为什么？形成差距的主要原因是什么？见表6-14所示。

表6-14 引导工具表

目标	结合今年业绩情况，识别目前业务上存在的关键业绩差距
问题聚焦	回顾自己设定的目标，在一些关键的绩效指标和财务性指标上，是否存在差距？与行业内主要竞争对手相比，我们在哪些方面存在差距？存在哪些市场机会？哪些是最关键的差距？
作业输出：差距描述——一个或两个的差距陈述	陈述业务结果，如收入、利润/贡献、市场份额。形成差距的主要原因。有时间的约束和可量化
结果输出	差距类别： 差距描述： 形成差距的主要原因：

3. 个人绩效改进

（1）三部曲：找差距、究原因、定措施。重点说一下究原因。

影响员工绩效的因素：

①个人体力条件，如性别、年龄、智力、能力、经验、阅历；

②企业外部环境，如资源、市场、客户、对手、机遇、挑战；

③心理条件，如个性、态度、兴趣、动机、价值观、认识论；

④企业内部因素，如资源、组织、文化、人力资源制度。

（2）举例：×××公司某员工绩效诊断，见表6-15所示。

表6-15　×××公司某员工绩效诊断

知识	技能
缺乏管理知识和经验 缺乏时间管理知识	缺乏管理技能 缺乏商业谈判技能 分不出工作优先顺序
态度	外部障碍
喜欢技术工作，不愿放弃 考虑管理岗位的不稳定性 和个人发展方向不明确	工作负担过重 属下员工培训不够 外部用户的压力

解决策略要领：如果存在外部障碍，应该首先在本人权限范围内最大限度地排除它们，或尽可能减少其影响；如果存在态度问题，必须在解决发展问题之前将其解决掉。态度问题不解决，一切预期变化都不可能发生；如果缺乏知识、经验和技能，最好首先解决知识和经验问题。

注意：不能用解决发展问题的方法来处理管理问题；发展解决方法应以在职训练和自我启发为主、脱产培训为辅；管理者应在与员工的讨论中，对解决方法达成共识，才会全身心地投入。

附：

（一）绩效辅导记录表

表 6-16　绩效辅导记录

部门：_____　员工姓名：_____　辅导时间：_____
1.工作进展回顾（进度回顾、分析好的方面与需改善的方面）： _____
2.工作行为反馈（沟通积极/消极行为、总结员工看法、提出建议）： _____
3.下阶段的行动计划（事项、责任人、时间、资源）： _____
说明： 绩效辅导记录包括工作进展回顾、工作行为反馈、下阶段的行动计划三部分内容。 工作进展回顾：通过回顾工作进度，指明哪些方面的工作做得好，哪些方面需要进一步改善。 工作行为反馈：直线经理通过真诚地嘉奖员工的积极行为、坦诚地沟通员工需要改善的行为，总结员工看法，对员工提出改进要求并给出相应建议。 下阶段的行动计划：通过本次辅导双方达成的共识，主要包括下一阶段的主要工作事项、责任人、完成时间，以及直线经理承诺给予的资源支持。 本表适用于记录直线经理和员工间进行的定期或不定期的绩效辅导，由直线经理进行记录、存档。

（二）绩效辅导计划制订

表 6-17　低绩效人员四象限分析

部门：　部门人数：　评估人：　日期：	
高 工作意愿 低 Ⅱ　能力（弱）　Ⅰ　能力（强） 　意愿（高）　　意愿（高） Ⅳ　能力（弱）　Ⅲ　能力（强） 　意愿（低）　　意愿（低） 弱　工作能力　强	第1类员工：工作能力强，工作意愿高，授权型
^	第2类员工：工作能力弱，工作意愿高，引导型
^	第3类员工：工作能力强，工作意愿低，诱导型
^	第4类员工：工作能力弱，工作意愿低，教导型

表 6-18　属员绩效辅导计划

层次/类型	属员评价	拟沟通重点	针对重点问题的教练式提问话术	培养建议

第七章 人才塑造力——企业基业长青的密码

构建促使人力资源变成人力资本的系统化管理体系，是当代企业的核心管理命题。企业成功SRP模型，即"企业成功＝战略（strategy）×路径（route）×人（person）"告诉我们，"人"是企业成功离不开的重要元素之一。这里的"人"其实就是指组织能力。也就是说，企业要想实现基业长青，就要重视人才的塑造，重视战略盘点和人才盘点，重视人才激励，做好人才的输出与任用等。

实践经验证明：人才是训练出来的。结合企业发展阶段和经营环境不断训练内部人才，打造可以驱动企业第二成长曲线的人才发展体系，是当下中国企业的战略级任务。

一、人才发展战略认知与理解

优秀的决策层往往都知道：成功的关键不在于"怎么做""做什么"，而在于"谁来做"。它考验的是企业的人才管理体系和决策层的人才决策能力。

（一）人才充足率

人才充足率指的是企业现有人才数量与实际需要人才数量之比，其核心是了解企业人才储备是否充足，以满足企业未来发展的需要。

人才充足率计算有以下几类：

（1）一年内准备就绪的接班人比管理者总人数。

（2）高绩效人才比全公司人数。

（3）高潜人才比全公司人数等。

（4）战略性岗位上顶尖人才占比。

在表现优秀的组织中，高潜人才充足率可以达到20%，而表现一般的组织中高潜人才充足率只有 2%。

高潜人才充足率高的公司不仅能赢在当下，更是有利于公司的长远发展。公司的收入增长速度持续快于人才的补给速度，是不能建立起一个卓越的公司的。如果"人才充足率"滞后于"业务增长率"，组织能力就不能得到提升和保障，企业就无法驾驭"高速增长"，陷入"增长的痛苦"，并错失很多战略机遇。

（二）人才管理 CARD 模型

凯洛格总结多年实践经验，提出 CARD 人才盘点模型，从四大维度按照流程进行人才盘点与培养。如图 7-1 所示。

图7-1 CARD人才盘点模型

1.C（Competency）——建标准，即企业战略目标的实现到底需要怎样的人才来驱动？

人才标准：具备什么思维、素质和能力的领导者才能带领企业取得成功？企业未来的战略目标和现在的能力缺口及人才缺口是什么？

2.A（Assessment）——照镜子，即企业如何高效率低成本地发现和选拔人才？

人才评价：企业目前的人才能力现状怎样？与能力标准之间有怎样的差距？企业目前的人效和人才充足率如何？

3.R（Review）——盘人才，即如何打造企业内部人才供应链，为关键岗位提供源源不断的人才输入？

人才盘点：如何才能识别有潜能的人才，并针对性地留才、用才？如何打造企业内部人才供应链,为关键岗位源源不断地提供人才?

4.D(Development)——绘地图,即如何制订针对性的培养计划?

人才培养:如何绘制领导者和专业人士的学习地图,通过内部发展缩小能力差距?如何为新兴业务和战略转型储备适应未来的能力?

(三)企业人才管理的发展阶段

企业人才管理主要经历了四个阶段,见表7-1所示。

表7-1 企业人才管理的不同阶段

	一 非体系化人才管理	二 体系化人才管理	三 聚焦化人才开发	四 战略性人才开发
标准体系	无素质模型	建立素质模型	精确的、针对不同人群的素质模型	精准的任职资格管理体系
评价体系	无固定的评估标准和工具	360度等简单工具为主评估能力。 工具应用以招聘为主	能针对不同人群,有针对性地开发、使用评价工具。 以评价为手段,诊断业务问题	完善的人才评价中心;专业化的人才评鉴系统;专业化的人才测评团队
规划体系	没有对人才进行盘点 没有人才继任计划	定期进行人才盘点。 对关键高层管理者设计替代计划。 HR主导	对关键岗位的人员配置接班人计划,并有针对性地培养接班人。 经理人主导	所有员工都会参与到继任体系当中。 持续开展组织诊断与人才盘点
发展体系	培养内容实用,但不系统培养以课程为主。 课程获取途径、内容可能大不相同	培训课程体系化,满足不同能力、不同层级要求的不同学习内容。 定制化部门课程	紧贴业务需求,把人才培养与业务发展紧密结合,不仅仅是培训,更注重岗位实践	培养目标与公司未来战略发展保持一致,关注长期的战略发展需求
系统整合	通常不纳入人才管理体系	利用领导力模型进行评估和选拔	培养结果与绩效、个人职业发展等因素结合	高度整合的人才管理系统

(四)重要人才和关键人才有何区别

1.重要人才——让公司成为行业里的企业

重要人才不是针对具体企业而定义的,而是针对整个行业而定义的,趋于同质化。如诺德斯特龙百货、苹果零售店、沃尔玛等零售业,"供应链管理"人才和"店面选址"人才是重要人才。

2. 关键人才——让公司成为行业里不一样的企业

它是支撑公司实现战略化差异的人才,可以让公司成为行业里与众不同的企业。在同一行业里,"关键人才"差异很大。比如,一线店员是诺德斯特龙百货的关键人才,而不是好市多的关键人才。

3. 找到关键人才

(1)从人才战略的新视角看,关键人才不是由人才的表面特征、胜任力模型或管理层级所定义的,而是由公司的战略定位、客户价值主张来定义的,关键人才的判断标准仅是对战略的直接影响和最大贡献。关键人才可能存在于企业中的任何一个层级中,有些看似不起眼的岗位,往往是企业领先于竞争对手的关键所在。

(2)如果你所在的公司,在战略上没有差异化定位,没有明确的客户价值主张,那么是无法定义关键人才的。想找到关键人才,就要从战略定位出发,回答以下3个关键问题:①真正创造战略差异化的是哪些员工?②直接决定我们客户价值主张的交付水平的是哪些员工?③真正左右我们战略财务绩效水平的是哪些员工?

(3)围绕"关键人才"构建人才管理体系,优先确保在战略性岗位上配置了合格人才,并通过差异化管理手段,最大限度地激发关键人才全力创造价值的热情,同时公司也要大力为关键人才分配价值。

4. 发挥关键少数的关键作用

"关键少数"身处关键位置、关键领域、关键环节,是公司战略的推动者和落地者,抓好"关键少数"是推进公司战略能力向核心竞争力、超级竞争者全面纵深发展的突破口。关于如何打造战略引领、人才驱动的卓越组织,给HR以下三点行动上的建议。

(1)短期上——评估关键人才的战略准确度。厘清关键岗位和"好战略"之间的逻辑关系和传导链条,在从澄清公司战略到识别战略性岗位的过程中，同步将关键人才的岗位职责和能力模型要求推导出来；精准定义关键人才的能力要求和数量要求，评估现有人才和公司战略之间的契合度和就绪度，确保关键人才的"人才充足率"处于较高水平。

（2）中期上——锁定关键人才绩效加速的突破口。以2%的岗位为工作抓手，以"关键少数"示范带动"绝大多数"，快速响应和加速推动组织的变革进化。同时，优化人力资源的差别化配置，招聘计划、薪酬预算向2%的战略性岗位大力倾斜。让有限的资源投入实现最大化的边际改进，以较少的人工成本投入获得较大的经营绩效回报。

（3）长期上——构建以战略为导向、差异化的人才管理体系。围绕战略性岗位的岗位职责和能力模型要求，修订招募任用标准、绩效考核指标、薪酬激励水平等。通过差异化的"选、用、育、留"等管理手段最大限度地激发关键人才的价值潜能和企业的人才吸引力。持续进行人才盘点和人才结构优化，优先确保关键岗位上配置了明星人才。

（五）人才战略规划

1. 从最大化走向最优化

人才战略的突破性发展就是把市场营销中的"客户细分"概念和公司财务中的"最后决策"概念引入人才管理中，开始有了"人才细分"和"边际绩效"等概念。通过细分，才能够找到"关键"。而所谓的关键就是边际效应的最大化。

在人才战略规划中，深刻融入"关键少数"和"关键人才"概念，才能大幅促进人才投入的最优化，才能找到"战略"和"人才"之间密联的逻辑密钥，打开战略引领、人才驱动的卓越之门。

2. 从HR体系升级到人才管理体系

HR管理体系以"岗位"为核心构建，主要包括：基于组织定义岗位；基于岗位进行岗位评估，确定薪酬水平和结构；基于薪酬结构设计KPI和绩效连接方法；增加岗位任职资格。

人才管理体系要以"人才"为核心构建，把人才视为岗位的主体，追求差异化和个性化。

二、如何塑造内部人才发展能力

（一）选对人永远是企业的头等大事

大多数公司用2%的精力招聘，却用75%的精力来应对当初的招聘失误。

被称为"现代管理学之父"的德鲁克说过："管理是正确地做事，领导是做正确的事。"而正确地做事，首先源于正确地选人，也就是要选对人。无论企业规模大小，人才都是事业成败兴衰的关键所在。

实际上，管理就是选对人。人选对了，人岗匹配，德才兼备，自动自发拦不住，不用扬鞭自奋蹄，管理就省心了。人选错了，选个小人，德不配位，他天天跟你背后使坏，最后会坏了大事。

（二）胜任力模型要和战略保持一致性

谷歌所有的成功产品都是由坚实的技术洞见作为基础的，而这些坚实的技术洞见来源于谷歌的"创意精英"产品经理，这是最具有"谷歌范儿"的战略性岗位。为了将"谷歌范儿"具体定义出来，谷歌构建了战略性岗位"产品经理"的双H胜任力模型来统一人才标准，如图7-2所示。

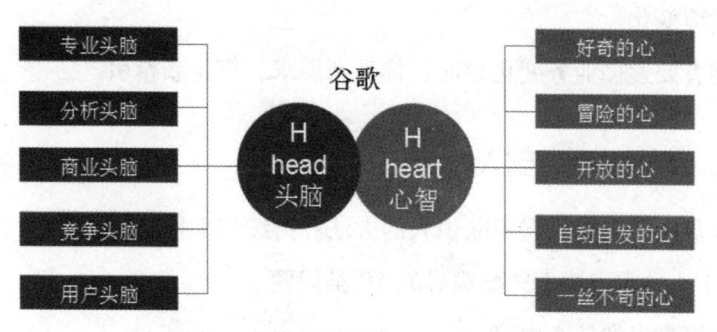

图7-2　谷歌创意精英：双H人才画像

基于人才管理体系七要素模型，清晰定义人才标准的逻辑应该是：战略决定组织，组织定义人才。人才战略的七原则也告诉我们：必须确保战略性岗位上的胜任力模型具有战略上的差异化和核心竞争力上的匹配度。

华为干部人才领导力标准要素如下。

1. 仰望星空

管理者必须了解大的政策趋势，洞悉市场和政策变化，把握宏观前进的方向。

2. 敢战、善战

管理者要善于调查与分析，善于战略洞察与决断；有求胜欲，具备快速过坎能力，能够打赢这场仗。

3. 合纵连横

管理者有资源整合、步炮协同，高低维度贯穿的能力，既善于单点突破，也善于围点打援。

4. 脚踏实地

管理者讲真话、办实事、凡事以客户为中心。

5. 洞悉本质

管理者要重点考核两个方面：一个是系统化思维，另一个是解决问题要像开颅手术一样精准。

6. 敏捷管理

要保证信息传递不变形，团队氛围不变味，团队队形不走样。

7. 适应变化

管理者要遵循业务变化导向，体现新要求，产生新牵引。

三、从战略盘点到人才盘点

人才盘点就是管理层不断识人的方法和持续校准机制。

（一）人才盘点中 HR 要深思的 10 类问题

1. 战略盘点的核心内容

（1）远观 3~5 年，公司未来新增的主战场是什么？业务组合和业务梯队如何搭建？我们是否为这些主战场和新业务储备好了领军人才，让战场有良将，良将有战场？

（2）近看 1 年，在现在的主战场和新增的主战场上，我们马上要发起哪些必胜战役？今年要打哪些具体的硬仗？又到一年点将时，该如何排兵布阵？

2. 组织盘点的核心内容

（1）旧组织无法执行新战略，我们的组织阵形要进行怎样的调整和演进？要新增和强化什么组织能力？又有哪些组织能力已经过时，演变成公司进一步发展的核心阻力？是进行小步快跑的迭代，还是进行大刀阔斧的变革？核心事业部和职能线的领导人是否胜任？

（2）公司过去在人才优化配置和人才培养发展上采取了哪些策略行动？反映在人才盘点的跨年对比上，效果如何，进步多大？人才盘点不仅要盘点别人，还要盘点自己。管理层要盘点一下自己：在人才管理上投入了多少时间？自身领导力的哪方面得到了怎样的提升和改进？管理层和人力资源部门要盘点一下自己：整个人才管理体系的建设成效如何？如何进一步持续优化提升？

（3）公司的人均效益如何，是否处于行业领先地位？

3. 人才盘点的核心内容

（1）公司的人才充足率如何，良将是否众多？

（2）重要将帅有没有充足的后备人选？"板凳"深度如何（稳定性、胜任度）？哪些需要等一年？哪些需要等两年？如何处理将帅继任计划中的人才空缺风险、流失风险和继任者的转型风险？最优选择是挖不动、不流失，次优选择是越挖越旺。

（3）有哪些高潜人才被各个部门雪藏了，碰不得、调不得，公司是否存在这种"人才私有化"的问题？哪些高潜人才被淹没、压制住了，哪些业务负责人是故意打压？决策层要打破人才私有化，让人才在组织内充分流动起来。同时，提拔被打压的高潜人才，把A类人才配置到A类职位上，激发他们的最大潜力。

（4）决策层要跨年拉长历史看人才盘点，看一看是否存在往年的人才盘点中被寄予厚望的少帅、悍将没有做出期望的业绩的情况。是潜能评价失误看走眼了，还是搭错了班子团队，甚至是放错了战场？

（5）决策层每年都重新审视一下，创业元老的价值观、学习力、核心技能等是否还能适应未来战略的需要和组织的需要。如何让元老发挥余热或体面淡出，避免老员工长期占据岗位，赋予新生人才成长空间，激发组织活力，是决策层面对的一大难题。

（二）人才盘点的四大误区

1. 项目化误区

有些企业会将人才盘点当作项目来做，做完之后就放弃，没有将人才盘点流程扎根到企业，也没有让人才盘点方法论成为每一个高管必须熟练掌握的方法。

2. 形式化误区

首先，开人才盘点会时，很多业务负责人走形式，对下属的观察和剖析蜻蜓点水、浮于表面，缺乏对公司人才标准的深刻理解。

其次，简单粗暴地对人下结论，把人才盘点变成单一的人才测评，对人才的诸多理解过于心理学化，导致人才盘点玄之又玄、脱离一线。

3. 权游化误区

一些企业打着人才盘点的旗号进行地盘划分。同时，在公司内部员工的关系不仅是业务关系，还会产生更多的情感因素。人才盘点要改变这种"人才私有化"（我的人不能动）和"熟人溢价"（我的人要高评）的局面。

4. 孤岛化误区

一方面，人才盘点工作和业务部门互为"孤岛"，业务部门领导人参与少，不理解、不投入、不配合，盘点结果被束之高阁。另一方面，很多企业的人才管理体系缺胳膊少腿，如没有领导力模型、绩效数据不完善、薪酬体系不科学、培训发展模块不完备等，导致人才盘点体系成为"孤岛"，人才盘点结果既不科学也不公平。

（三）人才盘点的流程

人才盘点的流程如图7-3所示。

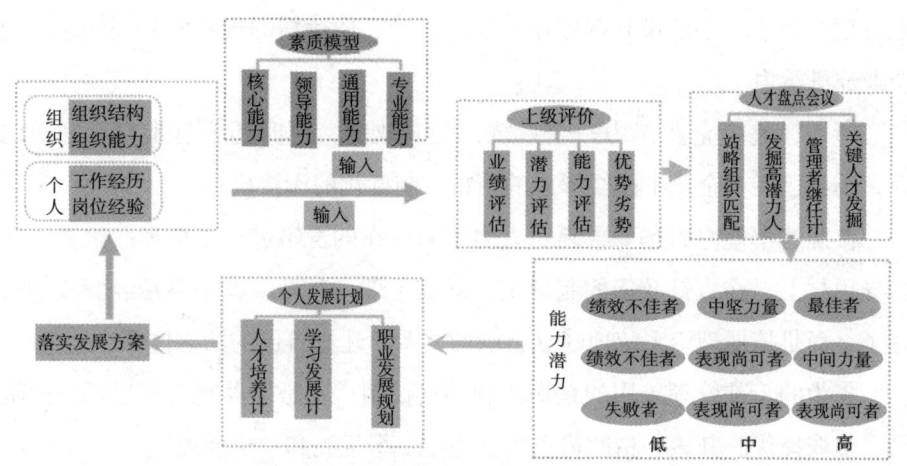

图7-3 人才盘点的流程

四、干部管理：热力学第二定律

热力学第二定律，实际上是一个物理学概念，指的是在一个封闭孤立系统中，热量是不断在耗散的，不从外界输入能量，这个系统最后就会崩盘。

任正非将这个定律引入到华为管理中，认为华为要避免熵增，也就是避免混乱和无序，就需要不断地激活团队，保持企业的活力。通过投资高科技，保持企业的创新活力，对抗熵增，华为能够持续发展，成为世界一流的企业。

华为出了一本小册子叫作《熵减》。在这本书里，他们研究出按照热力学第二定律打造出活力引擎模型。自发的趋势是熵增，那怎么使它变成熵减呢？怎么让这个循环变成良性而不是一直衰弱下去？这个自发趋势，一是企业的自发趋势，二是个人的自然走向。企业的自发趋势会伴随着组织的涣散、流程的僵化、小修小改的创新，还有业务的固定守旧。个人的自发趋势，富裕后的懈怠、追求安逸享乐、缺乏使命感、自私自利等，都是导致熵增的因素。

企业要有活力，就要促使熵减，一是要在企业研发上的高投入、持续的管理变革；二是企业要建立一个开放合作、竞争、建立和谐的商业生态；三是建立一种耗散结构，以奋斗者为本、按贡献拉开分配差距、在资源密集的

217

地方建立能力中心建设和制度化的淘汰机制，使熵增的现象恢复到熵减，使企业充满活力。

所以，整个企业作为一个系统，是开放的，同时还要有出口，吐故纳新，扬弃已经在企业中已经形成的糟粕、制度化的淘汰机制。

按照这个理论，华为重新对人力资源内在的逻辑进行了梳理。这样，在指导思想上，在方针政策的制定上，就有了理论基础，就不再是经验式的管理了，而是依据理论系统地建立自己的体系，建立自己的活力体系。

华为的干部管理采用的是淘汰制和选拔制，不是培养制，千里马也要赛马，汰弱择优，其核心精髓可以概括为"一个优先和一个前提"。

一个优先。优先从主攻战场、艰苦地区和艰苦岗位，从影响公司发展的关键事件中选拔干部，优秀干部必然产生在艰苦奋斗的过程中和作战前线中，在大仗、硬仗、恶仗、苦仗中才能出干部。

一个前提。提拔的前提是有接班人。华为在《华为基本法》中写道："中高级干部任职资格的最重要一条，是能否举荐和培养出合格的接班人，不能培养接班人的领导，在下一轮任期时应该主动引退；仅仅使自己优秀是不够的，还必须使自己的接班人更优秀。"

没有水位差就没有水力，没有温差就没有风。没有风，地球也就不会有生命，生命的动力就是差异。组织内部有不平衡的差异，才会形成持续提升组织活力的动力。华为能够做到"人均效益行业领先"，其方法就是汰弱留强，把奖励和机会向成功者、奋斗者、业绩优秀者大胆倾斜。

五、人才激励：5美元的伟大意义

韦尔奇说："很多组织效仿我们把员工分成了ABC。重要的不是把员工分成ABC，重要的是分类之后应该做什么。"

20世纪，福特汽车创始人做出了惊世之举：将日工资上调一倍，工人每天可以赚到5美元。5美元让福特可以选择全美最优秀的员工，再加上创新的生产流水线，使福特大幅提高了生产效率并大幅降低了成本，将T型车的售价从最初的 850 美元降低到 240 美元。

事业机会是吸引人才的第一要素，薪酬待遇是吸引人才的必要条件。

高薪酬一方面能吸引来行业内的优秀人才，他们在高薪酬的激励下创造高绩效；另一方面也提高了员工的违约成本，使其自驱力更强，因为一旦失去这份工作就损失巨大。

（一）飞轮效应：创造价值、评价价值和分配价值

企业的一切活动都应当围绕创造价值展开，人才战略的核心目标是使关键人才"全力创造价值"，实现这一目标的关键在于如何"正确评价价值"和如何"大力分配价值"。

全力创造价值是大力分配价值的前提，没有价值被创造出来，就没有价值可以被分配。

评价价值又是分配价值的前提，确保了分配价值的客观、公平和公正。

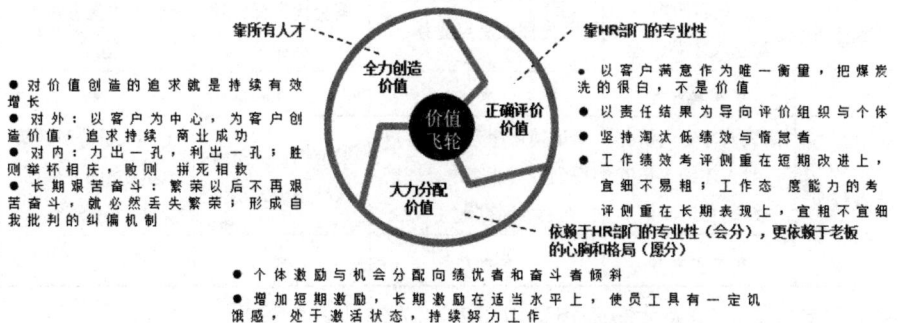

图7-4 飞轮效应

（二）人才激励矩阵

表 7-2 人才激励矩阵

	向往	成长	激情	归属
全体员工	人才品牌	职业发展理念 下一步 培训	薪酬沟通 薪酬竞争力 干部作用	员工关爱 重视新人 CV重点：服务客户
	★	★★★	★★★★★	★★★

续表

	向往	成长	激情	归属
高级人才	人才环境 人才地图 绿色通道 ★★★★★	专门入职培训 过程分析关注 ★★★	薪酬竞争力 发展空间 ★★★	同上 CV重点：诚信 共享 ★
干部队伍	同上 ★	管理专业化 业务专业化 企业家精神 ★★★★★	后备干部队伍 管理 轮岗 晋升和加薪 ★★★★★	同上 CV重点：精准 务实 ★
设计研发团队	内部推荐奖励 挖"头头" ★★★	职业发展道路 细化技术能级 培训投入 ★★★	个性化考核奖励 专款专用，倾斜 骨干 ★★★★★	高层及设计研发人员创新氛围营造 CV重点：创业创新 ★★★
重点业务	内部推荐 外部吸引 建立人才蓄水池 ★★★★★	上述人员分类政策会优先保证重点业务 ★	上述人员分类政策会优先保证重点业务 ★	上述人员分类政策会优先保证重点业务 ★
重点行业	高级人才专人研究 一般人才细水长流 特殊薪酬政策 ★★★★★	渠道销售序列，大客户序列，行业客户经理培训投入 ★★★	渠道销售人员考核激励模式调整 ★	上述人员分类政策会优先保证重点业务 ★

由表7-2可知人才激励矩轴以下几部分组成。

1. 全体员工

（1）向往（期待在某公司工作）。全年清晰的人才理念推广；一流的人才创造一流的企业；人才品牌知晓率达到90%；最佳雇主品牌打造，先省市级、再国家知名级、再权威级；统一招聘工作的理念：招到最适合岗位的一流人才。

（2）成长（不断学习成长）。沟通员工职业发展的理念，即业务创造发展空间、个人计划及能力发展是基础、岗位变化是路径、激励回报为绩效；在此理念下，推进专业序列发展，为"下一步"提供工具；培训流程重点发挥干部在其下属培训中的作用；中层干部团队学会 STAR 法构建经验，掌握复盘技术；为担任导师和内部讲师的人员开展 TTT 特训营，帮助其掌握课程开发及授课技巧。

（3）激情（做人做事充满激情）。

①沟通薪酬。让员工了解其收入的来源、薪酬福利的构成、奖金的来源等。

②薪酬福利优势向骨干倾斜。总体薪酬与市场平均水平的比例提高15%，公司重点业务骨干人员的总体薪酬水平与相应行业市场平均水平持平，高级人才/重要研发骨干人员的总体薪酬水平超过市场平均水平。

③干部人力资源管理能力的提升。

（4）认同（充满对企业的认同）。

①关爱员工。让员工的工作没有后顾之忧，启动"无忧基金"。

②从第一印象开始。注重将员工满意度提升到 90% 以上。

③共同价值观。全年员工培训目标为从"知不知"到"会不会"，员工重点在服务客户能力提升。

2. 高级人才

（1）向往（期待在某公司工作）。

①制造吸引空气。文化及品牌吸引，用好案例手段，同时注重推广，使"尊重专业、包容差异"成为外界对某公司的新印象。

②瞄准人才。中高层干部与人力资源一起成为猎手：总经理以上干部推荐业内优秀人才，年度指标是什么？高级人才选拔与录用比例至少为多少人？专业高级人才，需要分行业分析人才。

③绿色通道。缩短流程，减少设限。年度规划中为高级人才设立相应岗位，对成长业务，人才规划难以完全清晰，可在年中适当"因人设岗"；鼓励成长业务用蓄水池"优胜劣汰"；招聘直通车，由人力资源部、部门总经理室或 VP 直接负责招聘。

重新定义管理

（2）成长（不断学习成长）。

①专门的入职培训。高层做讲师，小班授课（每季一次），重在文化。

②过程关注。用事实说话，业务群/部门将高级人才的发展需求、动态及对公司环境的认可度（尊重包容）分季度专门分析总结，作为高级人才政策完善的依据；高级人才的离职人员，人力部做到100%面谈分析。

（3）激情（做人做事充满激情）。

①薪酬福利竞争力。高级人才的薪酬福利竞争力要超过平均水平；研究海归、外企人员的工资标准和福利组合。

②发展空间。对高级人才的岗位要率先精细化管理，说清楚明确的岗位期望（不清楚不招聘），避免盲目引进，成就感丧失。

（4）认同。充满对企业的认同。

3. 干部团队

（1）向往（期待在某公司工作）。

（2）成长（不断学习成长）。

发展方向一：自主发展人力资源管理能力。

策略一：帮助总经理进行个性化人力资源目标管理。

策略二：根据评议结果，确定基层经理普遍要提高的能力；中高层干部管理能力培训个性化。

策略三：建立、沟通、培训干部能力标准，从单纯评估向行为指导发展。每个高层干部参与干部能力标准的制定；每个干部理解干部标准的每一条内涵；每个干部在下年评议中，只看到分数便能自我咨询。

发展方向二：总结课程、输出经验。干部开发课程，中高层干部开发业务管理课程至少一门；为员工设计培训需求，对员工训后实施辅导。

（3）激情（做人做事充满激情）。干部管理新的重心是后备干部管理。

（4）认同（充满对企业的认同）。

4. 设计研发团队

（1）向往（期待在某公司工作）。对稀缺人才，内部推荐高额奖励制度；

关键技术或技术转化人员，采取"挖头"的方式。

（2）成长（不断学习成长）。

①HR协助成熟业务的研发总监及研发平台规划研发人员的职业发展道路（岗位、能力）；研发细分为住宅开发、商业开发及文化开发设计三个序列，分别明确员工的职业发展道路。

②技术职称从评估向指导研发人员能力发展、激励上发展；在上述细分的基础上，将公司统一评定改为分布式评定，研发技术职称的细分评定。

③培训投入比高于平均水平；尝试研发人员的学历教育。

（3）激情（做人做事充满激情）。

①适应研发特点的考核、奖励政策：研发项目制考核方案；专利、政府投资专款专用的奖励措施。

②专款专用、激励骨干的薪酬政策。研发人员的工薪总额单独计算，保证对研发人力投入的落实；薪酬提升重点在于对主管工程师等骨干研发人员制定有竞争力的薪酬金。

（4）认同（充满对企业的认同）。鼓励创新氛围的营造；创新氛围的培育；高管能力模型中突出鼓励创新能力行为标准。

5. 重点业务（与公司战略或经营目标一致）

（1）向往（期待在某公司工作）。

①内部吸引。优秀人才导向重点业务：干部轮岗优先到成长业务；对主动输出高绩效骨干、专业人才、干部的直接上级及部门负责人实施奖励。

②外部吸引。专门研究，知彼知己。年度中，完成对核心业务的竞争对手人才状况分析（人才需求、结构、待遇水平等）。

③人才储备政策。年度中，可进行人员储备（可暂时突破编制、预算），通过优胜劣汰，引进优秀人才。预算不得超过重点业务（行业稀缺人才）。

高级人才。专人跟踪；利用第三方、盘点高级人才（在哪里，待遇如何，发展愿望）；做内部猎头，跟踪目标人才动态；利用高层资源日常沟通吸引。

一般人才。细水长流，人才蓄水。常年有节奏发布招聘信息，保证业务负责人平均两周见一人。

④薪酬政策。根据特殊人员的需求，内部平衡尺度可由总经理及主管掌握。

（2）成长（不断学习成长）。渠道销售序列、行业客户经理、大客户销售序列的培训投入。

（3）激情（做人做事充满激情）。一季度出台渠道销售序列、行业客户经理、大客户销售序列的个性化考核、薪酬奖励方案。

（4）认同（充满对企业的认同）。

六、4M模型：从战略地图到学习地图

4M模型是基于战略罗盘模型和人才战略方法论提出的。

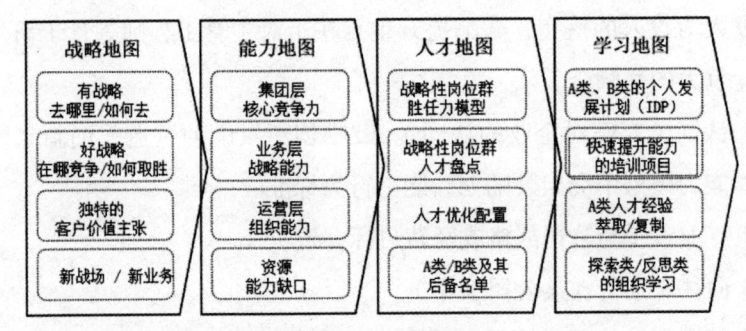

战略地图	能力地图	人才地图	学习地图
有战略 去哪里/如何去	集团层 核心竞争力	战略性岗位群 胜任力模型	A类、B类的个人发展计划（IDP）
好战略 在哪竞争/如何取胜	业务层 战略能力	战略性岗位群 人才盘点	快速提升能力的培训项目
独特的 客户价值主张	运营层 组织能力	人才优化配置	A类人才经验萃取/复制
新战场／新业务	资源 能力缺口	A类/B类及其后备名单	探索类/反思类的组织学习

图7-5　4M模型

所谓学习地图，就是将人才培养在静态上和岗位能力模型结合在一起，在动态上和职业发展路径联结在一起，提升员工学习的效率和效能，使其以最快的速度提升能力，尽快、尽早地胜任工作任务，并达到优秀水平和杰出水平。

（一）梯队人才培养路径

第一步：解读企业战略地图。

明晰公司战略意图；明确公司关键战略举措。

第二步：绘制组织能力地图。

按专业力、领导力和文化力进行分类，绘制行业标杆公司组织能力地图；对照关键战略举措，确定核心组织能力要求。

第三步：筛选核心及可学习发展能力。

确定核心组织能力发展优先级；分析哪些组织能力可为学习和发展所提升。

第四步：绘制岗位能力地图。

确定核心组织能力对应的关键岗位组；分析关键岗位组所需的核心岗位能力要求。

第五步：设计相应学习项目。

针对所需提升的关键岗位能力要求设计相应的学习活动。

（二）人才培养方式

培养方式如下。

1. 面授培训。

适合共性的知识、技能性的内容学习，可操作性强，风险低。

2. 在线学习

覆盖度高，包括人群、地域、知识体系；可即时学习，人均学习成本低。

3. 教练辅导

贴近工作，有利于实际工作方法的改善；学员会直观感受到效用，满意度高。需要内部教练体系的支撑。

4. 领导者执教

有效提升逻辑性、展现能力与影响力；领导时间的有效保障、课程/案例有效沉淀的机制保障与能力提升。

5. 发展中心

通过高度模拟工作的情境任务，引发学员思考。往往对学员有较大的影响，需要专门定制设计开发建设评价发展中心。

6. 行动学习

在解决企业业务问题中学习，能够促进业务开展或促进学员提升。对学习管理方的要求极高，需要高层实质性参与。

7. 促进研讨会

问题导向、学员研讨分析，业务针对性强，有一定的成果输出。对促动师要求高，前期准备难度大。

8. 案例教学

促发学员思考问题。案例的挖掘和设计难度大、投入高，对案例促动研讨师的点评和促动技巧要求高。

9. 跨界学习

拓宽视野、触发意识，刺激性与体验感强。资源要求高，费用高。

10. 轮岗

对综合领导能力和实战经验的提升效度巨大。难以针对大范围学员；时间较长，需要容错。

基层管理者培养方式见表 7-3 所示。

表 7-3 基层管理者培养方式

赋能环节	概述
自学与考试	学员通过自学初步了解管理理论及相关知识点。通过内部相应平台来实现。内容由自己开发，外购关于管理理论、公司关于人力资源管理的政策导向、公司高管讲话的基础课程
集中培训	基于公司对基层管理者的要求，培训课程包括基层管理者角色认知、团队管理、绩效管理、有效激励和公司人力资源管理政策，转换学员思想，为学员植入管理意识和观念。通常是封闭式的，最好不要安排在公司内
实践检验	任岗实践5~6个月，同时采编管理和文化的案例，通过具体实践固化行为。一方面把学习的知识带回到工作岗位中进行练习，另一方面去采编管理的案例以及文化的案例。质量比较好的案例，进行内部学习、研讨和传播
述职答辩	"思想"和"业务"双重过硬的"班长"可通过考核答辩，成绩作为新任干部未来晋升和进一步培养的依据
持续学习	答辩完成之后，会通过持续资源的推送和绩效的支持，来帮助这些新任管理者在工作岗位上持续产生高绩效

（三）人才发展体系构建基本流程

如图 7-6 所示。

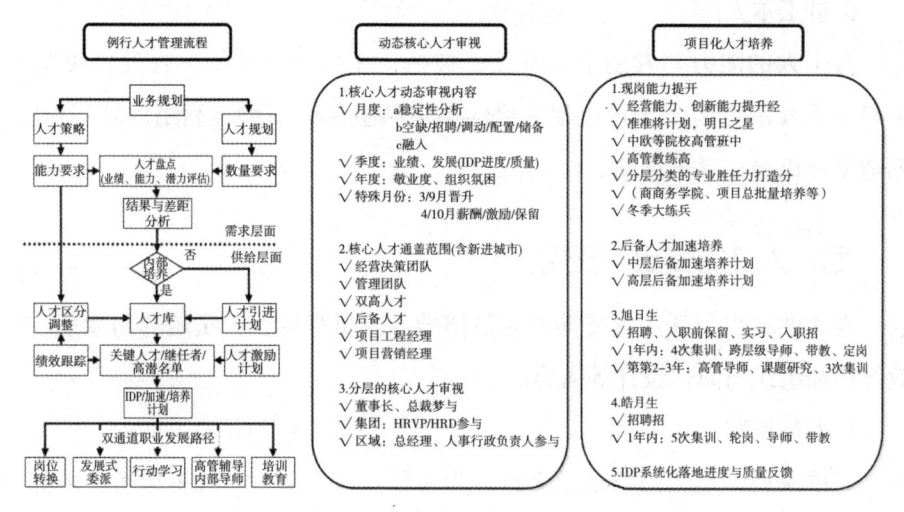

图7-6　人才发展体系构建基本流程

（四）人才培养复制生态系统

人才培养复制生态系统的打造，要点如下。

1. 导师

导师要提供职业发展方面的指导，主要侧重于阅历和智慧方面。

2. 同级

在工作中同级之间要坦诚、开放地沟通，及时提供有建设性的反馈意见，主动为遇到困难的同人提供安慰。

3. 总经理

总经理要打造公司内部培训发展的氛围，成为培训发展的"总教练"，明确标准，确保高潜力人员得到正确对待。

4. 再上级

解决直接上级不能够解决的职业发展中的困惑，以及能力提升中的难题；确保标准、要求与公司的一致性。

5. 直接上级

及时给予下属工作中的指导和帮助；将工作与发展有机地结合在一起；对下属员工绩效做出评估并与上级达成一致；了解员工的思想动态。

6.员工本人

对个人的能力与发展承担责任，包括：正确自我认知、管理自我期望；明确个人发展方向；为自己建立反馈渠道和机制；借助、利用内外部资源，创造学习机会；寻求帮助。

七、人才的输出与任用

人才的输出与任用主要涉及人员招聘、人员配置、人员培养与发展、绩效评估和组织与岗位设计等内容。

1.人员招聘

简单来说，员工招募渠道大致分为4种：线上渠道、线下渠道、内部推荐、招聘外包。

（1）线上渠道，也就是网络招聘。线上招聘大多是通过各种招聘网站发布招聘信息。比如：企业官网以及LinkedIn、Boss直聘、拉勾网等第三方网络招聘平台。这种招聘渠道，也是用得最多、最受招聘者和求职者关注的渠道。

（2）线下渠道，主要指的是现场招聘会。如果是大型招聘会，这种方式组织成本高，且缺少互动，应聘者无法直观看到企业的办公场景，无法彰显企业实力。因此，目前来看，企业的线下招聘多以校园招聘为主。

（3）内部推荐，指的是在职员工推荐候选人。这种方式，企业无须花太多的精力就能找到合适的候选人，可以大大提高招聘效率，降低招聘成本。企业为了增加员工的参与感和归属感，可以设置推荐奖金。

（4）招聘外包，即企业将全部或者部分招聘、甄选工作委托给第三方人力资源公司，由后者开展招聘的一种招聘方式。对于一些中小企业来说，专门请招聘专员来担任人才的招聘作业，成本很高，这时候就可以选择这种方式。对于大型企业来说，如果亟须招聘到大批人才，而自身又无人才资源，也可以选择这种招聘方式。

至于招聘渠道如何选择，要根据企业的实际招聘情况合理规划。比如：要进行校园招聘，最好选择去线下或选线上云宣讲（取决于公司大小）；如果是互联网行业招聘，可以选择内推或通过拉勾网等第三方平台开展网络招聘；如果是综合性行业，可以通过智联招聘、前程无忧等网站开展招聘工作。

2. 人员配置

人员配置的机制主要有人员的晋升、淘汰与轮换等，三者并行，有助于提高管理者素质，只要一个环节做得不好，将会影响全局。

（1）晋升。晋升是公司继任者计划的重要内容，可以将最有潜力的优秀人才提升到重要的职位上去。是公司激励体系的重要构成。

（2）淘汰。根据业绩考核、能力素质矩阵，淘汰绩效差的员工，为吸引、保留优秀人才提供空间。

（3）轮换。轮换是培养公司综合型人才的重要途径，可以配合员工的个人职业发展规划进行，是公司培训体系的重要内容。

3. 人员培养与发展

为了确保人才培养的有效实施，企业需要遵循一定的步骤。

（1）需求分析。在开始人才培养之前，首先要进行需求分析，包括对企业的战略目标、业务需求、员工的能力现状等进行深入的分析，以确定人才培养的方向和重点。

（2）目标设定。根据需求分析的结果，企业需要设定明确的人才培养目标。这些目标应该是具体、可衡量的，并且与企业的战略目标相一致。

（3）计划制订。有了明确的目标后，接下来就是制订详细的人才培养计划，主要内容包括培训内容、培训方式、时间安排、责任分配等。

（4）实施与监控。按照人才培养计划实施，并在实施过程中进行监控和调整，确保人才培养计划顺利进行，及时解决实施过程中出现的问题。

（5）反馈。在人才培养计划实施结束后，需要进行效果反馈。反馈的内容包括员工的知识掌握情况、能力提升情况等。要收集员工和管理层的反馈，为下一次人才培养提供改进的依据。

4.绩效评估

绩效评估是对员工的工作行为与结果进行考察、分析、评估与传递的过程，包括企业的绩效评估、部门的绩效评估以及员工的绩效评估。

5.组织与岗位设计

（1）划分岗位序列。岗位序列是具有相似工作性质和任职要求的一类岗位的统称，其划分不仅要依据公司战略，还要结合组织规模等因素。不同的组织，业务特点和管理需要不同，岗位序列的划分自然也不一样，但各企业都会有高层管理序列、中层管理序列、业务岗位序列、职能管理序列、技术工人序列及操作工人序列等。一些规模较大的企业会将业务序列进一步划分为市场营销序列、采购物流序列、质量管理序列、设计研发序列、生产管理序列、生产技术序列、工程管理序列以及工程技术序列等；将职能管理岗位进一步划分为行政后勤序列、财务审计序列、人力资源序列、信息支持序列和公共关系序列等。

（2）划分岗位层级。组织有多少层级，意味着有多少层汇报关系，这直接影响着组织的效率。组织层级的确定，依赖于企业组织规模和管理者管理幅度。组织规模越大，组织层级越多；管理者管理幅度越大，组织层级就越少。划分岗位层级要考虑现有人员状况，同时预留未来发展空间。

（3）进行岗位设置。根据公司业务流程和业务特点进行岗位设置，体现专业分工与效率的平衡。

（4）岗位体系描述与管理。明确了岗位序列、岗位层级和岗位设置后，要对岗位体系进行描述，详细说明各岗位序列工作性质和任职资格，对各岗位层级的有关责任、权利和任职资格的共性进行说明。

八、你的企业中有"极客"吗

过去，"极客"（Geek）是指计算机嬉皮士和电脑黑客，他们强烈相信科技的力量，每天都会到处寻找新奇的东西，性格古怪、离经叛道、不墨守成规。领导力大师本尼斯在其著作《极客怪杰：领导是如何炼成的》一书中告诉我们：在商业世界里，推动产业变革、战略转型和创造奇迹的就是这些"极客"。

对于很多管理层而言，没有风险的晋升之道就是要墨守成规：服从高层战略、遵从组织现状、遵从高影响力同事的意见和行为。大量事实表明，在组织里我们都会有服从规范的"同侪压力"和"从众行为"。

"同侪压力"指一开始，如果自我行为与群体标准行为不符，我们就会担心被排挤。那什么是从众行为呢？组织冰山模型告诉我们，企业都会对过往的成功和失败进行加工归纳，并总结提取出"经验理论"。高管对自己所在的行业都非常熟悉，对行业的基本模式和基本规则、该如何生存和该如何经营，都有深刻的认知。在同侪高层诸多"经验理论"的压力下，极客和创新者就会展现"从众行为"，熟练掌握和遵循这些经验理论。

为了融入群体，我们会改变自己的行为。改变行为有时候会让人倍感不适应，因为有些行为不符合过去的信念或标准，导致认知失调。

为了消除内在的自我矛盾，我们会改变过去的信念或标准，以符合刚刚融入的新组织或新岗位的要求。因而，许多成规并不是深思熟虑的选择，不过是惯例做法的延续。

在公元前七世纪古希腊诗人阿尔奇洛克斯讲述的关于狐狸和刺猬的故事中，遇到危险时，狐狸聪明狡猾，灵活善变，刺猬则会把自己卷成一个球。两种动物，一个聪明狡猾，一个恪守成式，两类动物都有自己的生存法则。企业要取得战略成功，开展持续的战略转型，就必须在遵守成规（刺猬的隐喻）和打破成规（狐狸的隐喻）中保持平衡。

附：人才评测常用表格及操作流程

表7-4　个人履历项目核查表

核查的项目	问题	备选答案
家庭状况	目前您的婚姻状况如何	□未婚 □已婚、无子女 □已婚、有子女 □分居或离婚
健康状况	您曾患过的病	□过敏 □哮喘、咳嗽 □高血压 □胃病 □头痛 □无

续表

核查的项目	问题	备选答案
兴趣爱好	您常远足旅游吗	□经常 □偶尔 □很少 □根本不
社会关系	您对您邻居的感觉	□没兴趣 □很喜欢，但不常见面 □经常互相访问
工作态度	工作时间您说笑话的频率	□经常 □偶尔 □很少说 □根本不说

表 7-5 管理者素质测评评分表

测评维度	测评要素 测评内容	权重	单项评分
组织管理能力	统筹规划能力		
	判断决策能力		
	组织指挥能力		
	团队建设能力		
	危机处理能力		
	财务敏感性		
	管理风格		
人际沟通能力	用人授权能力		
	教练能力		
	沟通表达能力		
	影响力		
	沟通风格		
个人内在能力	生理素质		
	专业知识与技能		
	相关经验		
	心理素质		
	创新能力		
合 计		100%	

注：三大维度的权重因管理者的级别而异，总体上来说，对高层管理者进行测评时，三大维度的权重由大到小依次为组织管理能力、人际沟通能力、个人内在能力；而对基层管理者进行测评时，三大维度的权重由大到小则依次为个人内在能力、人际沟通能力、组织管理能力。

表7-6 市场人员素质测评评分表

测评要素 测评维度	测评内容	权重	单项评分
生理素质	体质		
	精力		
	外在形象		
知识技能	生活、专业知识		
	专业知识		
	人际沟通能力		
	市场洞察力		
	方案创作能力		
	判断推理能力		
	综合分析能力		
心理素质	个人能力倾向		
	性格特征		
	成就动机		
	职业兴趣与价值观		
	意志力		
合 计		100%	

表7-7 销售人员素质测评评分表

测评要素 测评维度	测评内容	权重	单项评分
生理素质	体能		
	仪表		
知识与技能	销售专业知识		
	产品知识		
	销售技能		
专业能力	人际交往能力		
	沟通能力		
	分析判断能力		
	说服表达能力		

续表

测评要素		权重	单项评分
测评维度	测评内容		
心理素质	职业兴趣与价值观		
	自信心		
	意志力		
	成就动机		
	人际敏感性		
	情绪稳定性		
	诚信倾向		
合 计		100%	

表7-8 生产人员素质测评评分表

测评要素		权重	单项评分
测评维度	测评内容		
生理素质	体质		
	体力		
专业知识与技能	生产专业知识		
	专业技能		
	操作技能		
心理素质	智力水平		
	职业适应性		
	职业能力倾向		
	人格特质		
合 计		100%	

表7-9 技术人员素质测评评分表

测评要素		权重	单项评分
测评维度	测评内容		
生理素质	身体健康状况		
知识经验	专业技术知识水平		
	工作经验		
	外语水平		

续表

测评维度	测评要素 测评内容	权重	单项评分
专业能力	理解能力		
	计划能力		
	思维能力		
	科研创新能力		
性格特性	人际交往倾向		
	信息敏感性		
	进取心		
	自信心		
	职业兴趣与价值观		
合　计		100%	

表7-10　行政人员素质测评评分表

测评维度	测评要素 测评内容	权重	单项评分
生理素质	体质		
	身体条件（身高、听力、视力）		
知识技能	行政专业知识		
	相关专业技能		
	沟通协调能力		
	自我管理技能		
人格特质	智力水平		
	一般能力倾向		
	特殊能力倾向（文书能力倾向、创造力倾向、人际交往倾向）		
	职业兴趣与价值观		
	责任倾向		
合　计		100%	

表 7-11 财务人员素质测评评分表

测评要素		权重	单项评分
测评维度	测评内容		
生理素质	体质		
	精力		
知识技能	财务专业知识		
	会计实务操作技能		
	财务管理知识		
专业能力	智力		
	数字敏感性		
	数字反应能力		
	财务专业能力		
	创造力		
人格特质	职业兴趣		
	诚信倾向		
	责任心		
	情绪稳定性		
	内外向性		
	压力承受能力		
合 计		100%	

表 7-12　无领导小组讨论评分表

测评要素	总分	胜任素质定义	被测人员A 观察记录	被测人员A 一次评分	被测人员A 二次评分	被测人员B 观察记录	被测人员B 一次评分	被测人员B 二次评分
分析能力	30	1.善于提出新见解和方案，能抓住问题实质，从不同立场和角度分析问题，提出有价值的解决办法 2.发言次数、质量均高，善于引导讨论并进行阶段性总结						
计划决策能力	10	目标选择适当，价值判断准确，能分清主次，从已有信息中得出较好的、结论充分的判断						
责任心	10	勇于承担责任，对职位所承担的责任有充分的思想准备						
说服能力	20	倾听各种不同的意见，用具有说服力的证据清晰阐述自己的观点，力求让别人接受，以便达成共识						
协调组织能力	20	争取他人合作，加强团结，尊重不同的意见和看法，以容忍的态度与人和睦相处，达成一致意见						
风险精神	10	相信自己的能力，对问题采取乐观态度，有勇气面对各种风险						
合计	100							

表 7-13　公文筐测验评分表

被测人员编号		姓　名		性别	
现任或竞聘岗位		文化程度		年龄	

续表

测评要素	胜任素质定义	满分	一次评分	二次评分	得分
统筹计划能力	1.能够有条不紊地处理各种公文和信息材料，并根据信息的性质和轻重缓急，对信息进行分类处理 2.在处理问题时，能提出及时、可行的解决方案，能系统地安排和分配工作，注意到不同信息之间的关系，有效地利用人、财、物和信息资源 3.能确定正确的目标安排和实现目标的有效举措和行动步骤，制定有效的行动时间表	15			
洞察问题能力	能觉察问题的起因，把握相关问题的联系，归纳综合，形成正确判断，预见问题的可能后果	10			
解决问题能力	能提出解决问题的有效措施并付诸实施，即使在情况不明朗时也能及时果断地做出决策	10			
任用授权能力	1.给下属分派与其职责、专长相适应的任务 2.给下属提供完成任务所必需的人、财、物的支持 3.调动下属的力量，发挥下属的特长和潜能	20			
指导控制能力	给下属指明行动和努力的方向，适时地发起、促进或终止有关工作，维护组织机构的正常运转，监督、控制经费开支及其他资源	15			
组织协调能力	协调各项工作和下属的行动，使之成为有机的整体，按一定的原则要求，调节不同利益方向的矛盾冲突	15			
团结合作能力	理解、尊重下属，倾听下属意见，激发下属的积极性，帮助下属适应新的工作要求，重视并在可能条件下促进下属的个人发展	15			
合 计		100			
测评人员评语	签字：　　　　　　日期：　　　年　　月　　日				

7-14 人才测评工作流程

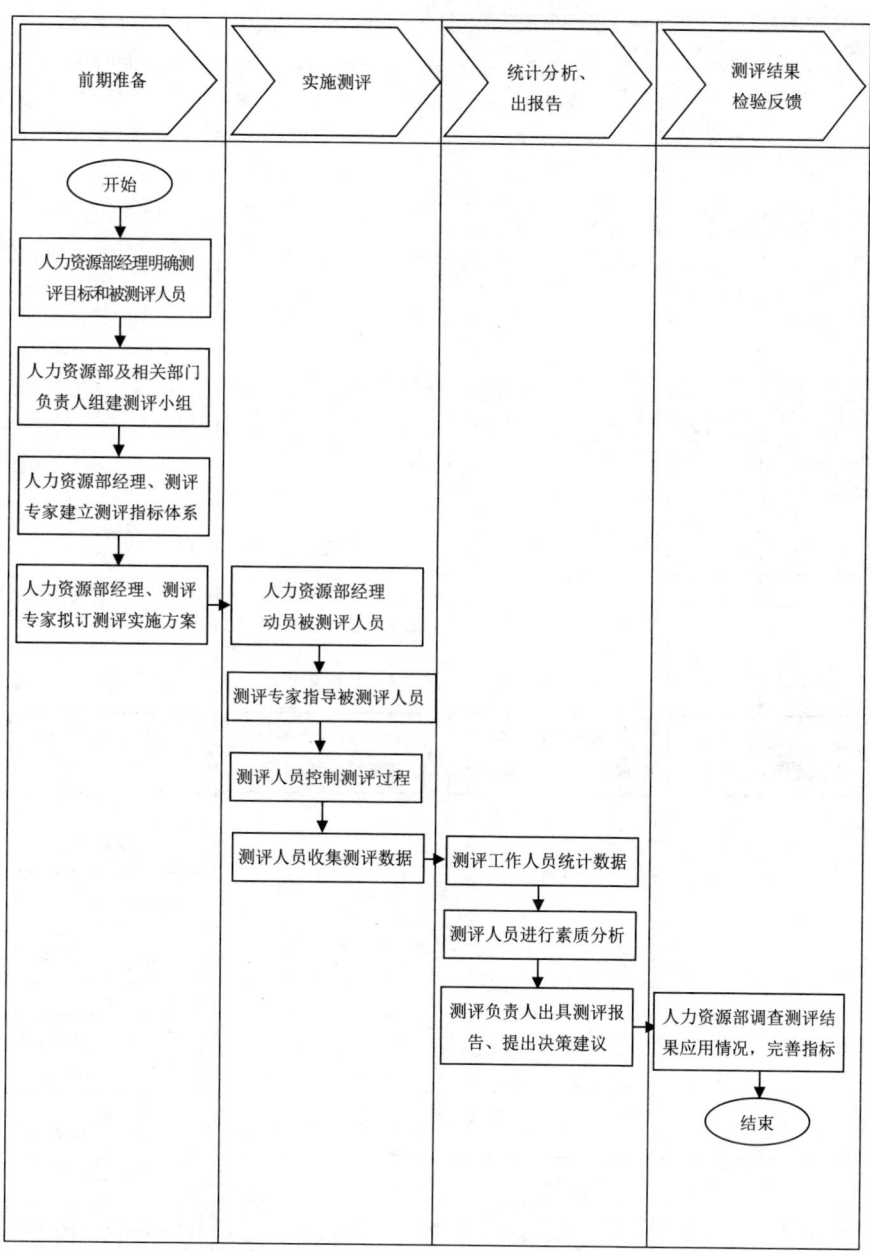

前期准备	实施测评	统计分析、出报告	测评结果检验反馈
开始			
人力资源部经理明确测评目标和被测评人员			
人力资源部及相关部门负责人组建测评小组			
人力资源部经理、测评专家建立测评指标体系			
人力资源部经理、测评专家拟订测评实施方案	人力资源部经理动员被测评人员		
	测评专家指导被测评人员		
	测评人员控制测评过程		
	测评人员收集测评数据	测评工作人员统计数据	
		测评人员进行素质分析	
		测评负责人出具测评报告、提出决策建议	人力资源部调查测评结果应用情况，完善指标
			结束

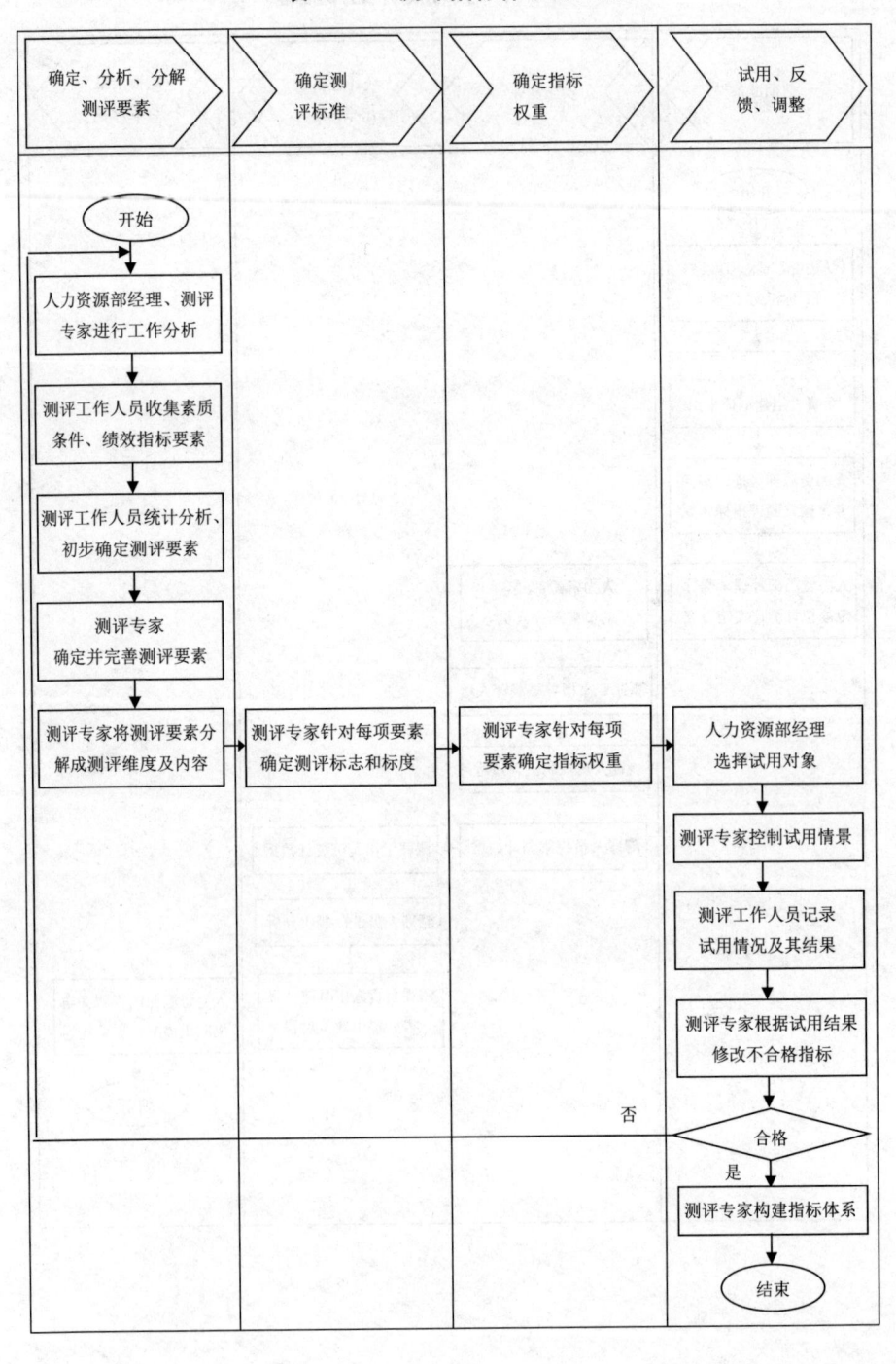

表 7-15 测评指标体系建立流程

确定、分析、分解测评要素	确定测评标准	确定指标权重	试用、反馈、调整
开始 ↓ 人力资源部经理、测评专家进行工作分析 ↓ 测评工作人员收集素质条件、绩效指标要素 ↓ 测评工作人员统计分析、初步确定测评要素 ↓ 测评专家确定并完善测评要素 ↓ 测评专家将测评要素分解成测评维度及内容	测评专家针对每项要素确定测评标志和标度	测评专家针对每项要素确定指标权重	人力资源部经理选择试用对象 ↓ 测评专家控制试用情景 ↓ 测评工作人员记录试用情况及其结果 ↓ 测评专家根据试用结果修改不合格指标 ↓ 合格？ 否→返回 是↓ 测评专家构建指标体系 ↓ 结束

240

第八章　执行驱动力——确保事业成功的基本功

企业的成功，与其说是取决于决策，不如说是取决于执行。战略再正确，方案再完美，计划再细致，没人去认真执行，其价值也等于零。优秀管理者在执行上级命令时，都能深信不疑、充满信心、主动积极、头脑清醒、信念坚定，利用有效的时间完成工作或任务，提高工作效率和质量。

记住：管理者不要用员工执行力不足来掩盖自己的系统化筹划能力不足等问题。

一、企业执行不力的表现和原因

不要用员工执行力不足，来掩盖自己作为管理者系统化筹划能力不足。

（一）企业执行力不足的表现

古人云："非知之艰，行之惟艰。"

执行力的重要性不言而喻，但在日常工作中，经常会遇到一些执行不力、执行不到位甚至不执行的情况。这些行为不仅会影响工作进展和事业发展，也会影响团队的战斗力。

执行力不足，共有以下5种表现形式。

1. 象征性执行

有的管理者表面上非常重视抓落实，开口闭口大谈特谈抓落实，该开的会一个不少，该出的文件一个不落，却是"以文件落实文件、以会议落实会议"，汇报材料"成绩斐然"，实际工作"一筹莫展"；有的管理者开头红红火火，过程中时有时无，结尾不了了之……这些行为就是象征性执行，本质是不担当、不作为，顶着"狠抓落实"的光环，喊着"撸起袖子"的口号，做着"云里雾里"的工作，取得"毫无进展"的结果。

2. 选择性执行

有的管理者精于算计，对待上级的安排部署，觉得对自己有利的就执行，没利的就不执行；有的管理者回避矛盾，对容易完成的工作就执行，对攻坚克难的工作就不执行；有的管理者见风使舵，要求严时就执行，稍一放松就不执行……这些行为就是选择性执行，本质是不顾大局，私人杂念重，干活凭心情，想执行的才执行，好执行的才执行，不得不执行的才执行，真正该执行的却不执行。

3. 机械性执行

有的管理者教条主义较重，执行中唯规定是从，拘泥于条条框框，不切实际，僵化死板，严重违背常识常理，工作推进"水土不服"；有的管理者信奉经验主义，习惯于旧套路、老办法，观念滞后，打不开工作局面，无特色、无突破……这些行为就是机械性执行，本质是形式主义、教条主义、经验主义，严重背离了实事求是原则。

4. 低效能执行

有的管理者对待工作永远是"正在落实"，凡事"等着干"，领导催就动一动，领导不追问就磨洋工，从他口中很难听到"已经完成"；有的管理者信奉"小心驶得万年船"，遇到问题时，要先等一等、看一看，思想上不敢想，行动上不敢干，成绩上总是落后……这些行为就是低效能执行，本质是缺乏创业激情，把工作当成"普通的职业"，而不是"追求的事业"。

5. 变通性执行

有的管理者喜欢对上级部署做加法，把困难、责任压给下属；有的管理者做减法，落实打折扣，工作难以达到预期效果……这些行为就是变通性执行，本质是不敢啃硬骨头，不愿触及矛盾，把该自己承担的责任推卸给别人。

（二）企业执行不力的原因

1. 管理者普遍感觉很累

管理者陷入堆积如山的琐事中，不仅无法实施计划、组织、协调和控制的职能，也会阻碍下属的成长，剥夺下属独立解决问题的权利，让下属变成

"应声虫"，失去主动性和独立性。而不肯放权又会进一步加重下属的不信任感，感觉自己的价值不被承认，最终导致人才流失。领导太能"干"，只能留下一群不愿使用大脑的庸才，执行力可想而知。

2. 管理者花了太多的时间"救火"

在生产过程中发现问题或在检查中发现问题，有些管理者会赶着去处理，不会系统地去思考问题，无法从根源上解决问题，低级的错误重复犯，像消防队员一样每天都在救火。只有找到执行不力的病因，对症下药，才能系统地解决企业执行不力问题。

3. 企业分工不明、职责不清

一些组织分工不明确，职责不清，员工不知道自己该干什么，效率低下，互相推诿。

4. 各部门各自为政、配合度差

各部门的绩效考核体系不一致或相互矛盾，目标不一致，影响到部门间的协同合作，工作推进不协调。

5. 管理者是独狼，但不懂团队管理

个人的聪明才智是无限的，个人的精力却是有限的，会选人、会带人、会用人，管理者的工作才轻松。在组织或部门之中，团队合作精神尤为重要。团队执行力差，很多时候就是因为领导不懂管理。

6. 有制度，但执行不下去

管理制度大家都不陌生，真正落地执行起来非常考验团队的执行力，也是最让管理者困扰的地方。特别是有些企业采用的是家族式经营方式：夫妻组合、亲戚组合、熟人组合。这种管理模式，上制度走流程会显得很生分，有些尴尬。涉及"亲戚熟人"关系，执行上就会大打折扣。

7. 部署任务后，无人追踪、检查

很多人不喜欢被他人监督，很多管理者也不愿意去指导和监督下属，多数人更乐意发号施令、安排布置工作和等待下属汇报，却很少去关注和监督下属工作执行的动态过程。大量的管理实践证明，如果没有工作过程的监督、指导、纠正和结果的评估考核，很多管理工作是无法达到预期效果和预期目标的。因为很多员工都喜欢"走捷径"和"找借口"，有的甚至"惰性"也很强。

8. 工资"大锅饭"，激励性差

没有考核就没有管理，没有奖惩考核就会形同虚设，员工就会吃"大锅饭"。企业没有建立科学、配套的薪酬与奖惩考核激励机制或出现机制执行不力等问题时，会严重挫伤管理者和员工的工作积极性与执行力，甚至引发牢骚和抱怨。

9. 聚焦任务，不承担结果

工作中，我们经常能听到："老板，我没有功劳，也有苦劳。"苦劳值得同情，但不值得奖赏，没有结果的事就等于没做。所谓结果导向，简单来说，就是你要时刻保持"目标感"，不达目的不罢休。所有的策略和动作，都必须聚焦在和结果相关的事情上。对结果有多渴望，主动性就多强。

10. 文化不强势

很多企业倡导"无为而治"和"以人为本"的自主式柔性管理文化，这种尊重人性和人权的管理思维出发点本无可厚非，但任何管理思想、理念、模式和做法都需要结合企业的独特土壤环境。大量的管理实践证明，大部分企业靠组织成员"自觉"或"自律"是无法实现企业预期管理目标的。综观华为、伊利、蒙牛等国内知名龙头企业，其管理背后都有一股强势的组织执行文化在发挥着重要作用。

二、驱动执行的底层逻辑

驱动执行的底层逻辑如下。

1. 目标

设定明确的目标可以帮助员工明确工作方向，激发他们的动力和积极性。因此，为了提升员工的执行力，首先需要设定明确的目标。

（1）设定具体而有挑战性的目标。确保目标具体明确，能够量化和衡量。同时，目标应该有一定的挑战性，能够激发员工的潜力和动力。

（2）将目标与员工的个人发展相结合。在设定目标的同时，考虑员工的个人发展需求。将目标与员工的职业规划和成长路径相结合，可以增加员工的参与度和积极性。

（3）将目标分解为可操作的步骤。将大目标分解为可操作的小步骤，帮助员工更好地理解和执行。每个小步骤都应该具备明确的行动计划和时间表，以确保目标的顺利实现。

（4）为员工提供适当的资源和支持。包括培训、技术支持、人力资源等支持，确保员工在实现目标时具备必要的条件。

（5）建立有效的沟通机制。及时与员工沟通目标设定的细节和进展情况，提供反馈和指导，帮员工更好地理解目标、解决问题，并提供必要的支持。

2. 战略

战略从终极目的来看，是要让企业持续地生存下去。从经营参与者的角度来看，战略要解决以下三个问题。

（1）解决客户的问题，提升客户的效益，比如帮客户省时间、增收入、降成本等。

（2）解决经销商的问题，说得直白点，就是让经销商多赚钱。

（3）解决内部员工的问题，让他们赚钱，让他们成长。

战略就是以上三个问题的答案，即只做一件事，同时让客户、经销商和员工都受益。好的战略绝不是做加法，而是让企业聚焦，找到正确的着力点，只做一件事，让客户受益、让经销商发财、让员工幸福。

3. 执行

"当机立断、立即执行"就是不拖泥带水，当场作出决定，并立即付诸行动。

（1）员工不为困难找借口，只为成功找方法。面对管理者布置的目标，员工要主动扛事，自动自发地行动。要先考虑如何做好这件事，而不是质疑这件事，然后敷衍了事。在执行的过程中，员工要对自己有高标准，能做到 100 分，绝不停留在 90 分。即使遇到困难，咬紧牙关、脱一层皮也要完成。

（2）员工积极主动，绝不逃避。遇到问题要积极解决，遇到障碍想办法克服，遇到挑战就想办法突破。比如，做销售时，不知道如何列名单、不会邀约、不会讲计划等，就要学习、就要演练。任何障碍、挫折、困难都是"纸老虎"，只要员工足够坚定、足够强大、足够坚持，"纸老虎"都会被打败。

三、执行的 5R 工具

执行的 5R 工具如图 8-1 所示。

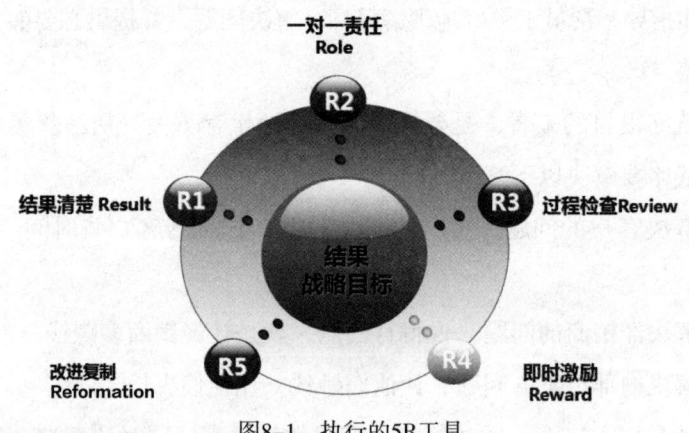

图8-1　执行的5R工具

这里的"5R"指的是：

Role：一对一责任

Result：结果清楚

Review：过程检查

Reward：即时激励

Reformation：改进复制

"5R"的使用要点如下：

R1——Result：结果清楚。凡事必有结果。

是什么？事前定义做事的结果。

有什么用？结果一致，下属主动。

方法：执行人重复一遍结果定义。

结果定义合格标准：有时间、有价值、可考核。

R2——Role：一对一责任。结果必须落实到"我"。

是什么？一对一责任。

有什么用？防止推卸责任。

方法：回答只准用"我"，不准用"我们"。

R3——Review：过程检查。对"我"不相信的必须检查。

是什么：跟踪检查阶段结果。

有什么用？保证最后结果。

怎么做？关键工作节点、掌握节奏、第三方检查。

（1）明确问题。

（2）询问员工的想法。

（3）征询员工的改进意见。

（4）讨论出一个改进计划，并把它写下来。

（5）继续对成效的考查。

（6）人们只会做你检查和监督的事情，而不是做你希望做的事情。

（7）检查和监督使员工进化。

R4——Reward：即时激励。有检查就必有奖罚。

是什么？即时奖惩。

有什么用？保持员工在执行中的兴奋状态。

方法：奖惩不过夜。主要方法有：提供培训机会，好经验分享；动作肯定，请上级表扬；例会表扬，公告表扬；委以重任，升职加薪；送礼物，请员工吃饭；做师傅，给员工荣誉称号；奖金奖品，休息度假。

（1）及时激励。肯定VS利益。

（2）推崇与即时激励——好报才有好人。

（3）我们提倡什么，反对什么，旗帜鲜明。

R5——Reformation：改进复制。奖罚目的是改进优化。

是什么？改进复制。

有什么用？用机制防止错误重复出现，用机制让一个能人变成多个能人，用机制让成功再次成功。

方法：集体讨论，总结经验与教训，总结出新的方法，补充到制度或流程中去，让团队照此执行。

管理要点：只讲共性，不讲个性；只做简单，不做复杂；只解决近期，不考虑长远。

四、如何提升团队执行力，打造狼性团队

所谓执行力，就是部门和个人理解、贯彻、落实、执行公司决策和工作任务的能力。它是企业竞争力的核心，是战略落地、获得效益的关键。那么，应该如何打造团队执行力呢？

1. 领导者带头

美国著名管理学大师史蒂芬·柯维说："要领导好别人，首先要领导好自己。"一个执行力强大的狼性团队，离不开头狼。头狼是狼群的核心所在。在狼群遇到困境时，它必须挺身而出，用自己锋利的牙齿将敌人扑倒，率领狼群突围。

2. 待遇给力

华为是典型的"三高"企业：高效率、高压力、高工资。任正非坚信：高工资是第一推动力。《华为基本法》中有这样一句话，"华为公司保证在经济景气时期和事业发展良好的阶段，员工的人均收入高于区域行业相应的最高水平"。

3. 目标明确

执行力有三大驱动力：目标、利益和危机。有目标才有愿望，有利益才有动力，有危机才有压力。员工为什么缺乏执行力？不知道到哪里去——没有方向；不知道要达到什么结果——没有目标。工作没有目标，必然得过且过。所以，目标指向性一定要明确。

4. 责任清楚

员工执行力差有很多原因，但深层次原因都是缺乏责任。提高执行力需要多种措施，但每项措施能够执行到位，核心就是落实责任。责任清楚了，扯皮就少了，理由就没了。

5. 制度严肃

"强制性"是制度鲜明的属性，但同时也表明了企业的价值取向，蕴含丰富的教育意义。企业内部约束机制不健全，员工干与不干、干好与干坏一个样，必然导致执行力低下。因此，要想提高执行力，就要建立相应的奖惩制度。

6. 沟通到位

下属对上级的目的或期望不清楚，也不敢问，执行就会南辕北辙。要想使团队具备强大的执行力，沟通至关重要。通畅沟通让执行更加迅速，也能增强团队凝聚力，有效节省时间成本。

7. 方法可行

员工的主要任务是执行，管理者要将具体的执行方法告诉他们，可以是业务指导，也可以是内部或外部培训。对于员工来说，传授工具和方法远比思想改造更重要。因为，解决问题更多地依赖于方法而非洗脑。

8. 流程合理

所谓流程，就是事物进行的次序或顺序的布置和安排。很多企业的流程存在两个典型问题：一是没流程，大家不知道该找谁；二是流程太复杂，一点小事需要八个人审批。流程不合理，员工的执行热情就会受到影响，激情一点点被消耗，慢慢地就不会主动做事了。

9. 激励灵活

激励有很多种，既有奖励类正激励，也有惩戒类负激励。领导者要灵活掌握。项目关键时刻，管理者说一句："大家再坚持一下，事情做完了，我请客！"员工立即就会干劲十足。

10. 监督及时

员工缺乏执行力，是因为企业存在"三多三少"，即安排多，检查少；

突击检查多，常态检查少；口头要求多，文字要求少。要想提高执行力，不但要对执行结果检查，也要对执行过程进行监督。

11. 考核有效

美国通用电气（GE）是世界 500 强，它之所以经营得好，跟采用了合理的考核制度密不可分。GE 原总裁杰克·韦尔奇说过："执行力是淘汰出来的。"韦尔奇用"活力曲线"的考核办法很好地促使员工学习、成长和执行。

12. 文化驱动

仅有制度的约束和考核的激励，虽然形式上有执行，但员工内心会有抵触。这种强制性的执行是被动的、没有赋能的，只有将执行力融入到企业文化中，才是真正的执行力。

五、转变，从管理者自身做起

执行力的强弱直接决定着目标实现的速度和程度。因此，管理者要提高执行力主要应从以下几个方面着手。

1. 树立牢固的执行观念

观念是行动的基础与核心，有好的观念才会有好的执行。相同的客观条件，由于人的观念的差异，会有不同的主观能动性、不同的行为方式。所以，要想提高执行力，管理者首先就要转变观念，树立强烈的执行观念。

2. 提高自身的执行素质

管理层要提高自身的执行素质，应该从以下几个方面着手。

（1）提高学习力。读书学习是提高自身素质和修养、胜任管理工作的内在要求和必经之路。要想提高执行力，管理者就要重视学习，善于学习，终身学习。

（2）热爱自己的职业和岗位。作为管理者，不论在哪个工作岗位，都必须有高度的责任感和事业心，不能把自己的工作和手中的权力当作一门谋生的职业，要把它当成为企业和员工谋利益的光荣职责，发愤图强，干一行，爱一行，精一行，不断提高自己的工作水平。

（3）具有创新的思维。善于创新，将能使执行的力度更大、速度更快、效果更好。面对新形势、新任务的要求，管理者要发挥主观能动性，突破思维定式和传统经验的束缚，创新观念、思路、体制机制和方式方法，创造性地解决问题。

（4）打造团队精神。只有优秀团队，才拥有强大的执行力；也只有执行力得到不断提升，才能打造出高绩效团队。管理者应注意培养班子成员的团结协作意识，培育团结协作的政治和情感氛围。

3. 掌握科学的执行方法

执行是方法的表现，方法是执行的载体和手段；执行只有依靠方法才能实现，方法只有通过执行才起作用。因此，要想加大执行力度，提高执行效果，就要熟练掌握科学的执行方法。

4. 保持坚韧不拔的执行精神

坚韧不拔的钢铁意志在执行过程中所能发挥的作用是才干、天资等所替代不了的。唯有坚韧不拔，坚定信心，才能无往而不胜。大凡事业成功的执行者，都有着顽强的意志和坚韧不拔的毅力；而顽强的意志和坚韧不拔的毅力，又来自坚定的信心和必胜的信念。

5. 要科学分工

要想提高执行力，就要杜绝"三个和尚没水喝"的现象，切实做到事事有人做、人人有事做，同时科学量化个人努力，有效激励先进者，鞭策落后者。让合适的人做合适的事，管理者才能提高执行效率。

6. 建立科学的执行制度

要想有效地执行，要在组织内部建立起有效保障执行的制度和机制，因为合理的制度能提高执行的力度。可以通过健全制度来打破"人管人"的旧框架，实行"制度管人"的理想方式。

第九章　情绪管理能力——成就个人的法宝

在复杂多变的职场环境中，情绪管理不仅是个人成长的必修课，更是领导者不可或缺的核心能力。团队领导者的情绪状态直接影响着团队的氛围、工作效率乃至整体绩效，因此正确认识情绪管理的重要性、掌握自我情绪调适的技巧、学会对情绪管理的4A法、营造积极向上的团队氛围，是每一位领导者都应重视并努力实践的课题。

一、什么是情绪

思考：你是A、B、C哪一种？

有A、B、C三种类型的人，周末同时遇到一件事：早上大家正在熟睡时，一个不自觉的人为做家具锯木头，发出很大的噪声。

A型人火冒三丈，冲出去"主持公道"，大喊大叫，与人争吵，但无济于事。

B型人嘟嘟囔囔，心怀不满，很焦虑，但不敢说或不愿意说，比较压抑。

C型性格的人，会不高兴，也会与锯木头的人理论，但当与锯木头的人无法沟通时，他会穿上球鞋去跑步，或拎起篮子去买菜。

解析如下。

1. A型人是压力的寻求者

A型的人总是这样的思维方式："是你让我火冒三丈"，把原因完全推到外部。实际上这个使你火冒三丈的人是你自己，是你让别人操纵了你的情绪，所以，你生气了，心血管收缩，血压升高，还掉了眼泪。事件本身并不会对你造成伤害，但你的反应与思维模式会伤害你。

2. B 型人是压力的承受者

B 型人要承受这种心怀不满、又不愿意说出来的压力，感到非常压抑，时间久了可能导致癌症、抑郁症。

3. C 型人是压力的处理者

C 型人以平和的心态对待事件，人格健康，感受到的压力最小，体内的压力荷尔蒙与快乐荷尔蒙比较平衡。前两种人可能因情绪不好而引起健康问题，C 型人会转换不良情绪，化解压力，保持健康的心理状态。

拿破仑说："能控制好自己情绪的人，比能拿下一座城池的将军更伟大。"情绪稳定是最高级的修养，是一个人成熟的表现。真正的强者，不是没有情绪，而是懂得控制情绪。控制情绪，才能控制人生。

（一）什么是情绪

情绪是一种心理和生理经历，直接指向人或物，是对客体的反应。

1. 情绪的主要特征

（1）情绪是短暂的经历，而不是一种特质。（因被骂而愤怒）

（2）情绪指向客体，而心境不指向特定事物。（没有自信）

（3）在心理和生理上经历情绪。（靠近异性）

2. 情绪的三个维度

（1）情绪种类。共有六种基本情绪：快乐、惊奇、害怕、悲伤、愤怒和厌恶。

（2）情绪强度。不同的人，在情绪表达强度的内在能力上存在差异。

（3）情绪频率和持久性。不同的工作，对情绪的频率和持久性要求不同。

3. 工作中的情绪表现

（1）情绪劳动。它是指在人际交流过程中，表现出令组织满意的情绪的努力、计划和控制。比如：

商场的导购员、餐厅服务员——热情友好；

银行柜员——耐心礼貌；

服务对象是朋友/家人/老板——随意/体贴/克制。

（2）情绪失调。它是指个人被要求的情绪与真实情绪之间的冲突。比如：

商场的导购员无端被购买者责骂——微笑；

银行柜员被无理取闹的客户惹怒——微笑；

希斯·莱杰饰演的小丑——微笑。

（二）情绪的识别与表达

1. 语言表达

语言的选择和使用方式可能因情境和目的而异，但由于语言的广泛应用和普及，它通常是最有效的表达方式之一，可以用来表达各种不同的情绪，如愤怒、悲伤、快乐等。

2. 非语言表达

（1）面部表情。面部表情是通过脸部表情来传达情感的一种方式，它是情感的直接且明显的表现。比如，笑时嘴角上翘，惊奇时眼和嘴张大，悲哀时双眉和嘴角下垂等。

（2）姿势语言。肢体语言是一种重要的非言语沟通方式，能够传达出多种情绪和态度。

表9-1　不同肢体语言代表的意义

肢体语言	意义
眯着眼	表示不同意、厌恶、发怒、不欣赏、蔑视或鄙夷
扭绞双手	表示紧张、不安或害怕
坐不安稳	表示不安、厌烦、紧张或提高警觉
避免目光接触	表示冷漠、逃避、漠视、没有安全感、消极、恐惧或紧张等
打哈欠	表示厌烦、无聊或困倦
鼓掌	表示赞成或高兴、兴奋
晃动拳头	表示愤怒或带有攻击性
来回走动	表示发脾气、受挫或不安

（3）声音语调。声音语调能够有效地传达出说话人的情绪状态。以下是一些情绪与声音语调的关联。

①快乐。音调较高，声音明亮，语速略快，面带微笑，声音带有笑意，如"太棒了！我们成功了！"这种表达方式传递出喜悦和激动的情绪。

②悲伤。音调较低，声音沙哑或颤抖，呼吸沉重，有时伴随抽泣或叹息，语速较慢，声音哽咽，如"为什么会这样？我真的无法相信……"这种表达方式体现了悲伤和失落感。

③愤怒。音调较高或音量增大，声音充满力量，呼吸急促，气息不均匀，声音中带有愤怒，如"你怎么能这样？！这是不可原谅的！"这种表达方式展现了愤怒和激动的情绪。

④紧张。音调较高，声音颤抖，呼吸急促，气息不稳，声音中带有明显的恐惧感，如"快跑！他们就在后面！"这种表达方式反映了恐惧和紧张的情绪。

⑤平静。音调平稳，声音均匀，呼吸平稳，气息均匀，如在安慰或劝解的场景中，这种表达方式体现了平静和冷静的情绪状态。

二、关于情绪管理

情绪管理（Emotion Management），是指通过研究个体和群体对自身情绪和他人情绪的认识、协调、引导、互动和控制，充分挖掘和培植个体和群体的情绪智商，培养驾驭情绪的能力，确保个体和群体保持良好的情绪状态，并由此产生良好的管理效果。

哈佛大学心理学教授丹尼尔·戈尔曼说："所谓情商，就是情绪管理的能力。"控制不住自己情绪的人，能力再大，也无济于事。他认为情绪主要体现在五个方面，也就是我们情绪管理的五大步骤。

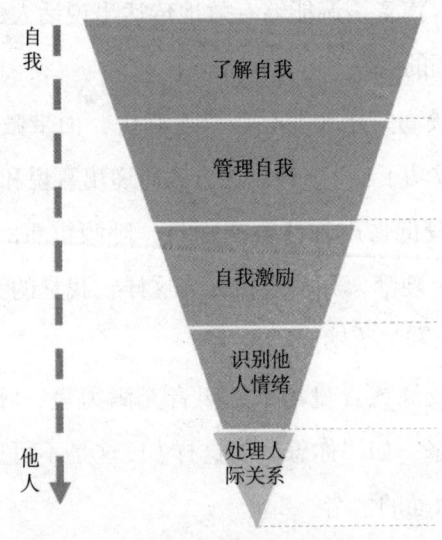

图9-1 丹尼尔·戈尔曼的情绪管理理论

可见，要想做好情绪管理，就要重点做到以下几点。

1. 了解自我

情绪的自我了解，是指了解自己内心的一些想法和心理倾向，以及自己所具有的直觉能力。个人所具备的、能够监控自己的情绪以及经常变化的情绪状态的直觉，是了解自己情绪的基础。不具备这种对情绪的自我觉察能力，或者不认识自己的真实的情感感受，就容易听凭自己的情绪任意摆布，做出遗憾的事情来。

重点在于：①对自己的了解；②认识当前的真实感觉。

2. 管理自我

情绪的自我管理，是指控制自己的情绪活动和抑制情绪冲动的能力。

情绪的管理能力建立在对情绪状态的自我觉知的基础上的，是个人有效摆脱焦虑、沮丧、激动、愤怒或烦恼等消极情绪的能力。情绪的自我管理能力低下，就容易处于痛苦的情绪旋涡中；反之，则可以从情感的挫折或失败中迅速调整，重整旗鼓。

重点在于：①控制自己的情绪以利于而不是阻碍手头的工作；②摆脱负面情绪并回到解决问题的建设性轨道上来。

3. 自我激励

情绪的自我激励能力，是指引导或推动自己去达到预定目的的情绪倾向的能力，也就是一种自我指导能力。要想成功，就要集中注意力，自我激励，自我把控，尽力发挥出自己的创造潜力。这时候，只有对情绪进行调节和控制，对自己的需要延迟满足，才能压抑某种情绪冲动。

重点在于：①坚持追求理想中的目标；②克服负性的冲动，在实现目标后才感到满足。

4. 识别他人情绪

这种察觉他人情绪的能力，就是所谓的同理心，站在别人的立场，为别人设想。具有同理心的人，容易进入他人的内心，察觉他人的情感状态。

重点在于：①能敏感地觉察并理解他人感受；②能够感觉到他人的感受和需要。

5. 处理人际关系

重点在于：①辨别社交场合的能力；②顺利与他人互动，形成社交网络；③能引导他人的情绪和行为。

三、个人情绪管理

（一）6H4AS 情绪管理方法

6H4AS 情绪管理方法是由肖汉仕教授提出的一种情绪调节方法，可以帮助我们优化心理素质、维护心理健康、调适情绪与压力。具体来说，6H4AS 情绪管理方法包括以下几个方面。

1. 6H（HAPPY）

（1）奋斗求乐：通过努力工作和追求目标来获得快乐。

（2）化有为乐：将已有的资源和优势转化为快乐。

（3）化苦为乐：在困难和挑战中寻找快乐和成长的机会。

（4）知足常乐：培养满足感，对现有的一切心存感激。

（5）助人为乐：通过帮助他人，获得内心的满足和快乐。

（6）自得其乐：找到个人的兴趣爱好，享受个人时间。

2. 4A（ASK）

反问自己，对情绪进行反思。

（1）值得吗？（自我控制）

（2）为什么？（自我澄清）

（3）合理吗？（自我修正）

（4）该怎样？（自我调适）

3. S（STEP）（步骤）

采取具体的步骤来管理和调节情绪。

（1）识别情绪。意识到自己的情绪状态。

（2）接受情绪。接受自己的情绪，而不是否认或压抑。

（3）表达情绪。以健康的方式表达情绪。

（4）调整情绪。采取行动调整自己的情绪状态。

6H4AS情绪管理方法，强调通过积极的生活态度和具体的自我调节技术，来增加快乐、减少烦恼，并保持合理的认知、适当的情绪、理智的意志与行为。

实践6H4AS情绪管理方法，可以更好地应对工作中的压力和挑战，培养出更加坚韧和积极的心态。最终，实现情绪的自我掌控。

（二）情绪加油站

当你为了某些事情感到生气时，要明白自己处于负面情绪中，并想办法来解决自己这种负面情绪。

（1）找自己感觉最为放松的地方，比如柔软的沙发、咖啡厅、运动场所。

（2）找到你过去成功的经验，比如回顾感受和体验、控制生活和工作、努力就会成功。

（3）找到能够倾诉的人，比如家人、同事、朋友。

（4）找到能够释放的技巧，可以用以下方法缓解，见表9-2所示。

表 9-2　释放负面情绪的方法

写日记	把眼光放远	写信不发出
Self-talk	忘我工作	逛医院
想象，心理暗示	做一件成功的小事	读书
宣泄	借酒浇愁	音乐治疗
转移	帮助和移情	找地方嘶吼
宁静独处	靠行动带动情绪	怒刷朋友圈/微博
剧烈运动	祈祷	看心灵鸡汤/成功学

（三）做情绪的主人

痛苦源于自我抗拒：不接受自己和他人。

人的烦恼就是来自：忘了"自己的事"，爱管"别人的事"，担心"老天爷的事"。

要轻松自在很简单：打理好"自己的事"，少管"别人的事"，不操心"老天爷的事"。

正确处理情绪的步骤如下。

1. 接受

接受是处理情绪的第一步，也是最重要的一步。要认识到自己的情绪，并承认它们的存在。试图否认或逃避某些不愉快的情绪，比如悲伤、愤怒或焦虑，只会让这些情绪在内心积压，最终以更不健康的方式爆发出来。

如何实践？留意自己的身体反应和内心感受，识别自己当前的情绪状态；对自己的情绪保持开放和接纳的态度，不要过于苛责自己；告诉自己"我有权感受这些情绪"，增强自我接纳感。

2. 宣泄

宣泄，有助于我们释放内心的压力和紧张感。适当地将情绪表达出来，可以让我们感到更加轻松和自在。

如何实践？将内心的感受写下来，不需要考虑语法或逻辑，只需尽情表达；进行有氧运动，如跑步、游泳或瑜伽，通过身体的运动来释放情绪；通过绘画、音乐或舞蹈等艺术形式来表达情绪；与信任的朋友、家人或专业人士分享自己的感受，获得情感支持。

3. 处理

处理，涉及对情绪进行深入的思考和理解，以及找到解决问题的方法或策略。

如何实践？思考触发情绪的具体事件或情境，以及这些事件如何影响自己的感受；制定应对策略，如改变思维方式、调整行为模式或寻求外部帮助；关注自己的身心健康，通过充足的睡眠、健康的饮食和适当的休息来恢复精力；将每次的情绪经历视为成长的机会，学习并提升自己的情绪管理能力。

（四）先处理心情，再处理事情

先摆正态度，再做对事情。事情无法改变，更要拥有好态度。

人在心情正好时，条理是清晰的，心态是积极的；在愤怒时，思绪是混乱的，心态是消极的。因此，遇到问题时，要先处理好心情，再去处理事情。

遇到问题和矛盾时，不要急于去解决问题，要先把事情放一放，让自己冷静下来。

真正厉害的人，都会先处理心情，再处理事情；先分析心态，再分析事态。用冷处理的方法，给自己一个缓冲的时间，才是比较理性的应对之策。

四、情绪 ABC 理论

该理论由美国心理学家阿尔伯特·艾利斯创建。

A——Antecedent（诱发事件）。表示不断发生变化的环境所引发的事件。

B——Belief（信念或想法）。表示个体针对此诱发事件产生的一些信念。

C——Consequence（情绪及行为）。表示自己产生的情绪和行为的结果。

事件 A 是间接原因，而 B 是更直接的起因，一个人的想法直接决定其情绪。

该理论认为，诱发事件 A 只是引发情绪和行为后果 C 的间接原因，而引起 C 的直接原因则是个体对诱发事件 A 的认知和评价所产生的信念 B，即人的消极情绪和行为障碍结果 C 不是由于某一诱发事件 A 直接引发的，而是由经受这一事件的个体对它不正确的认知和评价所产生的错误信念 B 直接引起。也就是说，同样一件事，对不同的人，会引起不同的情绪体验。

案例1：当你走在沙漠中身上只有半瓶水时，你会怎么办？

关于半瓶水的思考：

"唉，只剩半瓶水了"——失望。

"真好，还有半瓶水"——愉快。

案例2：今天小测考了70分，比上次退步很多。

想法	后果
这次很认真复习，可还是退步了。	伤心
虽然退步很多，但是发现了自己的缺漏，及时改正，下次就能进步了。	开心
退步那么多，回去会被爸爸妈妈骂！	害怕

图9-2　对应图

不同的信念，产生了不同的情绪和行为。对事物的看法没有对错，只有消极和积极之分，每个人都要为自己的看法承担最后的结果。

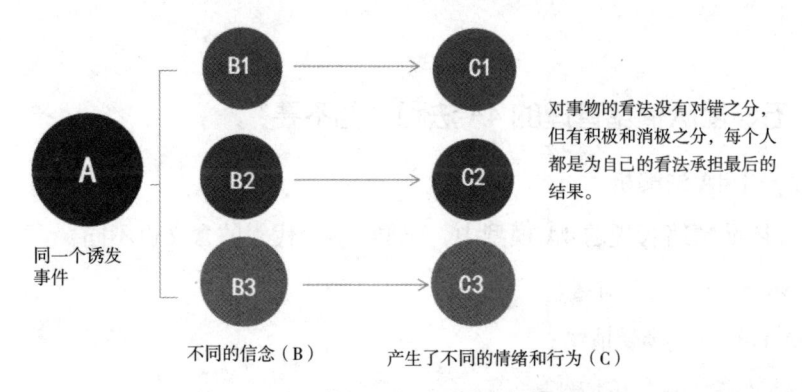

图9-3　事件、信念及与之对应的情绪和行为

情绪 ABC 理论揭示了情绪并非直接由外部事件引发，而是个体对事件的认知评价影响了其情绪反应。这一理论强调了认知在情绪产生过程中的关键作用，打破了简单因果论的局限，为我们理解情绪的复杂性提供了科学框架。

如何运用情绪 ABC 理论指导我们的日常实践？

1. 增强情绪觉察力

（1）识别诱发事件。在情绪出现时，明确引发情绪的具体情境或事件。

（2）追踪情绪反应。记录伴随事件发生的情绪体验，包括强度、性质及身体感觉。

2. 深入剖析信念

（1）挖掘深层信念。问问自己："我对这件事有什么看法？""我为什么会这样认为？"

（2）识别不合理信念。留意绝对化、过分概括、灾难化等非理性思维模式。

3. 调整信念，重塑情绪

（1）质疑不合理信念。用事实和逻辑检验信念的合理性，挑战其真实性与实用性。

（2）建立适应性信念。用更积极、现实、灵活的信念替代旧观念。

（3）实践新信念。在实际生活中按照新信念行事，通过经验强化新的认知模式。

五、团队情绪管理的 4A 法和"四不要"

（一）4A 法解析

在团队情绪管理的 4A 模型中，不同"A"代表的含义也不同：

Aware——识别情绪；

Accept——接受情绪；

Analyze——分析情绪；

Adjust——调整情绪。

具体分析如下。

1. Aware——识别情绪

听其言，观其行。

识别团队的消极情绪是第一步，因为我们只有识别出团队的消极情绪，才能开始处理这种消极情绪。

（1）发现团队成员工作习惯的变化。比如，成员开始迟到早退，工作不能准时完成，请假增多，更愿意独立行动。

（2）观察团队成员的负面行为。比如，办公室氛围变得沉默，每个人都"安静"地对着电脑打字，会议上没有人发言，大家都愿意坐后排，争吵开始增多，找理由的现象开始增多。

2.Accept——接受情绪

接纳与理解，员工有情绪波动是正常的。

接受员工的情绪，是进行团队情绪管理的第二步。作为管理者，我们要接受团队成员所产生的消极情绪，要理解他们，而不是压制他们的情绪。

3.Analyze——分析情绪

关键在于分析出员工消极情绪的来源。来源有以下3种。

（1）职业不稳定带来的安全感失调，以及失业降薪对家庭的内疚感。

（2）工作内容的不确定带来的紧张感、疲惫感和对新技能能否胜任的恐惧感。

（3）重新调整的人际关系带来更多的陌生感，以及能否融入团队的担心感。

4.Adjust——调整情绪

搞清楚员工消极情绪的来源后，就可以想办法把员工消极的情绪状态调整为积极的情绪状态。通过沟通辅导的方式，达成调动积极情绪、解决工作问题、提升团队绩效的目标。具体方法如下：保持及时、双向、坦诚的沟通；推动团队关注"目标"而不是"过去"；利用"自我反思"和"换位思考"两个方法帮助员工扭转心态；利用团队中"意见领袖"的积极影响力。

（二）4A模型之处理问题五步法

第一步：开启辅导。

关注员工情绪，说明这次辅导沟通的事项；告知下属为什么要沟通这个事项，即这件事的重要性。

第二步：澄清现状。

分享和了解下属所面临现状的客观情况，如数据、事实等；了解下属自身的情绪状况，如顾虑、担心等。

第三步：共创方案。

先鼓励下属分享他的方案，再补充你的方案。

第四步：共识行动。

讨论并，就最佳方案达成共识；明确最佳方案的行动计划。

第五步：结束辅导。

确认辅导效果；给予鼓励和支持。

（三）员工情绪管理"四不要"

1. 不要讲大道理

与下属沟通时不要讲大道理，因为这既不符合人性也不科学。讲大道理等同于告诉别人"你是错的"，但所有人类都具有共同的特性——不愿意承认自己的错误，多数人坚信自己的决策，并找理性理由去合理化它。

2. 不要冷处理

下属有抱怨是正常的，管理者不能无视他们没完没了地抱怨，否则非但解决不了任何实际问题，还会累积负面情绪，造成负面情绪传染，影响其他下属。

3. 不要妥协

作为领导，一定要学会冷静，先分析一下事情，分析清楚情况再做处理，既做到有理有据，又做到有情有理。

管理者站得比下属要高，看到的比下属远，眼界比下属宽，责任也比下属大，处理问题也应该比下属更成熟。下属发脾气，作为领导，要先把握好节奏，再做决定。

4. 不要发脾气

下属情绪不好，诱因有很多，管理者不要轻易发脾气。因为你一旦发现发脾气起了作用，就会更加频繁地发脾气，后面可能就难以控制了，这也是很多管理者频频发脾气的原因。导致的后果就是，下属要么麻木，要么会恐惧你，不愿意跟你有过多接触。这并不是一件好事。

六、4A 模型之"ABCDE"理论法

"ABCDE"理论法是 ABC 认知疗法升级。

"ABCDE"理论法由美国心理学家埃利斯提出。核心理念是：要进行情绪管理，要先建立一个认知系统，产生情绪的原因不是问题本身，而是我们对问题的理念。

在"ABCDE"理论法中，每个字母代表的含义如下。

A（Activating Event）——事件或情境。

B（Beliefs）——对这个事情或情境抱有的信念，即员工的态度、想法、评价、解释。

C（Consequences）——结果。是指观念或信念所引起的情绪及行为后果，比如情绪结果（如焦虑）、行为结果（如攻击）、生理结果（如心悸、手脚冰凉）。

D（Disputing）——干预。找出员工通常使用的、可能会误导员工、使员工得出不准确结论或判断错误的思维模式。

E（Effective Rational Beliefs）——找到新的有效办法，解决面对的问题。

这个模型的原理是：受到情绪困扰时，不要沉浸在自己的观念中，因为这些观念通常都是不合理的思维，要与外界产生交流联系，改变不合理的思维，重新塑造理性的思维和行为，产生愉悦感。

下面有两个案例。

A 公司旗下经营了一家特产店，办理了个体营业执照，独立经营。过去的一年，营业员的薪资结构模式是"高底薪 + 低提成"，营业额不是很理想。上个月开始，公司进行了薪资改革，改革后的薪资结构模式是"低底薪 + 高提成 + 创业平台，并发布了相关文件。这个月中旬发放工资时，员工薪水降低了 700~1000 元不等，有两位员工先后离职。

重新定义管理

B公司是一家小规模的塑胶制品有限公司，只有五六十名员工，公司管理制度并不全面。最近有一个员工多次吵着闹要求要加工资，但由于工厂效益不好，他之前的表现也不佳，所以多次被老板拒绝。之后他出现了一些不良情绪，上班时间睡觉，不认真工作，生产出来的塑胶板片大量不合格，严重影响了公司效益。

作为团队管理者，运用4A模型之"ABCDE"理论法，如何调整员工的情绪？预期结果如何？

如何面对员工不合理的负面情绪呢？我们一起来了解一下。

事件A：我的员工离职了，领导铁定又要来数落我。员工偷奸耍滑，领导肯定又要找我谈话了。

信念B：为什么下属都不能尽职尽责，做好自己应该做的事情呢？他们为什么会离职？我已经给他们做了示范，还做了监督，可是结果却是这样的。老板一定会认为都是我的错，我真是一个差劲的管理者。

后果C：我对下属不满意，对自己也不满意，担心领导会解雇我，我想回避跟领导接触。

辩论D：首先，员工离职是事实，员工拖沓也是事实。但我只需要耐心点，多关注他们的工作。同时，我已经跟领导解释过了，他知道事实就是如此。

新的情绪和行为E：我会再跟他们谈一下，看看还有什么地方能够改进，同时也要试着能不能找一些比较熟悉业务的员工来帮助他们。我不会再在员工面前表现出愤怒，要心平气和地和他们讨论进度。我不会再为员工的离职而感到紧张，也不会回避领导，反而会主动去跟他汇报进度，沟通存在的问题。

总之，遇到管理的问题时，要倾听自己内心的信念，如果这个信念是不合理的，就尝试着使用辩论的方式，跟自己对话，跳出负面的思绪，用新的角度重新看待事情。这时候你就会发现，虽然是同样的问题，你却觉得自己充满了活力与希望。

后　记

　　轻松是负重之后的感觉，幸福是奋斗之后的感觉，快乐是辛苦之后的感觉。没有负重，没有奋斗，没有辛苦，就不会有轻松、快乐和幸福。

　　记住，有效勤奋，努力奋斗，仍然是大部分企业应该坚守的基本价值观和管理逻辑。

　　经过一年的努力，本书终于写完了。临近结尾，我还有以下几点要说。

　　（1）书中介绍的理论、方法或者案例，都是我多年从业经验的总结，认真阅读并借鉴，定能让人有所收获；

　　（2）知识是一个不断积累和分享的过程，欢迎读者跟我分享自己的经验，共同进步；

　　（3）一本优秀图书的出版是多方面努力的结果，在我撰写本书的过程中，有很多企业的实际管理情景用来借鉴，也有很多企业家朋友给予很多建议，在这里，我由衷地向为本书提供支持的所有朋友表示感谢！